Jens Schäfer
Echte Männer

Ein Leben im verborgenen

Piper München Zürich

Ungekürzte Taschenbuchausgabe
April 2006

erschienen im Verlagsprogramm Kabel by Piper
Umschlagkonzept: Büro Hamburg
Umschlaggestaltung: Cornelia Niere
Umschlagfoto: Dennis Wilson / Corbis
Foto Seite 2: Jens Neumann
Satz: EDV-Fotosatz Huber / Verlagsservice G. Pfeifer, Germering
Druck und Bindung: Clausen & Bosse, Leck
Printed in Germany
ISBN-13: 978-3-492-26169-2
ISBN-10: 3-492-26169-8

www.piper.de

Jens Schäfer
Echte Männer

SERIE PIPER

Zu diesem Buch

Fanny sieht toll aus, ist klug und hat einen kreativen Job, in dem sie gutes Geld verdient. Mit anderen Worten, sie ist eine Frau, für die ein Mann ziemlich viel tun würde. Eigentlich alles. Aber was soll man tun, wenn sie sich vor allen Gefahren des Lebens längst selbst geschützt hat? Wenn sie die Pille nimmt, eine Haftpflicht- und eine Berufsunfähigkeitsversicherung hat und für alle Eventualitäten Geld zur Seite gelegt hat? Mann sein ist ganz schön schwer geworden – in einer Zeit, da die Frauen Fußballweltmeister werden, darüber entscheiden, wann man Sex hat und wann nicht, und auch sonst das Sagen haben. Da reicht schon der harmlose Wunsch nach einem Bier am Ende eines harten Tages, um bei Fanny einen Tobsuchtsanfall auszulösen. Dabei gehört sie doch zu den Frauen, die sich beschweren, daß es keine richtigen Männer mehr gäbe ... Jens Schäfer geht dem verborgenen Leben echter Männer unserer Tage nach – und macht Fanny eine der schönsten Liebeserklärungen, die eine Frau je bekommen hat. »Ein amüsanter Hilferuf nach den letzten Oasen der Männlichkeit.« (Annabelle)

Jens Schäfer, geboren 1968, ist freier Autor und Drehbuchautor, mehrfacher Fußball-Torschützenkönig und sucht in Berlin und Umgebung nach den letzten Nischen des Mannseins. Zehn seiner besten Minuten verbrachte er bei Tempo 140 auf einer Gokart-Bahn; eine seiner schönsten Nächte auf einem Campingplatz, als er seiner Freundin das Leben retten durfte.

Inhalt

Die polnische Hose

Ich habe mich letzte Woche ganz fürchterlich mit Fanny gestritten. Es fing ganz harmlos an. Als ich von der Arbeit nach Hause kam, war es acht Uhr, und meine Freundin saß auf dem Sofa und blätterte in einer Frauenzeitschrift. Ich beugte mich zu ihr und gab ihr einen Kuß.

»Wie war dein Tag?« fragte Fanny freundlich.

»Geht so. Und deiner?«

»Sehr gut.«

Als ich zum Bad ging, sah ich, daß ihr Blick mir folgte. Ich konnte spüren, daß sie lächelte. Ich wußte, gleich würde sie etwas sagen.

»Also, entweder deine Hose ist eingegangen oder dein Hintern ist runder geworden.«

Ich blieb stehen, den Türgriff zum Bad in der Hand, und wußte nicht, ob sie nun etwas an der Hose auszusetzen hatte oder an meinem Hintern. Oder war das eine neue Art von verbalem Vorspiel? Ich drehte mich um.

»Ich habe das Gefühl, daß du mir was sagen willst. Wenn ich nur wüßte, was?«

»Genau das, was ich gesagt habe.«

»Was? Daß meine Hose eingegangen ist? Oder daß ich am Hintern zugenommen habe? Das sind zwei grundverschiedene Dinge. Das eine ist mein Körper, das andere ein Kleidungsstück.«

Können die Menschen nicht sagen, was sie meinen?

»Was ist denn mit dir los«, fragte sie, »hast du wieder einen schlechten Tag gehabt?«

Ich weiß nicht, ob ich schon erwähnt habe, daß die Arbeit, die ich verrichte, manchmal sehr anstrengend sein kann. Ich bin freier Autor. Fanny sagt immer, ich solle mir was anderes suchen. Was Sicheres und Einträglicheres. Aber ich mag meinen Beruf. Meistens läuft es ja auch ganz gut. Im Moment aber nicht. Und so war meine Stimmung an diesem Mittwoch abend, wie all die Wochen zuvor, nicht die allerbeste.

»Ja, ich hatte einen schlechten Tag. Sagte ich das nicht schon?«

»Ich meine ja nur, daß das, was du deinen Freizeitlook nennst (und trotzdem zu deinen Terminen anziehst), vielleicht mal wieder erneuert gehört – das gilt auch für diese Hose.«

Zu dieser Hose muß gesagt werden, daß ich sie seit beinahe sechs Jahren besitze. Es ist eine graue No-name-Hose, eine Mischung aus Jeans, Wander- und Handwerkerhose, die ich auf einem Wochenmarkt in Krakau erstand, als ich dort mit ein paar Freunden ein Wochenende verbrachte. Es war ein Risiko, sie zu kaufen, denn dort auf der Straße konnte und wollte ich sie nicht anprobieren. Aber bei einem Preis von umgerechnet vier Euro ein geringes. Die anderen lachten, aber als wir wieder in unserer kleinen Pension waren und ich in die Hosen schlüpfte, wich ihre Belustigung allgemeiner Anerkennung. Denn diese Hose saß perfekt. Und das tut sie immer noch. Sie ist weit genug geschnitten, daß Stiefel drunter passen und eng genug, daß sie nicht mit einer dieser häßlichen Siebziger-Jahre-Hosen aus einem Secondhand-Laden verwechselt werden kann. Sie hat keine Knöpfe, sondern einen Reißverschluß, was ein enormer Vorteil ist. Der Sattel ist auffällig niedrig angesetzt, wie es jetzt Mode ist. Sie sitzt wie angegossen und ist auch nach all den Jahren, in denen sie den größten Teil ihrer Farbe verloren hat, immer noch mein liebstes Beinkleid. Zugegeben, wenn man ganz genau hinsieht, kann man ihre Herkunft zumindest erahnen. Aber gerade das – daß sie aus dem ehemaligen Ostblock stammt – gefällt mir an ihr. Mir gefällt, daß sie aus Polen ist und daß ich so wenig bezahlt habe. Daß sie mich an dieses Wochenende unter Männern erinnert. Daß sie so authentisch ist. Daß niemand anders eine solche Hose hat. Im Grunde genommen ist diese Hose eines der wenigen Kleidungsstücke, in denen ich das Gefühl habe, ich selbst zu sein. Und das ist verdammt viel wert. Weil das heutzutage kaum noch möglich ist. Überall muß ich zurückstecken und Kompromisse eingehen, mich anpassen und verbiegen.

»Deine Hose ist ja ganz schön und sicher auch sehr gemütlich«, sagte Fanny und richtete sich im Sofa auf, »aber ich finde, daß du ruhig öfter einen Anzug tragen könntest.«

Ich besitze vier Anzüge. Den ältesten habe ich mir vor vier Jahren gekauft, den jüngsten vor einem. Früher, als ich noch in einer richtigen Redaktion arbeitete und viele Außentermine hatte, habe ich jeden Tag Anzug getragen. Heute sitze ich die meiste Zeit an meinem Schreibtisch, und es macht wirklich keinen Sinn, mich herauszuputzen. Und wenn ich mal jemanden aus beruflichen Gründen treffe, dann irgendeine dieser hergerichteten Redakteurinnen, die mir das ganze Jahr über das Leben zur Hölle machen. Für die bestimmt nicht.

»Die Redakteurinnen würden sicher denken, ich tue das für sie.«

»Aber du tust es für dich!«

»Für mich ziehe ich die Hose aus Polen an.«

»Dann tu es eben für mich.«

Manchmal verstehe ich sie einfach nicht. Sagt sie nicht immer, es ist das wichtigste, daß man sich wohl fühlt? Wenn ich schon in der Arbeit nicht ich selbst sein kann, will ich es wenigstens in meinen Kleidern sein. Und überhaupt: Was sollte das alles?

»Fange ich, wenn du nach Hause kommst, damit an, an deiner Garderobe herumzunörgeln?«

Fannys Hintern, dessen Form und Umfang sich in den letzten Jahren durchaus verändert haben, erwähnte ich lieber nicht. Nicht aus Rücksicht, sondern aus Erfahrung. Denn was das angeht, ist sie sehr sensibel. Sie weiß von diesen Veränderungen, aber sie erträgt es nicht, wenn jemand anders als sie selbst davon spricht. Und wenn sie es tut, darf ich ihr auch nicht zustimmen, sondern muß sagen, daß das nicht stimmt und daß ihr Hintern immer noch der knackigste und aufregendste ist, den ich kenne.

»Dafür gibt es ja auch keinen Grund. Ich habe nämlich einen guten Kleidungsstil.«

Da hatte sie allerdings recht. Ich mochte schon immer, was sie trug.

»Ach. Und ich nicht?«

»Nein, nicht immer.«

»Wieso? Was gefällt dir denn noch nicht außer meiner polnischen Hose?«

»Darum geht es doch gar nicht.«

»So? Worum geht es denn dann?«

So gab ein Wort das andere und am Ende flog ein Teller. Ich gestehe, daß ich es war, der ihn geschmissen hat. Es tut mir auch leid und ich habe mich dafür entschuldigt und den Teller werde ich ganz sicher ersetzen. Aber als sie sagte, daß sie das Gefühl habe, ich würde mich nicht genug um meinen Körper kümmern, setzte es bei mir einfach aus. Schon wieder sollte ich etwas an mir ändern, was meiner Meinung nach gar nicht verändernswert war. Ich fragte mich, was das alles soll und wieso ich das mit mir machen lasse. Mit ein bißchen Nachdenken kam ich drauf, daß Fanny nicht die erste Freundin ist, die ich habe und die sich ständig auf eine

Weise in mein Leben einmischt, die ich nicht mehr gutheißen kann. Und mit noch ein bißchen mehr Nachdenken erkannte ich, daß ich nicht der einzige Mann bin, dessen Lebenspartnerin ständig an ihm herumkrittelt. Das geht so, seit ich auf der Welt bin. Ständig wird mir vorgeschrieben, was ich zu tun und zu lassen habe. Von Frauen. Andauernd soll ich mich oder einen Teil von mir ändern. Es sind Frauen, die mein Leben dominieren. Ich meine nicht die Tatsache, daß es eine Frau war, die mich zur Welt brachte. Ich will auch nicht behaupten, daß Frauen über mich bestimmen, weil sie Spitzenfunktionen unserer Gesellschaft besetzen und Entscheidungsträgerinnen sind. Politik und Wirtschaft werden immer noch weitgehend von Männern bestimmt. Was ich meine, ist, daß Frauen bestimmen, wie ich als Mann zu sein habe. Sie bestimmen mein Denken und Handeln. Sie beeinflussen und domestizieren es. Die großen gesellschaftlichen Themen der letzten dreißig Jahre – außer Waldsterben, Natodoppelbeschluß und Wiedervereinigung – drehten sich alle um die Frauen. Es ging um Emanzipation und Gleichberechtigung, Abtreibung und Gleichheit am Arbeitsplatz, Bundeswehr und Frauenbeauftragte, Gender Studies und Lash Backs. *Männer lassen lieben* und *Als Gott den Mann erfand, übte sie nur.* Man/Frau und das große »I« in ErbsünderInnen. Die Töchter Egalias und der Tod des Märchenprinzen. Ich lasse mir erklären, was schlecht ist an mir und an meinem für mein Geschlecht typischen Verhalten. Ich rede über Gefühle, gebe mich schuldbewußt und schäme mich für die jahrhundertelangen Schandtaten meiner Vorgänger, von Judas über Hitler bis zu meinem Schwiegervater in spe. Mein Leben und mein Alltag wurden und werden von diesen Themen bestimmt. Und immer sind es die Männer, die sich verändern und verbessern müssen, damit die Frauen so sein können, wie sie eigentlich sind. Dabei wird alles in Frage gestellt, was Männer tun: ihre Art zu reden und zu schweigen, zu denken und zu diskutieren, zu dominieren und zuzuhören, zu regieren und zu vögeln. Sie sollen nicht so werden wie die Frauen – sie sollen so sein, wie die Frauen sie gerne hätten. Frauen bestimmen in Beruf und Gesellschaft, in Alltag und Privatleben, was Männer zu tun und zu lassen haben. Der Kodex männlicher Verhaltensregeln ist weitgehend von Frauen erstellt worden. Männer bemühen sich lediglich, diesem zu entsprechen. Da sie es nie schaffen werden – ganz einfach, weil er von Frauen erstellt wurde –, sind sie ständig dem latenten Gefühl des Nichtgenügens und Versagens ausgesetzt. Mängel und negative Eigenschaften werden nicht konstatiert, sondern sind der permanenten Veränderung und Verbesserung unterworfen.

Und die Männer? Mühen sich redlich. Sie wollen nicht sein wie Frauen. Sie wollen so sein, wie sie glauben, daß Frauen wollen, daß sie sind. Geben sich Mühe. Sehen ein und gestehen. Geißeln sich und tun Buße und leben ihr Leben als Mann nur noch im verborgenen. Dabei vergessen sie sich selbst und drängen ihre eigenen Bedürfnisse in den Hintergrund. Eigentümlich, was da in den letzten Jahrzehnten unter dem Deckmantel von Aufklärung und Emanzipation passiert ist. Damit ich nicht falsch verstanden werde. Ich bin nicht dafür, das Rad der Zeit zurückzudrehen und das Patriarchat wieder aufleben zu lassen, und Sexismus und körperliche Gewalt gegen Frauen lehne ich entschieden ab. Ich meine, ich mag Frauen und eine von ihnen sogar so sehr, daß ich mein Leben mit ihr teile und manchmal *Ich liebe dich* zu ihr sage. Aber seit Jahren tue ich alles dafür, um den Frauen gerecht zu werden. Besser gesagt, ihren Ansprüchen an mich. Und werde dabei das Gefühl nicht los, daß sich da eine Schieflage eingestellt hat, die uns allen nicht gut tut. Und die korrigiert werden sollte. Und zwar schleunigst ...

Im Wendekreis des Konsums

Wenn eine Frau mit dem Bild ihres Mannes, wie es sich in seiner Kleidung widerspiegelt, unzufrieden ist, wird sie jede Gelegenheit wahrnehmen, seine Einkäufe zu erledigen, und sein Bild ihren Vorstellungen entsprechend wandeln.
Vance Packard, Die geheimen Verführer, 1957

Wie kann ein Mann, der 1914 geboren wurde und vor fünfzig Jahren ein Buch über Verkaufspsychologie schrieb, meine Lebensgefährtin kennen? Oder ist Fanny die Reinkarnation einer amerikanischen Durchschnittshausfrau aus dem mittleren Westen, die als erste ihrer Art vollkommen durchleuchtet wurde? Hat sie gleich mit dem allerersten Geschenk, das sie mir jemals machte, versucht, mein Bild ihren Vorstellungen entsprechend zu wandeln? Zuzutrauen wäre es ihr. Es war bemerkenswerterweise ein Kleidungsstück. Bemerkenswerterweise deshalb, weil wir noch Lichtjahre davon entfernt waren, ein Paar zu sein, als ich sie auf meinen dreißigsten Geburtstag einlud. Man könnte sagen, das war ihre Investition in die Zukunft. Sie war eine gute Freundin meiner damaligen Freundin und als solche ein gern, aber selten gesehener Gast. Aus irgendwelchen Gründen, an die ich mich nicht erinnern kann und sie sich nicht erinnern will, konnte sie nicht kommen. Wir trafen uns in der darauffolgenden Woche in einem Café und feierten im kleinen Kreis nach. Na ja, es war wie jedesmal, wenn wir uns trafen, wir plauderten über dies und das, und dann ging jeder wieder seiner Wege. Nichts weiter. Ich wollte nichts von Fanny. Das heißt, falsch, ich wollte schon was von ihr, und zwar das Geburtstagsgeschenk, von dem sie am Telefon gesprochen hatte. Es war ein Hemd. Dieses Hemd war der Anfang einer langen Reihe von Klamotten, die Fanny mir noch schenken sollte. Ein Anlaß findet sich immer. Weihnachten. Geburtstag. Ostern. Rückkehr von einer Dienstreise. Ich dagegen habe meine Lektionen gelernt: Alles, was ich Fanny an fabelhaften Blusen, Taschen und Röcken anbringe, wird entweder am nächsten verkaufsoffenen Wochentag umgetauscht oder verschwindet in einer der hinteren Ecken des Kleiderschranks. Fanny mag meistens nicht, was ich ihr schenke.

»Das ist doch gar nicht mein Stil!«

Und so habe ich es aufgegeben und mich irgendwann voll auf Unterwäsche konzentriert. Das ist das einzige, das funktioniert. Ich schreibe mir, wenn Fanny im Bad ist, heimlich die Größe aus einem ihrer BHs raus. Bevor ich diese Idee vor ein paar Weihnachten das erste Mal hatte, sah ich mich nämlich mit einer total genervten Verkäuferin konfrontiert.

»Guten Tag, ich würde meiner Freundin gerne einen BH schenken.«

»Welche Größe?« fauchte die zurück.

Ich sah auf ihre Brüste. Dort fand ich die Antwort aber nicht.

»Keine Ahnung.«

»Wissen Sie, der wievielte Mann Sie heute sind, der ohne Größenangaben hier reinkommt?«

»Lassen Sie mich raten, der erste?«

Ich bereite mich also vor. Und die Nervosität, die eintritt, wenn ich in den Galeries Lafayette als Mann die Frauenunterwäscheabteilung betrete, legt sich meist schon nach zehn Sekunden, denn außer mir tummeln sich hier sowieso nur Männer. Ein bis zwei Dutzend, die alle wissen, was sie unter dem Weihnachtsbaum sehen wollen. Nun kann ich aber Fanny nicht jedesmal BHs und Unterhosen – oder Höschen, oder Schlüpfer, ich find alle Worte ein bißchen doof – schenken. Ich kann natürlich schon und ich täte es auch. Aber das wird langweilig (mir nicht wirklich) und wäre eine Mißachtung von Fannys Bedürfnis, eine ganz besondere Frau zu sein und als solche auch ganz besonders beschenkt zu werden. Ich weiß, daß sie es toll findet, wenn mir was Spektakuläres einfällt. Aber was könnte das sein? Wenn es kein Diamant ist? Es wird ja immer mal wieder kolportiert, daß es das sei, was Frauen *wirklich* imponiert. Ich habe mal nur so aus Interesse nachgesehen, was so was kostet. Wenn ich Fanny tatsächlich einen kaufen wollte, müßte sie mir das Geld dafür leihen. Hätte sie denn nicht am 29. Februar das Licht der Welt erblicken können? Dann hätte ich diesen Streß nur alle vier Jahre. Es ist verdammt schwer, einer Frau etwas zu schenken, das ebenso ausgefallen wie originell wie einzigartig ist. Ihre Ansprüche sind minimal, ihre Erwartungen maximal.

Bei meinen Freunden ist es einfacher. Ich schenke so gut wie nie Bücher (weil ich es schrecklich finde, wenn die sich auf dem Gabentisch stapeln und doch nie gelesen werden. Wann denn auch?) und selten CDs. Einmal habe ich mir einen CD-Brenner ausgeliehen und dachte, mir wäre was besonders Originelles eingefallen. Wie erschrak ich, als ich sah, daß die komplette Partygesellschaft die gleiche Idee hatte. Und weil so ein Rohling ja heutzutage nichts mehr kostet, hat jeder gleich zwei oder drei Stück gebrannt. In der Wahllosigkeit verliert das Einzelstück natürlich rapide an Bedeutung. Seitdem schenke ich Schnaps oder eine Stange Zigaretten. Das kommt immer gut an. Nicht bei Fanny. Ich weiß, daß sie zwar das ganze Jahr über behauptet, ihr Geburtstag sei mehr oder weniger ein Tag wie jeder andere. Aber wenn es dann soweit ist, ist sie doch ganz ergriffen und wünscht sich eine Sonderbehandlung. Das ist einer der Tage, an denen sie wissen will, daß sie einzigartig ist. Und das drückt sich auch durch die Geschenke aus, die sie erhält. Ich habe ihr mal eine Silberkette mit einem Anhänger aus Santiago de Compostela geschenkt, auf dem die Jungfrau Maria zu sehen ist. Na ja. Einen DVD-Spieler. Freude. Aber auch der Vorwurf, daß ich mich damit selbst beschenkt hätte. Italienische Nudeln, deren Verpackung so groß war wie ein Schuhkarton. Ich fand's schön, es machte Masse und schmeckte gut. Fannys Freundinnen fanden es bescheuert.

»Ganz im Ernst. Er spinnt.«

Und was könnte ich Fannys Mutter schenken? Auch einen BH, wie ihrer Tochter? Nein. Wieso nicht? Weil das peinlich wäre. Weil man das nicht tut. Weil ich gar nicht weiß, welche Unterwäsche Fannys Mutter trägt. Und nicht auszudenken, was wäre, wenn ich von Fanny dabei erwischt würde, wie ich im Unterwäscheschrank ihrer Mutter herumstöberte, um deren Körbchengröße rauszufinden. Lauter gute Argumente, finde ich. Umgekehrt weiß auch Fannys Mutter nicht, welche Kleidung ich mag. Trotzdem schenkt sie mir regelmäßig Rollkragenpullis, die zu allem Überfluß zu fünfzig oder mehr Prozent aus Kunststoffasern bestehen. Wieso tut sie das? Flankenschutz für ihre Tochter? Oder denkt sie, daß ich es nötig habe? Daß ihr Geschmack dem meinigen überlegen ist? Daß sie weiß, was mir gefällt und *was mir gut steht*? Wieso bilden sich die Frauen das denn ein?

Ich sah schon viele Freunde an der Kleider-Front fallen. Mit welchem Stolz ihre Freundinnen berichten, daß sie es waren, die ihren Männern überhaupt das erste Mal ein paar anständige Kleider besorgt hätten. (Sei es, daß sie sie kauften oder ihnen nur anempfahlen.) Die ihnen Geschmack beigebracht hätten. Die überhaupt erst ansehnliche Männer aus ihnen gemacht hätten. Wenn diese Frauen solche Probleme mit dem

Stil ihrer Männer haben, wieso nehmen sie denn dann nicht gleich einen von denen, die ihrem Geschmack entsprechen? Die die Kleider, die sie schön finden, nicht geschenkt bekommen müssen, sondern sich selbst kaufen? Manchmal denke ich, daß Frauen einfach die formbare Masse der schon geformten vorziehen. Darin sehen sie eine Aufgabe, die sie reizt. Dazu gehört auch, daß sie klare Zeichen setzen wollen. Der gehört mir! Fanny hat von Anfang an eine schlichte Wollweste für häßlich erklärt, die mir eine ihrer Vorgängerinnen geschenkt hatte. So lange, bis ich sie nicht mehr angezogen habe. Das will man sich ja auch nicht jeden Tag anhören müssen. In der Tierwelt gibt es dieses Verhalten meines Wissens nur bei Männchen. Löwen, die die Jungen töten, die ein anderer Kerl gezeugt hat. Libellen, die den Samen eines anderen Männchens aus dem Weibchen rauspulen, ehe sie es befruchten. Vögel, die vorhandene Eier aus dem Nest kicken, wenn sie sich ins gemachte selbige setzen. Bei den Menschen tun das die Frauen. Und da sie keine kleinen Kinder vergiften können und wollen, vergreifen sie sich eben an den Kleiderschränken.

»Ich habe säckeweise alte Klamotten aus Brians Leben rausgeschleppt!« strahlte mich mal A. aus F. an, und erwartete wohl, daß ich ihr dafür auf die Schultern klopfe. Aber das konnte ich nicht tun. Wir saßen zusammen mit vier anderen Paaren an einem großen Tisch beim Griechen in der Pappelallee, als A. auf dieses Thema zu sprechen kam. Gäbe es eine Feminisierungsfallen-Polizei, ich hätte in dem Moment nach ihr gerufen. Wie in *Fahrenheit 451* oder in *Minority Report* wäre diese sofort zur Stelle, sobald jemand eine Feminisierungsfalle aufstellt oder aufzustellen gedenkt oder, wie A., mal eine aufgestellt hat.

»Herr Kommissar, nehmen Sie diese Frau fest!«

»Worum geht's?«

»Sie hat eine Feminisierungsfalle aufgestellt.«

»Ist sie geständig?«

»Nein.«

»Einsichtig?«

»Im Gegenteil.«

»Was hat sie getan?«

»Sie hat ihrem Lebensgefährten den Inhalt seines Kleiderschranks einmal komplett ausgetauscht.«

Da pfeift der Kommissar scharf durch die Zähne.

»Das ist natürlich ein Hammer.«

»Und sie schämt sich nicht, hier zu sitzen und sich dieser Tat zu rühmen.«

»Wie lange liegt der Vorfall zurück?«

»Ein paar Jahre.«

»Wie hoch schätzen Sie die Auswirkungen auf das restliche Leben des Opfers ein?«

»Massivst. Sehen Sie ihn sich an!«

Brian ist ein wenig ouzoseelig und grinst vor sich hin. Und er trägt ein rotes Sweatshirt und darunter ein helles Hemd. Das sieht aus! Wahnsinn.

Da pfeift der Polizist ein zweites Mal durch die Zähne.

»Innere Schäden?«

»Kann ich im Moment nicht sagen. Gehe ich aber davon aus.«

Denn Brian gehört zu der Sorte von Männern, die immer betonen, wie gut es ist, daß ihre Frauen ihnen hie und da eine Feminisierungsfalle hinstellen. Natürlich benutzen sie nicht dieses Wort. Sie sagen, daß sie selber ja gar keinen Geschmack hätten. Weder bei Kleidern noch bei Büchern noch bei der Wohnungseinrichtung. Die sagen, daß sie selbst den Arsch nicht hochbrächten und daß es deswegen so toll sei, daß sie eine Frau haben, die ihnen manchmal ein bißchen Feuer macht. Die behaupten, daß sie froh sind, daß ihre Frauen mit Gesprächen beginnen, in denen sie ihre Schwächen als Mann erkennen. Die sagen, daß es schön an der holländischen Nordseeküste war, obwohl sie in die Alpen wollten.

»Also, junge Frau«, würde der Kommissar sagen, »dann packen wir jetzt mal zusammen. Sie kommen mit!«

Auch meine geliebte Fanny würde wahrscheinlich mit aufs Feminisierungsfallen-Kommissariat kommen müssen. Sie hat eben einen, nennen wir es mal vorsichtig, positiv ausgeprägten Gestaltungswillen. Immerzu will sie das Leben, das sie umgibt, verändern und gestalten. Auch von meiner Wenigkeit ist sie umgeben, und deshalb will sie auch mich verändern und gestalten. Sie hat mich ständig auf dem Kieker. Ich sehne den Tag herbei, an dem ich nur noch Stofftaschentücher bekomme. Statt dessen bekomme ich Hemden, Wintermäntel, Hosen und Schlafanzüge. Ich weiß, daß Fanny insgeheim auch glaubt, sie sei diejenige, die mir Geschmack überhaupt erst beigebracht hat. So wie A. und die anderen Frauen. Ich könnte ein ganzes afrikanisches Dorf ausstatten mit den Kleidern, die ich im Lauf des Lebens von Frauen, von meinen Frauen geschenkt bekommen habe. In den letzten Jahren habe ich ein klein wenig den Überblick verloren, was von wem stammt. Vielleicht sollten sich alle meine Exfreundinnen mal treffen und sich darüber austauschen, wer für was zuständig war. Denn jede einzelne von ihnen hielt sich für eine Geschmacksgöttin, und jede einzelne von ihnen habe ich schon dabei ertappt, mich in einem neuen Hemd zu betrachten wie einen Homunkulus, den sie erschaffen hat. Seht her, da steht er: mein Mann, mein Werk.

Dabei ist es ja nicht so, daß ich nicht gerne schöne Kleider trage – ich erstehe sie nur ungern. Wenn ich mal zufällig ein Hemd sehe, das mir gefällt, würde ich am liebsten gleich drei Exemplare davon kaufen. Auf Vorrat. Aber da ist Fanny vor. Für einen Einkaufsbummel an einem Samstagvormittag habe ich keine Muße, und wenn ich's recht bedenke, kenne ich auch kaum einen Mann, dem das gefällt. Fanny ist das so was von egal, die kann die Menschenmassen, durch die man sich schieben muß, ausblenden und sich nur auf das konzentrieren, weswegen sie da ist: Kleider. Kleider. Und noch mal Kleider. Ich weiß nicht, wie sie das macht. Und ich weiß manchmal auch nicht, *warum* sie das macht. Ständig müssen neue Kleider her. Warum? Ihr Kleiderschrank quillt seit Jahren über. Sie sollte dringend mal wieder ausmisten. Ich sehe doch, welche ihrer Stücke den meinigen den Platz im gemeinsamen Kleiderschrank streitig machen. Vieles davon hat sie, seit ich sie kenne, noch nie angehabt. Wer weiß, ob sie es merken würde, wenn ich, um Platz zu schaffen, ein paar Sachen aussortieren würde. Aber dann fällt mir meine Mutter ein, die, als sie noch die Macht dazu hatte, manchmal einfach meinen Kleiderschrank ausdünnte, während ich in der Schule war, und das will ich Fanny nun wirklich nicht antun. Außerdem weiß ich, daß sie manchmal, wenn es ihr schlecht geht, an den Kleiderschrank geht und sich all ihre Schätze ansieht, so wie Dagobert Duck seine Taler. Das beruhigt irgendwie ihre Nerven, denn es zeigt ihr ihre Vielfältigkeit. Denn immer wenn es ihr schlecht geht, findet sie, daß sie viel zu eingefahren und eigentlich eine ganz andere ist, sein sollte und sein müßte. Und die Kleider zeigen ihr, was sie noch alles in der Hinterhand hat. Wenn's hilft, soll's mir recht sein, denn eine Fanny, die unzufrieden mit dem Leben im allgemeinen und ihrem eigenen im Besonderen ist, ist kein Zuckerschlecken.

Wenn Fanny und ich, was selten genug vorkommt, gemeinsam ein und dieselbe Boutique betreten, sieht sie aus wie eine Bankräuberin, die mit einem Blick alles abcheckt: Wachpersonal, Überwachungskameras, Panzerglasdicke etc. Wenn ich ihr gerade irgendeine Geschichte erzähle, hört sie mir nicht mehr zu, sondern taxiert das zu erobernde Terrain.

Gute Marken? Gute Kleider? Gute Preise? Nein, Preise sind ihr egal – das ist mein Ressort. Dann verschafft sie sich in einer ersten Runde einen kurzen Überblick, streichelt hier eine Bluse und hält da ein Kleid hoch. Ich bin dann völlig mir selbst überlassen. Ich drehe auch eine kleine Runde und suche eine Sitzgelegenheit. Wenn's geht, verzichte ich darauf, Fanny zu beraten. Denn das geht immer schief. (Außerdem erspare ich mir den Schreck, der mir in die Glieder fährt, wenn mein Blick auf das Preisschild fällt.) Ich versteh sie da nicht. Sie kommt mit einer schönen, schlichten, schwarzen Bluse aus der Umkleide.

»Steht die mir?«

Sage ich: »Nein!«, dann ist sie enttäuscht.

Antworte ich aber mit »Ja«, ist sie auch enttäuscht. Dann rümpft sie die Nase, betrachtet sich noch eine Weile und schlüpft zurück in die Kabine. Warum hat sie mich denn überhaupt gefragt? Warum hat sie mich denn überhaupt mitgenommen, wenn mein Urteil sowieso nicht zählt? Will sie sich oder mir beweisen, daß ich mich nicht richtig für sie interessiere?

Wage ich selbst einen Vorstoß und zeige ihr ein enges Kleid oder eine schöne Hose, weicht die Enttäuschung der Empörung.

»Das ist doch überhaupt nicht mein Stil!«

Das sagtest du bereits, Prinzessin. Wie kann ich wagen, zu glauben, daß sie so was anzieht? Habe ich denn keine Augen im Kopf? Sehe ich denn nicht, was sie sonst trägt? Weiß ich denn nicht, daß sich in ihrem Kleiderschrank kein einziges Teil befindet, das *dazu* paßt? Später dann hält sie mir zwei andere Kleider hin.

»Welches ist schöner?«

Aber ich kann zwischen den beiden Kleidern, die beide schwarz sind und tief ausgeschnitten, keinen Unterschied ausmachen. Ich weiß immer nie, ob sie wirklich eine Antwort oder mich nur testen will. Ich rate ihr, beide zu kaufen. Sicher ist sicher.

Denn noch schlimmer als mit einem Stück nach Hause zu kommen, das nach dem ersten Tragen auf Nimmerwiedersehen im Kleiderschrank verschwindet, ist nur noch, mit gar nichts nach Hause zu kommen. Einmal waren wir übers Wochenende in Paris. Es war kurz vor Ladenschluß, als wir in der Rue de l'Abbé Grégoire, in der Nähe vom Gare Montparnasse, an einem alteingesessenen Geschäft vorbeikamen, das genau so eine Tasche im Schaufenster hatte, wie Fanny sie schon lange gesucht hatte. Es war eine ebenso formschöne wie originelle Tasche, eine Mischung aus Hand- und Einkaufstragetasche. Seit Monaten hatte sie mir damit in den Ohren gelegen, und ich wußte nie, was sie eigentlich meinte.

»Genau so eine!«

»Ach so.«

Wir gingen ins Geschäft, Fanny sah sich das Ding genauer an. Da die Tasche nicht ganz billig war und Fanny schon etwas müde, entschied sie sich dagegen. Und da auch ich etwas müde war, beging ich den riesengroßen Fehler, ihr die Tasche nicht einzureden. Ich dachte, na ja, wenn sie sie nicht will, wird sie eben doch nicht so schön sein. Wir verließen das Geschäft und gingen zurück ins Hotel, wo wir uns ausruhten. Anschließend gingen wir was essen, und am nächsten Mittag flogen wir zurück nach Berlin. Im Flugzeug hörte ich den Satz zum ersten Mal. Zuerst wußte ich gar nicht, wovon sie redete. Ich mußte sie bitten, den Satz, der mich in den kommenden eineinhalb Jahren in allerlei Variationen begleiten sollte, zu wiederholen. Diesen Satz, den sie mal trotzig sagte und mal traurig, selten lustig, meistens wütend.

Er lautet: »Ich hätte die Tasche doch nehmen sollen.«

Seit diesem Samstagnachmittag haben wir zahllose Taschenläden und -abteilungen in der ganzen Welt aufgesucht – immer auf der Suche nicht nach einer schönen

Tasche, sondern nach *der* Tasche aus der Rue de l'Abbé Grégoire. Ich hab ihr Hunderte von Taschen unter die Nase gehalten, immer in der Hoffnung, sie möge das strahlende Lächeln von damals zurückgewinnen, als sie das Original in Paris entdeckte. Ich hab ihr auch diverse Taschen geschenkt, von denen ich mir sicher war, daß sie es sind. Nichts. Es ist ein Wahnsinn. Fanny könnte zwei riesengroße begehbare Kleiderschränke mit all dem Zeug füllen, das sie unbedingt haben mußte, dann aber doch nur ein, zwei Mal angezogen hat. Wer weiß, wenn sie die Tasche gekauft hätte, läge sie vielleicht schon längst in diesem Verlies?

Adjutiert wird Fanny bei ihren Ausstattungstouren meines Lebens von meiner Mutter. Nicht real, sondern ideell. Die schleppt zwar keine Kleider, aber andere Sachen an. Zu meinem letzten Geburtstag war es der Gutschein einer Parfümerie. Es ist so eine Sache mit den Geburtstagen von mir und meiner Mutter. Das einfachste wäre, wir einigten uns darauf, uns überhaupt nichts mehr zu schenken. Aber das geht nicht, weil sie froh um jede Gelegenheit ist, mir Dinge zukommen zu lassen, von denen sie glaubt, daß ich sie nötig habe. Diesmal also ein Gutschein. Ich wollte ihn gleich wegwerfen. Was sollte ich denn damit? Das wenige, das ich an Körperpflege brauche, gibt's im Drogeriemarkt. Ich kaufe immer gleich einen ganzen Schwung Duschbäder, Shampoos und Rasierwasser, und das langt dann meistens fürs nächste halbe Jahr. Ich wollte mir von keiner Visagistin erklären lassen, daß das mit den Gesichtscremes nicht so einfach sei und ich ihr erst mal sagen müsse, was ich denn überhaupt für ein Hauttyp wäre. Ich weiß nicht, was für ein Hauttyp ich bin – aus dem einfachen Grund, daß es mich nicht interessiert, weil ich noch nie irgendwelche Cremes gebraucht habe. Also nichts wie in den Abfalleimer mit diesem Gutschein, der drauf und dran war, mein Leben komplett umzukrempeln.

Jeden Morgen preßt Fanny sich einen Rohkostdrink, der aus Möhren, Sellerie, Grapefruit und Äpfeln besteht und so schmeckt wie er aussieht, nämlich nicht gut. An den ohrenbetäubenden Lärm, den ihr Mixer verursacht, wenn er das Obst und Gemüse in Sekundenschnelle kleinhackt, habe ich mich in der Zwischenzeit gewöhnt. Das einzig Gute daran ist, daß ich dann nicht reden muß, denn wenn ich es täte, würde Fanny kein Wort verstehen. In diesen paar Minuten habe ich Ruhe. Nicht richtige Ruhe, schließlich röhrt ja der Mixer, aber die Art von Ruhe, die ich am Morgen brauche: nur ich, eine Zeitung und mein Mund, der sich nur öffnet, um schluckweise Kaffee aufzunehmen. Ich kann nach dem Aufstehen nicht gleich reden, ich will nicht gleich reden und ich werde nicht gleich reden! Fanny nahm die Reste ihres Gemüses und ging zu den Abfalleimern. Über die umgeknickte Ecke meiner Zeitung sah ich, daß sie zielstrebig den falschen ansteuerte. Wie oft habe ich ihr eigentlich schon erklärt, daß wir Mülltrennung haben? Plastik zu Plastik, Papier zu Papier, Organisches zu Organischem. Ist doch eigentlich ganz einfach. Ist doch eine gute Sache. Das findet Fanny doch auch. Trotzdem scheint ihr das irgendwie egal zu sein. Sie nimmt's, wie's kommt und stopft mal hier hinein und mal dort hinein. Sollte ich was sagen? Sie mag es nicht, wenn ich ihr irgendwas erkläre oder sie auffordere, etwas anders zu machen. Ach was soll's, dachte ich, und widmete mich wieder der Analyse des 4:0-Sieges der Bayern gegen Ajax. Maakay hatte drei Tore geschossen und eines vorbereitet. Ich kam keine zwei Zeilen weit.

»Was ist denn das?«

Was war denn nun schon wieder? Ich legte die Zeitung auf meinen Schoß und sah, was Fanny in den Händen hielt: den Gutschein für die Parfümerie, den ich gestern abend in die Papiertonne gesteckt hatte, die sie sich diesmal für ihre Gemüseraspel ausgesucht hatte.

»Hat mir meine Mutter geschenkt.«

»Warum hast du mir denn gar nichts davon erzählt? Und warum liegt der in der Tonne? Aus Versehen?«

»Nein, mit Absicht.«

»Wieso denn?«

»Weil ich in meinem ganzen Leben noch in keiner Parfümerie war und da auch ganz sicher niemals hingehen werde.«

»Natürlich wirst du hingehen. Das ist doch ein Super-Geschenk!«

Jetzt hieß es aufpassen! Bloß Vorsicht, daß sich da keine unheilige Allianz bildet. Denn das war das allererste Mal, daß Fanny etwas gut fand, was meine Mutter anschleppte. Wahrscheinlich liegen Mütter und Schwiegertöchter in ewiger Konkurrenz um das Wohl ihres Sohnes respektive Ehemannes und oder Lebenspartners. Ich warte auf den Tag, an dem die beiden mich fragen werden, was ich denn für richtig halte.

Wenigstens konnte ich durchsetzen, daß ich alleine in die Parfümerie gehe. Das Fräulein, das auf mich zusteuerte, war bis zur Unkenntlichkeit geschminkt. Hoffentlich kommt Fanny nie auf die Idee, die Branche zu wechseln und sich auch so eine zweite Haut zuzulegen. Wendy sah aus, als würde sie einem wegglitschen, wenn man sie berührt. Auf ihrem Namensschild konnte ich lesen, daß sie von Beruf *Beauty Consultant* war. Aha.

»Kann ich Ihnen helfen?« fragte Wendy.

Wie alt mochte sie sein? Fünfundzwanzig? Es ist komisch, einem wesentlich jüngeren Menschen sagen zu müssen, daß man nicht die Bohne eine Ahnung davon hat, was hier eigentlich gespielt wird.

»Ich will was. Ich weiß nur nicht, was.«

»Ein Geschenk für Ihre Freundin? Oder die Frau Mama?«

Wo lernt man denn, so zu sprechen? Sie zog mich in Richtung Frauenabteilung.

»Nein, ich bleibe hier bei den Männern.«

»Ach so«, sagte sie. »Verstehe.«

Das nahm sie ein bißchen zu selbstverständlich hin, für meinen Geschmack. Das mußte richtiggestellt werden.

»Ich habe einen Gutschein geschenkt bekommen. Nicht von meiner Freundin, sondern von meiner Mutter.«

Viel doofer konnte ich mich gar nicht mehr anstellen. Jetzt erklärte ich einer mir völlig unbekannten Frau, die ich aller Wahrscheinlichkeit nie mehr sehen würde, meine Familienverhältnisse.

»Na, das ist doch wunderbar.«

In Bruchteilen von Sekunden war ich für sie ein hetero-, dann ein homo- und dann wieder ein heterosexueller Kunde. Das sind die modernen Zeiten. Alles ist möglich.

Da stand ich nun mit Wendy vor einem Regal, das ein Zehntel des Ladens ausmachte, höchstens, aber immer noch viel zu lang und groß und vollgestopft war. Was sollte ich hier? Was sollte ich mit all dem Zeug? Ich brauchte nichts davon. Mir ging es gut. Wendy schien meine Gedanken lesen zu können.

»Männliche Haut ist öliger und hat mehr Poren als die weibliche.«

»Ach.«

»Darauf hat man reagiert und spezielle Produkte für Herren entwickelt. Endlich, kann ich nur sagen.«

Sie hielt mir ein winzigkleines Töpfchen Creme hin. Ich sah es an. Sie bedeutete mir, etwas davon zu nehmen.

»Das wäre etwas für das Gesicht.«

Vorsicht! Hatten die Mädchen früher nicht alle nasenlang Lippenherpes und erklärten, sie hätten sich das an den Probelippenstiften in der Drogerie geholt? Schon wieder: Wendy konnte meine Gedanken lesen.

»Das ist eine Probe, in die noch niemand seine Finger gesteckt hat.«

Ich tunkte vorsichtig meinen linken Zeigefinger rein und sah, daß dessen Nagel mal wieder geschnitten gehört. Auch ein kleiner schwarzer Strich unterm Nagel war immer noch zu sehen. Wie lange hatte ich meine Hände eigentlich schon nicht mehr gewaschen? Was Wendy wohl dachte? Ich hielt meinen cremigen Finger vor ihr Gesicht.

»Und jetzt?«

»Ins Gesicht damit.«

Ich stopfte drei weitere Finger in das Töpfchen und zog vier Linien quer über meine Wangen. Jetzt sah ich aus wie ein Indianer auf Kriegspfad und fühlte mich auch so.

»Was machen Sie denn da?« rief Wendy entgeistert.

Auch ich erschrak.

»Was denn?«

»Sie nehmen viel zu viel. Wissen Sie, was so ein Töpfchen kostet?«

»Keine Ahnung.«

»Zweiunddreißig Euro.«

»Wie bitte? Da paßt ja nicht mal die Asche einer Zigarette rein.«

»Das ist ein Spitzenprodukt aus Japan.«

»Na und?«

»Es ist besonders bei Metrosexuellen sehr beliebt.«

Danke, das war's. Wendy und ich würden heute nicht zum Abschluß kommen. Mit jemandem, der versucht, mich mit einem Kunstwort aus einer Kunstwelt zu beeindrucken, mache ich keine Geschäfte. Ich soll mich also metrosexuell fühlen. Oder metrosexuell werden, ein Metrosexueller sein, mich zur Metrosexualität bekennen. Egal, wie man es formuliert, es klingt immer behämmert. Hat das denn nie ein Ende? Werde ich denn jemals selbst bestimmen können, was gut für mich ist und was nicht? Ich soll mir die Brusthaare rasieren. Warum? Weil nichts von alledem, was ich bis jetzt gemacht habe, geholfen hat? Weil unbehaarte Beine bei Männern doof aussehen? Oder als Ausgleich, weil Frauen sich irgendwann die Oberlippe rasieren müssen? Können meine Brusthaare nicht einfach so bleiben, wie sie sind? Kann *ich* nicht so bleiben, wie ich bin? Das konnte ich nicht hinnehmen. Nach langen Diskussionen, die ich mit der Filialleiterin führte, die irgendwann von Wendy gerufen werden mußte, bekam ich schließlich den Gegenwert des Gutscheins bar ausbezahlt. Ich ging in den nächstbesten Plattenladen und hörte mich durch ein paar Neuerscheinungen. Ich ließ mir eine Stunde Zeit. Herrlich war das. Abgesehen davon, daß der Plattenverkäufer sich in Sachen Freundlichkeit ein paar Scheiben von Wendy hätte abschneiden können.

Fanny mag keine Schallplattenläden oder -abteilungen. Ich habe sehr viele CDs. Die erste Schallplatte meines Lebens war *The Beatles live at the Hollywood Bowl* und kostete 5,90 DM, weniger als heutzutage eine Schachtel Zigaretten. Für Musik habe ich Sachen gemacht, die ich nicht mal für eine Frau gemacht hätte. Wegen Auftritten irgendwelcher Bands verbrachte ich ganze Tage in altersschwachen Autos, in denen wir die Städte Süddeutschlands, Österreichs und der Schweiz abklapperten. Jede Schallplatte ist voller Erinnerungen, jede Band und jedes Lied. Das müssen nicht immer positive sein – bei einem Konzert der Toten Hosen 1988 in Ravensburg wurde ich auf der Toilette von fünf Psychobillys krankenhausreif geschlagen. Die Eintrittskarte habe ich noch. Früher habe ich meinen Freundinnen Kassetten aufgenommen. Mein Gott, was habe ich schon Kassetten aufgenommen in meinem Leben! Hundert? Tausend? Auf jeden Fall sehr, sehr viele. Liebe geht nicht durch den Magen, sondern durchs Ohr. Zumindest bildete ich mir das ein. Als wir zusammenzogen, nutzte ich die Gelegenheit zum Großreinemachen und schmiß lauter altes Zeug weg. Unter anderem auch viele Kassetten. Und da fiel mir auf, daß ich in meiner ganzen aktiven Laufbahn als Mann und Mensch ganze drei Kassetten von Frauen bekommen habe. Drei Stück. Denen tausend gegenüber stehen. O. K., Musik war ihnen nie so wichtig, und sie hatten ihrerseits wohl nicht das Gefühl, sie lieferten gleich ihre Seele mit ab, wenn sie eine Kassette verschenkten. Und ehrlich gesagt konnte ich bei den meisten ihrer Plattensammlungen auch getrost auf Aufnahmen verzichten. Ihre Stereoanlagen waren auch immer irgendwie Mist, so daß die Bänder sowieso geklungen hätten, als hätten sie sie vorm Fernseher aufgenommen. Aber über die Schwierigkeiten, die ein Mann mit der Musik (s)einer Frau haben kann, ist ja schon hinreichend gesprochen und geschrieben worden. Darauf muß ich nicht mehr eingehen. Was mich interessiert, ist, was die Frauen eigentlich *mir* geschenkt haben in all den Jahren. Außer diesen drei scheppernden Kassetten? Natürlich Kleider.

Wenn also die Feminisierungsfallen-Polizei herausbekäme, daß Fanny mir keine Kassetten schenkt, sondern regelmäßig Kleider, von denen sie findet, daß sie mich besser dastehen lassen als alles andere, was ich in unsere Scheinehe mit eingebracht habe, könnte es eng für sie werden. Besonders erschwerend würde hinzukommen, daß sie mir das erste Hemd schenkte, *bevor* wir überhaupt zusammenkamen. Da würde der Kommissar aber Augen machen.

»Also, so einen Fall hatten wir hier auch noch nicht.«

Aber keine Sorge, Fanny, ich werde dich da rausboxen. Beschaffe dir den besten Anwalt der Stadt. Werde eine Kaution bezahlen, damit du auf freien Fuß kommst. Und werde unter Eid schwören, daß ich damals, als wir uns noch nicht kannten, das Gefühl geäußert habe, mal wieder ein Hemd zu brauchen, aber weder Zeit noch Lust hatte, mir eines zu kaufen. Die Polizisten werden mich ganz gehörig in die Mangel nehmen, *good cop and bad cop*, das alte Spiel. Aber ich werde standhaft bleiben. Schließlich geht es um dich, Fanny, meine große Liebe. Irgendwann werden sie von mir ablassen. Und du kommst wieder frei. Ich werde mit einem gemieteten Sportwagen raus zum Gefängnis fahren und dich abholen. Zwei Tage und zwei Nächte hättest du hinter dir, bei Wasser und Brot in einer kleinen schmutzigen Zelle, ohne Kontakt zu mir oder irgend jemand anderem in der Außenwelt. Während ich noch überlege, ob ich dir sagen soll, daß ich für dich gelogen hatte, würdest du mir um den Hals fallen und dann ins Auto steigen.

»Wo willst du hin?«

»Ich muß mich duschen. Und ich muß dringend aus diesen Kleidern raus. Laß uns in die Stadt fahren und welche kaufen!«

»O. K., Baby.«

Mit durchdrehenden Reifen würden wir davonpeitschen. Und während ich vom dritten direkt in den sechsten Gang schaltete, würdest du mich von der Seite mustern: »Du könntest auch mal wieder was Neues vertragen.«

Schmollst du noch oder lebst du schon?

All I want is you
Everything has got to be
just like you want it to
The Beatles

Situation A:

Es ist ein ganz gewöhnlicher Mittwochabend, ich bin seit eineinhalb Stunden zu Hause, habe zu Abend gegessen und möchte jetzt gerne die neue CD der Libertines anhören. Ich kann sie im Stapel, der bei der Stereoanlage im Wohnzimmer steht, nicht finden. Ich gehe in die Küche, denn dort steht noch ein kleiner CD-Spieler. Auch nicht. Dann gehe ich ins Arbeitszimmer, denn dort steht ein weiterer CD-Spieler. Ebenfalls nicht. Erst dann gehe ich ins Badezimmer, wo Fanny sich ein Bad eingelassen hat. Gemütlich sieht das aus. Ein bißchen zu viel Schaum vielleicht, man kann ja gar nichts erkennen. Aber deswegen bin ich ja nicht hier.

»Hast du die neue Libertines gesehen?«

»Nein, tut mir leid.«

»O. K.«

Ich ziehe die Tür wieder zu und gehe noch mal zum Stapel im Wohnzimmer, und siehe da, die Libertines liegt bereits im CD-Fach. Ich habe sie ja schon gestern und vorgestern und das ganze Wochenende über gehört. Ich schiebe den Schlitten zurück und drücke die Starttaste. *Have we enough to keep it together? Or do we just keep on pretending and hope our luck is never ending?* Was für eine formidable Band das doch ist, denke ich gleich beim ersten Lied. Und was für ein guter Kauf diese CD war.

Situation B:

Es ist ein ganz gewöhnlicher Mittwochabend, ich bin zuhause und Fanny auch. Ich aber nicht mehr lange, denn ich bin mit Alfons fürs Kino verabredet. Wir wollen uns den neuen Film von Kim Ki-Duk ansehen und anschließend irgendwo was trinken. Ich freue mich auf den Abend, ich habe Alfons schon eine ganze Weile nicht mehr gesehen. Fanny ihrerseits ist mit ein paar Arbeitskollegen verabredet. Ich bin ganz froh, denn wenn sie sich nicht mit denen treffen würde, würde sie das, was sie heute Abend besprechen wird, mit mir besprechen wollen. Da hat sie manchmal einen ziemlich großen Mitteilungsdrang – wie alle Frauen. Bis ins letzte Detail wird man regelmäßig in diese fremde und seltsame Welt aus Kollegen, Vorgesetzten und Kunden eingeführt, die man trotzdem nie wirklich versteht. (Sagen darf man das aber ja nicht. Desinteresse zeigen auch nicht.) Aber heute abend brauche ich mir deswegen keine Gedanken zu machen. Ich bin erst um halb neun verabredet, habe also noch mehr als eine halbe Stunde Zeit. Ich werde mir gleich die Tagesschau ansehen und einen Espresso trinken. Fanny dagegen ist um acht Uhr verabredet. Rein rechnerisch müßte sie das Haus längst verlassen haben. Hat sie aber nicht. Sie war zu lang im Bad und zu lang vorm Kleiderschrank und zu lang vorm Spiegel und zu lang unterm Fön.

»Schon so spät? Verdammt.«

Irgendwo muß sie die Uhrzeit aufgeschnappt haben. Eine Armbanduhr hat sie nicht. Sie fragt immer mich, wie spät es ist. Plötzlich verfällt sie in Hektik. Sie flitzt zwischen Kleiderschrank und Badezimmerspiegel und Garderobe hin und her. Da der Fernseher, vor dem ich sitze, im Berliner Zimmer steht, das wiederum das Badezimmer mit dem Schlafzimmer und dem Flur, wo die Jacken hängen, verbindet, rauscht sie ständig an mir vorbei und verbreitet eine unglaubliche Unruhe. War sie heute nicht schon achtmal vorm Kleiderschrank und zehnmal vorm Spiegel? Sie ist genervt von der Hetze (die sie ja selbst ausgelöst hat!), und ich frage mich, wieso sie das nicht besser im Griff hat. Sie ist dreiunddreißig Jahre alt und geht nicht das erste Mal in ihrem Leben aus. Wie oft hat sie sich schon für einen Abend zurechtgemacht? Sie müßte doch wissen, daß sie ihre Zeit anders kalkulieren muß, wenn sie keinen Streß und keine Hektik haben will! Ich brauche mit dem Auto zwanzig Minuten bis in die Rehberge? Also treffen wir uns um zwanzig vor. Weitere zwanzig Minuten davor stopfe ich die Fußballschuhe und ein altes T-Shirt in eine Plastiktüte. Voilà, ich bin bereit und erscheine pünktlich. Um pünktliches Erscheinen wird gebeten. Ein Freund, der in Spanien lebt, war mal mit einer Brasilianerin zusammen, und die kam immer eine Stunde zu spät. Mindestens. Er hat sie dann unter Zwang auf eine halbe Stunde gedrückt.

»Dann verabredet euch doch gleich um halb vier«, empfahl ich, »statt um drei.«

»Das bringt nichts. Dann kommt sie garantiert erst um vier.«

Ich wäre langsam froh, wenn Fanny endlich draußen wäre. Damit hier wieder Ruhe herrscht. Ihr das jetzt zu sagen, wäre ein Fehler. Also lächle ich jedesmal, wenn sie vorbeirauscht. Ich lächle sie nicht direkt an, sonst kommt sie noch auf die Idee, mich irgendwie in ihre Vorbereitungen einzubeziehen und zu fragen, ob nicht vielleicht die schwarze Jacke besser zur Jeans paßt oder ob sie lange oder halblange Stiefel zum Rock anziehen soll. Aber, was kaum einer für möglich gehalten hätte, irgendwann ist sie fertig angezogen und abfahrtbereit. Sie trägt die braunen Stiefel zum grünen Rock.

»Tschüß, schönen Abend«, sage ich.
»Dir auch. Grüß Alfons von mir!«
Und dann ist sie weg. Denke ich. Gott sei Dank. Endlich Ruhe. So schön es ist, zusammen zu leben, manchmal ist es auch schön, die Wohnung für sich alleine zu haben.

Lange genug nach ihr gesucht haben wir ja. Paarweise und bedächtig gingen wir Samstag für Samstag durch leere Wohnungen, immer bemüht, uns so schnell wie möglich einen Eindruck zu verschaffen und gleichzeitig den Kontakt zum Makler nicht zu verlieren. Denn es konnte ja sein, daß es die Traumwohnung war, und da wollte man natürlich der erste sein, der ihm das mitteilt. Die anderen Interessenten beachtete man nicht weiter. Wir waren wie Rennpferde mit Scheuklappen in ihren Startboxen. Nach den ersten beiden Räumen trennten sich die meisten Paare, um vor ihrem geistigen Auge Schränke zu stellen, Betten zu verschieben und Kommoden auseinanderzusägen. Im Badezimmer machte ich eine bedeutsame Entdeckung. Hier hingen die gleichen grünen Kacheln wie im Badezimmer einer Pension im Harz, in der ich als Achtjähriger mit meiner Oma den Sommerurlaub verbracht hatte! Ich konnte mich deshalb so gut daran erinnern, weil ich damals an einem regnerischen Nachmittag mindestens fünfzig vergilbte Aufkleber eines ortsansässigen Möbelhauses, die ich im Keller der Pension gefunden hatte, über diese matt schimmernden Kacheln verteilt hatte. Waren die einzelnen Aufkleber nur schwer abzulösen gewesen, gingen sie von den Kacheln überhaupt nicht mehr ab. Deswegen war der Ärger, den ich bekam, auch riesengroß. Ich bekam drei Tage lang keinen Nachtisch und durfte bis zum Ende der Ferien nicht mehr fernsehen. Eigentlich hatte ich das alles längst vergessen. Aber hier in diesem Bad im Bötzowviertel kamen die ganzen Erinnerungen wieder hoch. Diese Kacheln mußte ich unbedingt Fanny zeigen. Wo konnte sie sein? Ich suchte in der ganzen Wohnung nach ihr. Schließlich fand ich sie in der leeren Küche, wo sie am Fenster stand und in den Innenhof guckte. Einsam sah sie aus. Ein bißchen traurig vielleicht.

»Fanny, du mußt dir unbedingt die Kacheln im Bad angucken!«

Ich lehnte mich gegen ihren Rücken und griff nach ihrer Hand. Sie erschrak fast zu Tode, als sie mein Gewicht auf sich spürte und versuchte, mich abzuschütteln wie einen Tiger, der sie im Dschungel angefallen hat. Als die Frau sich umdrehte, sah ich, daß es gar nicht Fanny war. Die mir unbekannte Frau starrte mich fassungslos an. Wie peinlich!

»Verzeihung. Ich habe Sie mit meiner Freundin verwechselt.«

Die Fremde verließ kopfschüttelnd die Küche und ging ins Berliner Zimmer. Von hinten sah sie auch genau so aus wie Fanny. Sie hatte blonde lange Haare und trug eine ähnliche Lammfelljacke. Ich machte mich auf die Suche nach der richtigen Fanny. Sicherheitshalber sah ich mir jetzt die Leute ganz genau an. Und stellte fest, daß hier *alle* Frauen mehr oder weniger aussahen wie Fanny! Und alle Männer mehr oder weniger wie ich! Lauter Paare, die sich rein äußerlich nicht voneinander unterschieden. Wir waren gleich alt, gleich angezogen und trugen die gleichen Frisuren. Wahrscheinlich bevorzugten wir auch die gleichen Sexualpraktiken. 140 Quadratmeter voller Duplikate: Ein Haufen junger Dramaturgen, Webdesigner, Grafiker, Texter, Producer, Werber und Fotografen, die alle von einer schönen Zukunft träumten oder schon in einer solchen Gegenwart lebten. Bereit, der Welt und sich zu beweisen, daß Scheidungs- und Trennungsquoten nichts mit ihnen zu tun hatten. Sie alle wollten diese Wohnung haben, in die ihre alte fünfmal reingepaßt hätte. Denn sie alle wollten bald fünffach vertreten sein, in Form ihrer drei Kinder, die sie sich wünschten und von denen das erste im einen oder anderen Fall schon unterwegs war. Ich konnte Fanny immer noch nicht finden. Und machte mir plötzlich Gedanken, wie sie einen sonst nur am Sonntagnachmittag befallen. Die Austauschbarkeit unseres Lebens und die Austauschbarkeit unserer Liebe erschreckte mich zutiefst. Wenn ich Fanny damals nicht zufällig im Supermarkt begegnet wäre, stünde ich jetzt vielleicht mit einer dieser anderen Frauen hier. Und wir würden Fanny Arm in Arm mit einem anderen Typen begegnen. Ah, hallo, wie geht's, gefällt sie euch, werdet ihr euch bewerben? Bla bla bla. Und uns käme nichts komisch daran vor. Aber was, wenn das alles doch komisch war? Wenn es ein Riesenfehler war, zusammenzuziehen? Vielleicht würde ich ja viel besser zu einer dieser anderen Frauen passen? Oder wir würden nach kürzester Zeit feststellen, daß die blödeste Idee, die wir haben konnten, die mit der gemeinsamen Wohnung war. So wie damals mit Rebecca. Und das, nachdem ich alles entsorgt hatte, was wir doppelt hatten. Männern, die kurz davor stehen, mit einer Frau zusammenzuziehen, kann ich nur dringend empfehlen, eine Wohnung mit großem Keller anzumieten. Dort können dann alle Möbel und Elektrogeräte untergestellt werden, solange alle diese Gegenstände aus dem Fundus der Freundinnen benutzt werden.

»Mein Kühlschrank ist besser.« – »Mein Schrank ist einfach schöner.« – »Wir brauchen keine zwei Betten.« – »Tut mir leid, aber der Sessel ist echt häßlich.« ...

Dann müssen sie, wenn es schiefgeht – woran man ja nie denken sollte, wenn man etwas Neues anfängt, was man aber trotzdem tun sollte, denn es sind schon viele schlimme Dinge passiert –, nicht alles noch mal kaufen. Ich weiß, wovon ich spreche. Ich habe diese ebenso end- wie sinnlosen Diskussionen mit Rebecca geführt. Nur mein Fernsehgerät und meine Stereoanlage durften bleiben. Alles andere verließ den Haushalt. Wurde inseriert oder verschenkt oder auf dem Arkonaplatz zu Geld gemacht. Und die Schallplatten?

»Wir haben echt keinen Platz mehr für so was.«
»Hier ist doch massenweise Platz!«
»Ich kann vollgestopfte Wohnungen nicht leiden.«
»Aber ich kann ohne meine Schallplatten nicht leben.«
»Du hörst doch sowieso nur noch CDs.«
»Ich muß sie nicht hören. Sondern sehen. Es beruhigt mich, wenn ich sie um mich habe.«
»So ein Quatsch.«
»An jeder einzelnen hängt mein Herz.«
»Du hast ja noch nicht mal ein richtiges Regal dafür.«
Das stimmt. Weil ich Schallplattenregale häßlich finde, genauso häßlich wie diese grausamen CD-Ständer, die überall herumstehen. Ich habe meine Schallplatten immer auf den Boden gestellt und das gedachte ich auch in Rebeccas und meiner Wohnung zu tun. Die Platten standen schließlich im Keller von Nachbarn, die uns freundlicherweise eine Ecke frei räumten. Rebecca hatte das irgendwie arrangiert. Nach einem halben Jahr befreite ich meine Platten. Ich zog wieder aus, und da ich so gut wie keine Möbel mehr hatte, war das der schnellste Umzug meines Lebens.

Vorläufig waren alle Sorgen unbegründet. Denn die Frau, die ich jetzt liebe, mochte diese Wohnung an jenem Samstag im Bötzowviertel sowieso nicht. Und auch die in der Yorckstraße nicht und die in der Oderberger auch nicht. So ging das ein halbes Jahr. Mir sollte es recht sein.

Der Espresso ist gerade durch, als ich Fannys Schritte im Hausflur höre. War sie nicht seit zehn Minuten weg? Dann das erste leise Fluchen.

»Verdammt noch mal.«

Sie klingelt Sturm. Als ich die Tür öffne, rauscht Fanny, die seit fünf Minuten an einem Tisch sitzen sollte, der Luftlinie fünf Kilometer von unserer Wohnung entfernt ist, an mir vorbei. Sie hat nun plötzlich die schwarzen Stiefel an und einen braunen Rock. Die Absätze knallen regelrecht auf dem Fischgrätenparkett. Vielleicht hat der Nachbar unter uns Glück und ist gerade nicht da. Ich werde nicht reagieren.

»Scheiße. Wo sind die denn??«

Ruhig bleiben. Laß dich da nicht reinziehen! Gehe zurück zum Sofa und konzentriere dich voll auf die Tagesschau.

»Das gibt's doch gar nicht!«

Du hast dein Leben und sie ihres. Du bist ganz ruhig. Du ruhst in dir. Nichts kann dich jetzt aus der Ruhe bringen.

»Sie sind weg.«

Fanny stößt ins Bad vor. Ich höre, wie sie in der Kommode eine Schublade nach der anderen umdreht.

»Mist!«

Fanny weht aus dem Badezimmer zurück in den Flur. Die Zornesröte im Gesicht. Sie beginnt, die Rückenlehnen des Sofas hochzuheben.

Ich kann nicht mehr, ich muß was sagen.

»Was ist denn eigentlich los?«

»Meine Schlüssel sind weg!«

»Die werden schon irgendwo sein.«

»Sie sind weg, habe ich gesagt!«

Nicht schon wieder.

»Hast du richtig nachgesehen?«

»Was, glaubst du, tu ich die ganze Zeit?«

Ich stehe auf, damit sie auch den Rücken, an den ich mich lehnte, hochheben kann.

»Du verbreitest eine unglaubliche Hektik, *das* tust du die ganze Zeit.«

Das gibt einen kurzen, *sehr* scharfen Blick Fannys.

»Sie sind nicht da. Also hab ich sie verloren.«

»Ach was.«

Platz genug, sie in unserer Wohnung zu verlieren, wäre ja. Sie ist groß, geräumig und hat einen großen Keller.

Denn wir haben sie schließlich nach Wohnungsbesichtigung siebenhundertzwölf genommen und den Vertrag unterschrieben, den die blondierte Maklerin auf Stöckelschuhen uns in einem türkischen Restaurant zuschob. Es kann sehr weh tun, einer Frau, die einem nichts bedeutet und die man im Grunde seines Herzens nicht mag, zwanzig Hundert-Euro-Scheine hinzublättern. Als Vermittlungsgebühr. Den Mokka bezahlte sie. Auch in dieser Wohnung stehen jetzt wieder massenweise Möbel von Fanny rum und kaum welche von mir. Und wieder: mein Fernseher und meine Stereoanlage. Aber ich habe aus der Vergangenheit gelernt und darauf gepocht, daß die Schallplatten oben bleiben. Ein Teil in Weinkisten, der Rest einfach so. Fanny hat klein beigegeben. Drei Tage später hat sie einen kleinen weißen Beistelltisch über die Schallplatten geschoben. Auch eine Lösung.

Kaum waren alle Kisten ausgepackt und alle Möbel aufgestellt, forderte Fanny mich zur ausgedehnten Einkaufstour auf.

»Baby, wir haben doch alles, was wir brauchen.«

»Nur noch ein paar Kleinigkeiten.«

»Bitte nicht.«

Ich fasse es nicht. Was gibt es in all diesen Möbel- und Einrichtungshäusern, was es zu Hause nicht gibt? Diese regelmäßigen Reisen quer durch die Stadt sind der beste Beweis dafür, daß meine Freundin von dem ständigen Gefühl getrieben wird, irgend etwas in ihrem Leben bedürfe der Veränderung. Entweder sie nimmt das Große, Ganze in Angriff. Oder nur einen schmalen Streifen Fußboden im Wohnzimmer: den, zwischen Fernsehwagen und Couchtisch, der nach einer solchen Reise einen kleinen Teppich bekommt. Einrichtungshäuser verdienen ihr Geld damit, daß Frauen gestalten und bewirken wollen. Wer zum Frisör geht und seine langen Haare abschneiden oder in Dauerwellen legen läßt, heißt es, demonstriere damit eine innere Verwandlung. Ich behaupte, daß dasselbe für Möbelkäufe gilt. Wer irgendeinen Tisch, eine Lampe oder auch nur bunte Servietten heimschleppt, möchte einem inneren Wandel eine greifbare Form geben. Die paar Stunden, die man in Möbelabteilungen verbringt, sind wie eine Zeitreise. Ein Ausflug in die eigene Zukunft. Denn man sieht, wie das eigene Zuhause irgendwann später einmal aussehen kann. Oder wird, je nachdem, ob man zulangt oder nicht. Ich habe mich jahrelang aus Prinzip geweigert, überhaupt nur einen Fuß in eines dieser Häuser zu setzen. Wie baff war ich, als ich das erste Mal bei Ikea war und feststellen mußte, daß dreiviertel aller Möbel, die ich aus meinem Freundes- und Bekanntenkreis kannte, von hier stammten. Betten, Küchenstühle, Küchentische, Hängeschränke. Duschvorhänge, Papierkörbe, Büroregale. Teppiche, Tagesdecken, Bettwäsche. Besteck, Gläser, Zimmerpflanzen. Vasen, Lampen, alles. Und wenn du in den Sommerferien einen Bungalow in Dänemark beziehst, ist er mit den gleichen Sachen vollgestopft wie im Winter die Skihütte in Österreich. Und erst der Ärger, wenn man am Samstagnachmittag zuhause ist und feststellt, daß irgendein Hilfsarbeiter in Bangladesh vergessen hat, zwei Schraubentütchen in den Karton zu legen. Ich stelle mir dann immer vor, daß Absicht dahintersteckt, weil der Hilfsarbeiter die Abnehmer in Europa ärgern will, aus der Ferne sozusagen. Obligatorisch auch die Teelichter, von denen man sowieso noch mindestens einen Beutel zuhause hat, weil man so viele Kerzen auch wieder nicht anzündet. Aber wenn man schon mal da ist, nimmt man halt einen mit. Da fragt man sich doch. Beim letzten Mal hat tatsächlich eine fünfköpfige Familie, die tschechisch sprach, nur eine einzige Vase für 1,50 Euro gekauft. Ob deren Leben sich dadurch auch veränderte? Ich mag keine Möbelhäuser und bei den wenigen Besuchen, die mir aufgezwungen wurden, konnte ich sehen, daß es den anderen Männern genauso geht. Die fühlten sich auch nicht wohl und konnten sich, wenn ihre Partnerin ihnen zwei verschiedenfarbige Duschvorhänge hinhielt, auch nicht entscheiden, welcher ihnen besser gefällt. Wenn ich jemals eine paartherapeutische Praxis aufmachen sollte, würde ich es direkt auf dem Parkplatz einer dieser Höllen-Hallen tun. Ein Tisch und Stuhl würde reichen, die Büroaustattung könnte ich mir gleich drin kaufen. Ich könnte meine Klienten gleich vor Ort von der Wichtigkeit meiner Dienste überzeugen. Dann nämlich, wenn die gekauften Habseligkeiten im Kofferraum verstaut werden müssen. Ich habe beobachtet, daß Fanny nicht die einzige ist, die davon überhaupt nichts versteht. Wie kann man als allererstes einen großen, runden Lampenschirm auf die Mitte der Ladefläche stellen, so daß nichts anderes mehr Platz hat?

Im Schlafzimmer polterte Fanny herum. Es klang, als würde sie alle Gürtel und Kleiderbügel auf den Boden werfen.

Zum Sport. Rudi Völler hat sein Traineramt beim AS Rom niedergelegt.

»Hast du das gehört? Völler hat gekündigt!«

Wie finde ich denn das? Völler geht schon wieder weg von Rom?! Dabei war es nach der Pleite bei der EM wahrscheinlich das beste, was er tun konnte, einfach für eine Weile zu verschwinden. Und jetzt? Kommt er doch nicht etwa zurück? Am Ende noch zum DFB? Wie lange war er noch mal Bundestrainer? Oder besser gesagt, Teamchef? Ich müßte mal einen Blick in ein altes Kicker-Jahresheft werfen. Wo sind die denn? Die habe ich doch nicht etwa weggeworfen? Oder anderweitig entsorgt? Wahrscheinlich liegen sie im Keller.

Fanny hat ihren Schlüssel immer noch nicht gefunden.

»Ich muß ihn auf dem Heimweg verloren haben.«

»Jetzt wart's halt erst mal ab.«

»Was kostet eine neue Schließanlage fürs Haus?«

Sie sticht auf die Jacken im Flur zu, die sie jetzt durchsucht.

»Welche Schlüssel waren es denn?«

»Alle.«

Ob ich ihr sagen soll, daß ich ihr schon so wahnsinnig oft gesagt habe, daß sie es mir gleichtun und ihre Schlüssel gleich nach Betreten der Wohnung auf die kleine Kommode legen soll? Wo man sie nicht übersehen kann und wo sie immer liegen und wo sie auch hingehören, denn näher an der Tür geht nicht mehr. Das ist so gut wie ins Schloß gesteckt. Wobei, das habe ich ihr richtiggehend verboten, denn wenn von innen ein Schlüssel steckt, kann man von außen nicht mehr aufsperren. Ich stand schon zweimal nachts vor der Tür und kam nicht rein und bekam auch das Fräulein Fanny nicht durch Klingeln und Klopfen wach, denn wenn meine Freundin mal pennt, pennt sie. Da verzweifelt man wirklich an der Welt und an seinem Leben, kann ich sagen.

»An deinem Schlüsselbund hängen zig Schlüssel. Wenn der runterfliegt, würdest du das meilenweit hören.«

Sie läßt von den Jacken ab und stellt sich in die Tür.

»Du bist wirklich eine große Hilfe. Sitzt da und schwingst dumme Reden.«

So streng, wie sie das sagt, meint sie es tatsächlich.

»Außerdem hab ich dich schon drei Mal gebeten, das Videoding wegzustellen, wenn du es nicht benutzt.«

Es ist soweit. Sie setzt zum Rundumschlag an. Das mußte ja kommen. Wenn beide Geld verdienen – und das ist bei uns der Fall –, kauft sich jeder, was er will. Kleider, Schuhe, CDs, DVDs, Schnaps, Bücher. Ich hatte schon seit längerem mit einem Videobeamer geliebäugelt. Das ist das Gerät, das Fanny mit Videoding meint. Zur Fußball-EM hatte ich beschlossen, mir endlich einen zu kaufen. Ist eine ganz tolle Sache, so ein riesengroßes Bild. Finde ich. Findet Fanny nicht. Ich hab ihn erstanden, als sie ein verlängertes Wochenende beim achtzigsten Geburtstag ihrer Großmutter verbrachte. Ich lud ein paar

Freunde ein, wir hängten Leintücher vor die Fenster, tranken Bier und sahen das trostloseste und das schönste Spiel dieser Europameisterschaft: Deutschland gegen Lettland und Tschechien gegen Niederlande. Das eine endete 0:0 unentschieden und bereitete das Ausscheiden unserer Nationalelf vor. Das andere war ein Fußballfest, über das man noch in zehn Jahren sprechen wird. Wir hatten viel Spaß, und am Ende dieses langen Fernsehabends zogen uns die freigesetzten Endorphine noch mal raus auf die Piste. Eigentlich hatte sich jeder von uns vorgenommen, nach den Analysen nach Hause zu gehen. So ist es ja oft: Wenn du dir vornimmst, daß du am Wochenende richtig viel Spaß haben wirst, geht das meist in die Hose. Wenn du aber planst, keinen Fuß mehr vor die Tür zu setzen, entwickeln sich oft die großartigsten Abende. Wir waren erst in der Kohlenquelle, dann im Hundertzwei und anschließend noch im Kaffee Burger, wo wir bis zum Morgengrauen tranken und tanzten. Am Ende waren wir fix und fertig, aber glücklich. Gegen acht Uhr morgens war ich wieder zu Hause. Fanny nur knappe sechs Stunden später.

»Wie sieht's denn hier aus?«

Von diesen Worten wurde ich geweckt. Ich quälte mich aus dem Bett und wankte ins Wohnzimmer, wo Fanny stand. Sie hatte einen leichten Sommermantel an, den ich noch gar nicht kannte, und ihre kleine Reisetasche in der Hand und sah weniger so aus, als käme sie gerade nach Hause, sondern mehr als ginge sie weg, und zwar für immer.

»Total schön, dein neuer Mantel.«

»Den hab ich seit zwei Jahren«, antwortete sie in strengem Ton.

Sie sah stumm im ganzen Zimmer herum. Ich tat es ihr gleich. Es sah aus wie immer. Nur, daß wir gestern in der Eile vergessen hatten, die Flaschen und die Schnapsgläser wegzuräumen. Und die Aschenbecher zu leeren. Und die Leintücher von den Fenstern zu nehmen.

»Wie war's denn?«

»Bestimmt nicht so lustig wie hier.«

Fanny zeigte auf den Videobeamer.

»Wann mußt du ihn zurückbringen?«

»Was meinst du, zurückbringen?«

»Bis wann du ihn geliehen hast, will ich wissen. Bis Montag oder bis zum Ende der WM?«

»Es ist die EM. WM ist erst in zwei Jahren.«

»Egal. Bis wann?«

»Das Ding bleibt hier. Ich habe es gekauft.«

»Für so was gibst du dein Geld aus?«

»Das ist definitiv das Beste, was ich mir in den letzten drei Jahren angeschafft habe.«

»Schwachsinn.«

O-Ton Fanny.

Sie hat die Schlüssel also immer noch nicht gefunden. Ich möchte plötzlich ganz weit weg sein. Rudis Wohnung in Rom wird doch jetzt frei. Oder ich gehe nach Polen oder Weißrußland. Oder in die Ukraine. Die nötigen Landkarten und Reiseführer habe ich schon. Ich gebe zu, daß ich nicht wenige Reiseführer von Ländern besitze, in denen ich noch gar nicht war und die, bis ich den Reiseführer zum ersten Mal in den Händen hielt, auch gar nicht zur Disposition standen. Das ist auch nicht das Entscheidende. Das Entscheidende ist, daß ich mir an einem verregneten Samstag oder Sonntag kaum was Schöneres vorstellen kann, als in einem dieser Bücher zu blättern und zu lesen. Schlimm? Nein. Kann da irgend jemand was dagegen haben? Nicht wirklich. Doch. Fanny. Hier geht es nicht ums Geld, wie beim Beamer, sondern um den Platz.

»Unsere Wohnung quillt über von all dem Zeug, das du anschleppst.«

»Unsinn.«

Wo Mutterhände liebend walten, so hieß ein Spruch, der in ein winziges Speckbrettchen eingebrannt war und das an der

Küchenwand meiner Großmutter hing. Total antiquiert, könnte man sagen. War halt eine andere Zeit. Letzten Endes hat sich nichts geändert. Fannys schöne schmale Hände sind zwar keine Mutterhände, aber sie walten trotzdem liebend bei uns zuhause herum. Und wie die walten. Nicht etwa, weil ich ihr das aufdränge. Sondern weil sie das will! Sie weiß, wie die Wohnung auszusehen hat, damit sie gemütlich oder schön oder sonst was ist.

»Und überhaupt. Unsere Stadtteilbibliothek ist eine der besten der Stadt. Dort gibt es pro Land mindestens fünfundzwanzig Reiseführer. Wieso gehst du nicht da hin und borgst dir aus, was du lesen willst?«

»Weil ich Bücher aus der Leihbibliothek nicht mag.«

»Sei doch nicht so kompliziert.«

»Ich will diese Bücher besitzen. Ich will sie nicht mit Hunderten anderer Leute, denen ich Samstagmorgen im Supermarkt begegne, teilen, verstehst du?«

»Nein.«

»Das habe ich mir gedacht.«

»Die kosten doch ein Schweinegeld.«

Also geht es doch wieder um Geld.

»Misch ich mich etwa in dein Kaufverhalten ein?«

Da gäbe es einiges, was ich *entschieden* zu teuer finde!

»Wenn du sie wenigstens lesen würdest.«

»Ich lese sie doch.«

»Tust du nicht. Du blätterst nur darin rum.«

»Es sind meine Bücher. Ich kann damit machen, was ich will.«

»Aber nicht, wenn sie meine Wohnung vollstopfen und zum Überquellen bringen.«

»Sagtest du gerade *deine* Wohnung?«

»Jetzt häng dich bloß nicht an einem Wort auf.«

»Es ist auch *meine* Wohnung!«

»Aber wenn überall deine Bücher und CDs rumstehen, ist

es nicht mehr meine Wohnung in dem Sinne, daß ich mich in ihr wohl fühle.«

Jetzt kommt noch was. Bitte festhalten. Auf diesem Thema reitet Fanny nicht etwa nur in unseren vier Wänden rum. Das tut sie auch, wenn wir uns mit Freunden treffen. Als habe sie es nötig, irgendwelche Allianzen zu bilden und Gleichgesinnte hinter ihrem Rücken zu vereinen. Verdammt. Wieso tut sie das? Und wieso tun das all die anderen Frauen und Freundinnen auch, die in festen Beziehungen stecken und an den Pärle-Wienerle-Abenden teilnehmen, die man nur wenige Jahre zuvor noch belächelt hat? Man sitzt, man trinkt, man ißt und hat ein bißchen Spaß, dann kommt man auf irgendein x-beliebiges Thema, und plötzlich fängt eine an, zu erzählen, was ihr Göttergatte diesbezüglich alles nicht macht, respektive wenn er's macht, falsch macht. Dabei bemüht sie sich, den lockeren Tonfall, der den ganzen Abend über herrschte, beizubehalten, aber: Nachtigall, ick hör dir trapsen. Sofort bekommen alle anderen Frauen am Tisch riesengroße Ohren, und ihre Augen beginnen zu funkeln. Jetzt kommt endlich ein Thema, denken sie, zu dem sie alle was beisteuern können. Da werden die Krallen gewetzt, mal sehen, was man hier und heute so alles geklärt bekommt.

»Ja, meiner auch!«

»Er macht das auch immer.«

»Meiner macht das auch nie!«

Spinnen die? Die einzigen beiden Gruppen von Menschen, die sonst ständig davon reden, was ihr süßer Liebling gerade wieder angestellt hat, sind Eltern und Hundebesitzer. Von manch einer Frau könnte man meinen, sie habe tage- und wochenlang nur darauf gewartet, endlich in aller Öffentlichkeit darüber reden zu können, daß ihr Partner ständig den Balkon als Abstellkammer mißbraucht, oder daß ihr Lebensabschnittsgefährte alle Blumen überdüngt hat, während sie auf Fortbildung war oder immerzu Bücher kauft, für die es keinen Platz gibt. Da sind sie so richtig in ihrem Element. Ich frage mich, worüber Frauen reden, wenn sie unter sich sind? Wofür treffen die sich denn und telefonieren alle nasenlang? Besprechen sie diese Dinge denn nicht dann? Wieso nicht? Oder tun sie es und kommen zu keinen Ergebnissen? Wenn ich mich mit meinen Freunden treffe, käme ich nie auf die Idee, mich darüber zu beklagen, daß ich achtmal so häufig koche wie Fanny. Oder daß sie dreimal pro Woche ihre Schlüssel verlegt. So ist sie eben. Ich sage nicht, daß ich besonders glücklich über letztere Eigenschaft bin. Ganz im Gegenteil. Wenn Fanny ihre Schlüssel verlegt, kostet mich das jedesmal viele Nerven. Aber nie würde ich davon erzählen, wenn wir mit unseren Freunden zusammensitzen. Ganz abgesehen davon, daß Fanny mir – nicht ganz zu Unrecht, wie ich finde – ganz gehörig den Marsch und nicht etwa was anderes blasen würde, wenn ich damit vor versammelter Mannschaft herausplatzen würde. Sie hat ihre Schlüssel schon so unfaßbar oft nicht mehr gefunden, daß sie sich längst daran gewöhnt haben müßte, daß die Dinger nicht verschwunden sind, sondern in allernächster Zukunft wieder auftauchen werden.

Und nun zum Wetter.

Ich schalte schließlich den Fernseher aus und gehe zu ihr in den Flur, um ihr beim Suchen des Schlüssels zu helfen. Dabei hatte ich mir beim letzten Mal – also vorvorgestern – fest vorgenommen, das nie mehr zu tun. Fanny sieht mich nicht an.

»Kannst du bitte dein Handy mitnehmen? Damit ich dich anrufen kann, wenn ich losgehe, und du mich reinlassen kannst?«

»Ich brauch mein Handy nicht. Weil du deinen eigenen Schlüssel mitnehmen wirst. Der muß ja irgendwo sein!«

»Ist er aber nicht!« schreit sie beinahe hysterisch, und es

klingt so, als würde sie diesen Verlust mir ankreiden! Und wenn nicht den Verlust, dann eben die Tatsache, daß die Schlüssel nicht wiedergefunden werden. Aber das ist doch nicht mein Problem, verdammt noch eins. Doch, ist es. Fanny sorgt schon dafür, daß es auch zu meinem wird. Aber eben nicht mit warmen, freundlichen Worten, mit denen man normalerweise jemanden um Hilfe bittet. Sondern mit den vorwurfsvoll-fordernden, wie sie nur Frauen aussprechen können, die irgendwas verbaselt haben und der Meinung sind, daß sie ein Problem nicht allein haben. Daß Liebe und Partnerschaft vor allen Dingen bedeutet, daß der Lebensgefährte sich aktiv an der Suche nach dem Schlüssel zu ihrem Leben beteiligt. Daß sie eine Art rechtskräftigen Anspruch darauf haben, daß der andere gefälligst alles stehen und liegen läßt, wenn sie sich mal wieder in eine mißliche Lage gebracht haben. Immer mit dem Resultat, daß nicht nur sie, sondern auch ich schlechte Laune habe. Gereizt gehe ich also in die Küche und hebe die Zeitungen auf und drehe die Handtücher um, während Fanny in großen und groben Schritten die Wohnung abschreitet und vor sich hin flucht, immer noch der Meinung, wir werden den Scheiß-Schlüssel sowieso nicht mehr finden. Meine Nerven liegen blank, und am liebsten würde ich alles, was hier rumliegt und steht, auf den Boden schieben. Es ist jedesmal das gleiche mit ihr!

Irgendwann taucht der blöde Schlüssel natürlich wieder auf. Und irgendwie scheine es immer ich zu sein, der ihn findet. Diesmal ist er in der Tasche, die sie neben den Herd gestellt hat. Ich wollte erst gar nicht darin nachsehen, denn die Tasche ist ja das naheliegendste, und Fanny wird dort mit Sicherheit als allererstes reingeschaut haben. Aber dann tat ich es doch. Instinkt?

»Hier ist er doch!«

Fanny kommt in die Küche.

»Wo war er?«

»In deiner Tasche. Ganz oben.«

»Ich schwör dir, daß ich ihn da nicht reingetan habe.«

Irgendwie will ihr das verschämte Lächeln nicht gelingen. Und ich habe keinen Bock, die ersten warmen Worte danach zu sprechen. Sie müßte, finde ich, vor mir auf die Knie fallen oder sich entschuldigen oder sagen, daß sie solche Situationen in Zukunft zu vermeiden versucht. Wir stehen uns gegenüber, ich warte und kratze mich an der Stirn, dabei rutscht der Ärmel meines Pullis runter, und Fannys Blick fällt auf die frei werdende Armbanduhr. Sie erschrickt.

»Oh Gott. Ich bin ja viel zu spät!«

Sie gibt mir einen schnellen Kuß auf die Wange.

»Du bist der Beste. Vielen Dank.«

Und schon ist alles wieder gut und sie draußen und die Tür zu.

Ich mache sie wieder auf, denn mittlerweile ist es so spät, daß auch ich gehen muß. Alfons und ich beschließen, gar nicht in den Ki-Duk-Film zu gehen, sondern gleich in eine Kneipe, wo wir über Völlers zweiten Rücktritt innerhalb eines halben Jahres reden und darüber, daß wir beide noch nie in Rom waren. Da sollten wir echt mal hin. In ein Hotel, dessen Empfang die ganze Nacht besetzt ist, wo man den Schlüssel abgibt, wenn man das Haus verläßt. Aber letztlich ist es egal, ob es einen solchen Empfang hat oder nicht, denn eins steht fest: Wir werden ohne unsere Frauen fahren.

Wolf unter Wölfen

We couldn't all be cowboys, so some of us are clowns.
The Counting Crows

Es gibt ja kaum noch Nischen, in denen das Mannsein überhaupt noch funktioniert. Vergangene Woche tat sich mir unverhofft eine auf. Ich wurde von einem sehr lauten, sehr häßlichen Lärm geweckt. Es war eine Mischung aus Rrrums, Ffft und Krack. Der Lärm kam, wie sich herausstellte, aus der Küche. Fanny und ich quälten uns im Halbschlaf aus dem Bett und suchten nach der Ursache für diese nächtliche Ruhestörung. Eines der Regale, auf dem sich alle möglichen Dinge ansammeln, war heruntergebrochen. Die Sauerei war riesengroß. Überall lagen Glassplitter, Stifte und Kastanien, Batterien, Muscheln und Kleingeld, alles war mit Blumenwasser durchtränkt und wie eine Pizza mit Kräutern der Provence bestreut. Fanny und ich sahen uns wortlos an. Die einzige Reaktion, zu der sie fähig war, war das Gesicht zu verziehen.

»Oh nein! So ein Ärger«, jammerte sie schließlich.

Dann sah sie mich an und erschrak.

»Du freust dich wohl darüber?«

»Wieso?«

»Weil du so strahlst.«

Es stimmte. Ich freute mich tatsächlich. Denn jetzt würde endlich mal wieder meine Bohrmaschine zum Einsatz kommen. Das heißt, *ich* und meine Bohrmaschine. Ich habe sie mir vor drei Jahren gekauft, eine der besten Anschaffungen meines Lebens. Noch tausendmal besser als der Videobeamer. Es ist eine Bosch PSR 12 VE-2 electronic. Die beste Bohrmaschine der Welt. Als ich sie kaufte, bin ich den ganzen Tag mit dem Ding durch die Wohnung marschiert und habe überall nach Möglichkeiten gesucht, zu bohren.

Für eine Bohrmaschine gibt es mindestens zwei Gefühlsebenen. Sie fühlt sich in verschiedenen Situationen unterschiedlich an. Ist man alleine zuhause und bringt beispielsweise einen kleinen Spiegel im Bad an, ist die Bohrmaschine ein stinknormales Werkzeug wie viele andere auch. Ein Werkzeug, das genau das tut, was man von ihm verlangt. Also Löcher bohren, im Falle des Spiegels ein bis zwei, maximal vier Stück. Wenn aber jemand neben einem steht und dabei zusieht, wie man bohrt, ist das etwas ganz anderes. Dann ist die Sache überhaupt nicht emotionslos, sondern voller Gefühle, die etwas mit Männlichkeit zu tun haben. Dieser jemand könnte eine attraktive Nachbarin sein. Nur mal so als Beispiel jetzt. Es könnte auch irgend jemand anderes sein, ein häßlicher WG-Mitbewohner, eine entfernte Tante oder ein Bürokollege. Bei Lebensgefährtinnen funktioniert es nur in den seltensten Fällen. Denn Fanny hat sich nicht neben mich gestellt, als ich neue Löcher für das Küchenregal gebohrt habe. Für sie ist es das Selbstverständlichste der Welt, daß ich als Mann und ihr Freund das tue. Zurück also zur Nachbarin. Die erzählt einem am Briefkasten, daß sie eine Hängematte für den Balkon gekauft hat, diese aber nicht aufhängen kann, weil keine Haken in der Wand sind. Ob sie keine Bohrmaschine habe, fragt man beiläufig, da sie verneint, bietet man natürlich seine Hilfe an, klingelt wenig später und bohrt ihr wie nebenbei diese Löcher. Es geht aber auch nicht ganz leicht von der Hand. Die Wände sind massiv, man muß schon seinen Körper einsetzen. Dabei steht die Nachbarin die ganze Zeit daneben und sieht einem zu. Und in diesem Moment fühlt sich die Bohrmaschine ganz, ganz anders an. Aber nicht nur sie, auch man selbst ist dann ein anderer. Die Bohrmaschine wird zu einer Verlängerung des eigenen Körpers, sie strotzt vor Kraft, die Maschine und ich sind eins, hier auf diesem fremden Balkon, auf dem für meinen Geschmack überhaupt keine Hängematte mehr Platz hat, so viele Pflanzen und Eimer stehen hier rum, aber egal, wir sind gerufen worden, meine Bosch und ich, also werden wir unsere Aufgabe anstandslos verrichten. Ich spüre die Kraft der Maschine, 240 Watt, und diese Kraft ist meine eigene, the machine is the message, and the message is, daß ich stark bin!

Dieses Gefühl der Stärke ist nicht ganz so deutlich ausgeprägt, wenn man Samstagmorgen um kurz nach neun im Baumarkt steht, sich die Deltaschleifer ansieht und plötzlich von einem anderen Männchen angesprochen wird. Eigentlich war ich nur hergekommen, um Küchenfliesen und Fliesenkleber zu kaufen. Seit unserer ersten Nacht in dieser Wohnung hatten wir uns vorgenommen, die grausigen, gelbgrünen Kacheln in der Küche abzuschlagen und durch neutrale weiße zu ersetzen. Die wären ja beinahe ein Grund gewesen, die Wohnung nicht zu nehmen. Das war bald ein Jahr her. Aber wie es so ist, am Anfang kriegt man noch Kopfschmerzen, wenn man die Küche betritt und diese Dinger einen anstrahlen. Jeden Morgen denkt man sich, am Wochenende kommen die weg! Man freut sich schon auf den Moment, an dem der erste Hammerschlag auf sie niedergeht. Aber am Wochenende hat man keine Zeit, weil man Kisten auspacken muß, am nächsten baut man Schränke auf und bohrt Regale an und am übernächsten hat man sich schon langsam an die Farbe gewöhnt. Nicht, daß man sie plötzlich schön fände. Man sieht sie nur nicht mehr. Der Mensch sei ein Gewohnheitstier, sagt man, er gewöhne sich an alles. Das stimmt. Man gewöhnt sich sogar an den Menschen, mit dem man irgendwann nicht mehr nur sein Leben, sondern auch die Wohnung teilt. Nur verhält es sich da umgekehrt: Die menschlichen Makel sieht man statt immer weniger immer mehr. Und das Schöne und Aufregende gerät ein bißchen in den Hintergrund. Also mußten die Kacheln aus dem Hintergrund ab und meine Fähigkeiten als ein Mann, der Hand anlegt, wieder ein bißchen mehr in den Vordergrund. Morgens um neun ist die Welt noch in Ordnung, da ist so ein Baumarkt noch menschenleer. Herrlich. Kein Gedränge, kein Geschiebe und jede Menge freie Mitarbeiter, die einem weiterhelfen können und nicht von alten Omas, die zwei Nägel kaufen wollen, eine halbe Stunde lang blockiert werden. Und auch sonst keine Frauen. Nicht um diese Zeit. Ich lud den großen, roten Einkaufswagen voll mit Kacheln und Kachelkleber. Sicherheitshalber las ich die Gebrauchsanweisung durch. Dieser Kleber klebte auch auf Kacheln. Das war natürlich die Idee. Ich reiß die alten gar nicht runter, sondern kleb einfach die neuen obendrauf. Super! Anschließend wollte ich mir einen ersten Überblick über die Schleifgeräte verschaffen. Alleine. Ein normales Schleifgerät hab ich schon, aber früher oder später müssen wir uns mal um die Fenster und Türen kümmern. Die hatten wir nämlich trotz gegenteiliger Behauptung des Übernahmeprotokolls in abgelebtem Zustand übernommen. Für so was braucht man einfach einen Deltaschleifer. Also ein Gerät, das in alle Ecken und Ritzen reinkommt. Ich besah mir diese schönen Maschinen von allen Seiten. Ich liebe ihr Grün. Diese Geräte liegen super in der Hand. In meinen Händen, mit denen ich sonst nichts anderes tue, als tagsüber in eine Tastatur zu tippen, abends Zwiebeln zu schälen und nachts Fanny zu streicheln. Plötzlich tippte mir jemand von hinten auf die Schulter. Man hat niemals und nirgends seine Ruhe. Das war Dieter. Ausgerechnet. Dieter ist studierter Maschinenbauer und wohnt zusammen mit seiner Freundin Inge in unserem Haus. Ich kann nicht besonders viel mit den beiden anfangen. Kurz nachdem wir eingezogen waren, lud Inge uns zwecks »gegenseitigem Kennenlernen« zum Abendessen ein. Wir saßen geschlagene vier Stunden auf unbequemen Klappstühlen an einem Tisch, der viel zu klein für das Berliner Zimmer ist, und quälten uns durch einen, sagen wir, eher langweiligen Abend. Inge ist Erzieherin und im Gegensatz zu Dieter, der seinen Mund nicht aufkriegt, schnattert sie in einer Tour. Immer wenn ich die beiden sehe, frage ich mich, was Dieter und Inge wohl so treiben, wenn sie im Bett sind. Inge ist nämlich keine ein Meter sechzig groß und Dieter knapp zwei, diese Frage stellt sich also automatisch, wenn man die beiden zum ersten Mal sieht. Was sich umgekehrt wohl andere Menschen zu Fanny und mir überlegen? Was denkt zum Beispiel Dieter? Aber er fragte nur:

»Was machst du denn hier?«

So wie er das sagte, klang es, als habe er überall mit mir gerechnet, aber nicht im Baumarkt und schon gar nicht bei den Deltaschleifern.

»Ich sehe mich ein bißchen um.«

»Suchst du was Spezielles? Kann ich dir helfen?«

Wenn ich eins nicht brauchen konnte, dann waren es seine guten Ratschläge.

»Ich komm schon zurecht.«

»Wirklich?«

»Ich brauch einen Winkelschleifer.«

»Wozu das denn?« fragte er empört.

»Ich will die Fenster und Türen streichen.«

»Das ist doch völliger Quatsch, das geht am besten mit der Hand.«

Na prima. Als Mann ist man ununterbrochen Konkurrenzsituationen ausgesetzt, in denen andere Rudelmitglieder sich über einen erheben wollen. Neben Dieter mit der Bohrmaschine zu hantieren, machte bestimmt keinen Spaß. Da kann ich ja gleich als Lehrbub beim Schreiner anheuern und mich vom Meister herumscheuchen lassen. Was sollte das? Hatte ich ihn um seine Meinung gebeten? Und überhaupt, wieso quasselte er denn so viel? Sonst war er doch das Schweigen in Person. Dieter arbeitet bei einem großen Getränkekonzern, und sollte ihn jemals jemand kennenlernen, sollte er bloß nicht den Fehler machen, ihm irgendeine Frage bezüglich seiner Arbeit zu stellen. Denn zu diesem Thema bringt es dieser einsilbige Kerl fertig, die Antwort in stundenlange Monologe zu verpacken, die vor Technikbegriffen nur so strotzen. Es ist immer ein Vabanquespiel, solche Leute auszufragen. Aber ich kann meist nicht an mich halten, schließlich haben ihre Tätigkeiten auf irgendeine Art und Weise mit meinem täglichen Leben zu tun oder beeinflussen es oder sind sonstwie interessant. Und es gibt Fragen, die ich schon immer mal beantwortet haben wollte. Zum Beispiel, ob Zigarettenkippen in leeren Pfandflaschen wirklich so eine Schweinerei sind, wie Fanny mir immer vorhält. Weil es angeblich die Flasche dem Kreislauf entzieht, wie sie sagt, oder irgendein Hiwi die Kippe mühsam mit einem langem Stab wieder rausfischen muß. Ich habe das stets bezweifelt, konnte aber das Gegenteil nie beweisen. Seit ich Dieter mal danach fragte, weiß ich, daß der ganze Dreck, der sich in den Flaschen ansammelt und wovon Kippen das kleinste Übel sind, in einer großen Flaschenreinigungsanlage rausgespült wird. Diese durchlaufen die Flaschen auf einem Laufband, ehe sie anschließend in der Füll- und dann in der Verschlußanlage landen, von wo sie automatisch in Kisten gefüllt werden. So einfach ist das. Für diese Antwort brauchte Dieter aber ungelogen eine halbe Stunde, und wenn ich ein besseres Gedächtnis und mir das alles gemerkt hätte, könnte ich problemlos in der Getränkeindustrie anheuern und jeden Freitagabend mit zwei Kästen Freibier nach Hause kommen.

Kapiert Dieter nicht, daß ich zwar aus Interesse, aber eben auch aus Höflichkeit fragte, um eine Konversation in Gang zu setzen? Typen wie er sind nicht in der Lage, irgend etwas kurz und knapp zu erklären. Können sich nicht in ihr Gegenüber reinversetzen und in dessen geringen Kenntnisstand der Materie. Die stellen ihre Welt niemals anders dar als so, wie sie sie selbst sehen. Wie viele Stunden ich schon damit zugebracht habe, mir Arbeitsprozesse bis ins letzte Detail erklären zu lassen, wo ein einfacher Satz genügt hätte. Wie oft der Bahnhof Zoo gereinigt wird (»24 Stunden täglich«, Ingo, betriebswirtschaftlicher Chef eines Reinigungstrupps). Wo die vielen Filme, die man im Drogeriemarkt abgibt, entwickelt werden (»in Polen«, Frank, Kurierfahrer), oder wie viel Benzin in einer ganz normalen Tankstelle lagert (»50 000 Liter«, Roman, Angestellter eines Mineralölkonzerns). Mit Männern wie Dieter hat man es ja im Grunde genommen von Kindesbeinen an zu tun. In ihren Zimmern gab es kaum Bücher, dafür selbstgebaute Modellflugzeuge, und an den Wänden hingen keine Poster, sondern Urkunden, die sie für die Teilnahme an einem Skirennen oder einem Computerkurs bekommen hatten. Wenn sie Schallplatten hörten, dann nur Hardrock. In der Schule brillierten sie in Mathe und Physik und vielleicht noch im Sport und hielten sich aus den ethisch-moralischen Diskussionen im Deutsch- und Religionsunterricht, in denen ich mich austobte, völlig raus. Nach dem Abitur trennten sich unsere Wege. Dieter leistete sechzehn Monate Wehrdienst, ich zwanzig Zivildienst. An der Uni traf man sich dann wieder, allerdings nur noch in der Mensa. In den Kneipen erkannte man sie daran, daß sie immer im Rudel auftraten, alle karierte Hemden und Jeans trugen und daß an ihren Tischen nie irgendwelche Frauen saßen. Sie wohnten acht Semester im Studentenwohnheimzimmer, und ihre Raumdekoration bestand aus zwei leer getrunkenen Flaschen Whisky oder Jamaica-

Rum. Altglas, viel zu schön um weggeworfen zu werden. Was mich am meisten ärgert: Diese Leute bestimmen mein Leben viel mehr als ich ihres! Denn Dieter und seinesgleichen sind es, die aufgrund ihrer technischen Fähigkeiten die Welt und unser Leben ständig und nachhaltig verändern. Sie erfinden Druckerpressen und Fernsehgeräte, Flugzeuge und Neutronenbomben, schalldichte Fenster und Videobeamer, CD-Brenner und DSL. Uns Geisteswissenschaftlern bleibt nichts anderes übrig, als uns nach jeder Erfindung die Mühe zu machen, die Welt aufs neue und unter Einbeziehung all dieser Erfindungen zu erklären. Dabei nehme ich an, daß diese Erklärungsversuche an den Ärschen der Dieters dieser Welt mehr als nur vorbeigehen. All diese Männer, die in der Lage sind, einen ganzen Abend lang überhaupt nicht zu fragen, was man selbst eigentlich so treibt. Warum zeigt Dieter keinerlei Interesse an mir und meinem Leben? Ich bezweifle, daß er weiß, was ich beruflich tue. Und so ein Kerl bildet sich ein, mir sagen zu können, ob ein Deltaschleifer gut für mich ist oder nicht. Ich habe mir keinen gekauft. Obwohl ich große Lust gehabt hätte, nachdem Dieter ihn mir auszureden versuchte, erst recht einen zu kaufen. Aber Trotz ist ein genauso schlechter Einkaufsberater wie Hunger. Oder wie Fanny, wenn es um Wein oder um ein Zelt geht. Zu Hause wuchtete ich die Kacheln in die Küche. Ein Blick in den Kühlschrank sagte, daß Fanny noch keine Besorgungen gemacht hatte. Und ein Blick in Fannys Gesicht, die in der Tür stand, daß sie dagegen war, daß ich selbst Hand anlegte. Natürlich. Irgendwie hatte sie spitzgekriegt, was ich vorhatte.

»Wollen wir nicht lieber einen Handwerker kommen lassen?«

Typisch oder untypisch? Typisch.

»Warum heißt es wohl, daß die Axt im Haus den Zimmermann erspart?«

»Aber das kannst du doch gar nicht.«

»Woher willst du denn das schon wieder wissen?«
»Weil ich dich kenne.«
»Liebes, das einzige, was du kennst, ist meine *Oberfläche.*«

Wenn einem kein Respekt und keine Achtung entgegengebracht werden, macht die Sache nur halb so viel Spaß. Da arbeite ich lieber auswärts. Das ist wie früher, als die Gartenarbeit im elterlichen Garten blöd war und woanders gar nicht so schlecht. Woanders bekam man aber auch Geld oder Süßigkeiten dafür. Zuhause nicht. Da wurde es als selbstverständlich angesehen, daß man den ganzen Samstagnachmittag Unkraut rupfte, statt mit den anderen zu spielen. Fanny hat wenig Glauben an meine heimwerkerischen Fähigkeiten. Dabei sind sie gar nicht so schlecht. Ich meine, ich bin nicht Mr. Obi himself oder so was, aber ich habe bei diversen Arbeitseinsätzen meine Leistungsfähigkeit schon oft unter Beweis gestellt. Ich kann das. Kacheln sind für mich ein Kinderspiel, die klebe ich dir in Null Komma nichts an die Wand!
»Soll ich es dir beweisen?«

Aber Kacheln ankleben ist gar nicht so leicht, wie es immer aussieht, muß ich sagen. Schließlich hat Dieter mir geholfen. Ich hatte nämlich nicht daran gedacht, daß ich ein paar von den blöden Dingern zuschneiden muß. Ich überlegte zwei Tage lang, wie das geht und bin dann zu Dieter gegangen, um ihn um Rat zu fragen. Ich hab mir gedacht, was Fanny kann, kann ich schon lange, und habe mich extra doof angestellt. Dieter hat mir erklärt, daß man die mit einem ganz gewöhnlichen Glasschneider zerteilen kann. Er ist doch kein ganz schlechter Kerl. Er hat mir gezeigt, wie man das kleine Messer ansetzt und die Kacheln bricht. Und weil er so in Fahrt war und ich so hilflos dreinblickte, hat er danach den Fliesenkleber angerührt und die Dinger verklebt. Frau müßte man sein!

Ferienvorbereitungen auf dem Lande

You are my only girl,
but you're not my owner girl
Hot Hot Heat

Ich würde gern mal mit Fanny und dem schönen, großen Zelt, das ich uns im letzten Sommer gekauft habe, verreisen. Nach Südfrankreich. Oder Apulien. Am liebsten aber nach Masuren, an die Seenplatte. Nur vierhundert Kilometer entfernt von hier. Oder gleich noch weiter, in den Südosten Polens, der touristisch noch ziemlich unerschlossen ist. Eine der schönsten Landschaften Europas, vergessene Dörfer, Moorlandschaften, unendliche Weiten, Wälder und Seen. Pferdeherden und wilde Wölfe. Städte, die vom längst verblichenen Glanz eines einst mächtigen Landstriches zeugen. Alles, was halt so steht in den Reiseführern, in denen ich so gerne blättere. Aber Fanny zieht noch nicht richtig. Sie möchte lieber an die Algarve. In ein Hotel. Mit einem Schrank mit Kleiderbügeln drin, mit Farbfernseher und Sauna und Pool im Haus.

Sie sagt: »Ich will Kaffee ans Bett und ein großes Frühstücksbuffet und nicht kochen müssen. Und einen Room Service, der die Betten macht.«

»Aber das hast du doch das ganze Jahr.«

»Wie meinen?«

»Ich bin dein Room Service, ich bring dir den Kaffee ans Bett, ich bereite das Frühstücksbuffet.«

»Und ich will mein eigenes Badezimmer.«

»So schlimm ist mein Anblick am frühen Morgen auch nicht.«

»Ich will keine Sammeldusche überm Flur.«

»Aber Urlaub ist doch die einzige Chance, mal was anderes zu erleben als sonst!«

Fanny sah sich das Ausklappfoto meines Polenreiseführers an. Die sanfte Hügellandschaft südwestlich von Danzig nennt man die kaschubische Schweiz.

»Es sieht schon schön aus.«

»Schön? Das sieht hammermäßig toll aus.«

»Wahrscheinlich hast du recht.«

Ich weiß nicht, wie sie es macht, aber sie schafft es, ab dem Frühjahr jeden meiner Vorschläge, wo's im Sommer hingehen soll, bedingungslos toll zu finden. Eine Woche nach diesem Gespräch sagt sie von sich aus:

»Ich freu mich schon total auf Polen!«

Und ich Hornochse begehe jedes Jahr den gleichen Fehler, ihr zu glauben. Denn während sie die Schönheit der von mir vorgeschlagenen Gebiete preist, präsentiert sie mir in den Folgemonaten neue Vorschläge, die ich mir bereitwillig anhöre, weil ich meine, ich hätte ja nichts zu verlieren. Ich kann ihre Worte hier nicht wiedergeben. Nicht, weil sie Fanny diskreditieren würden. Sondern weil ich nicht weiß, welche es sind. Aber ich weiß, daß sie sie ausspricht, und irgendwann werde ich auch dahinterkommen. Und dann, wenn ich herausgefunden habe, wie es funktioniert, werde ich die Methode selbst anwenden, und Fanny wird alles tun, was ich sage! Bisher ist es so, daß ich mich irgendwann selbst sagen höre:

»Also gut, fahren wir halt ans Mittelmeer.«

Wie machen die Frauen das? Es ist eine eigentümliche Mischung aus Begeisterung und Trotz, mit der sie sich durchsetzen. Mit Begeisterung versuchen sie dich auf ihre

Seite zu ziehen, mit Trotz deuten sie an, was einem blüht, wenn es ihnen da, wo man selbst hinwill, nicht gefallen sollte. Ich weiß, daß Frauen sich in Unbehaglichkeiten vor Ort so sehr reinsteigern können, daß sie an einem bestimmten Punkt nicht mehr Herrin ihrer Sinne sind. Das ist so ziemlich das Unangenehmste, was ich mir vorstellen kann. Aber dazu kommt es nur selten. Ich glaube, Fanny weiß sowieso von Anfang an, daß sie sich durchsetzen wird. Die diversen Reisebegleiterinnen meines Lebens haben sich auch meistens durchgesetzt. Gibt es Kurse, wo man das lernen kann?

Das Zelt habe ich mit Fannys Einverständnis im Mai letzten Jahres gekauft. Wir haben es bisher nur ein einziges Mal ausprobiert. Im Frühjahr enthält jede Tageszeitung mindestens einmal pro Woche einen Prospekt eines der großen Kaufhäuser, in denen Zelte, Trekkingschuhe, Ruck- und Schlafsäcke und das ganze Beiwerk, das man sowieso zu Hause hat, aber fürs Zelten noch mal extra braucht, angeboten werden. Auf Gaskocher, Kochtopf, Kaffeebecher und Plastikbesteck kann ich gut verzichten. Die Zeiten, in denen ich stundenlang vor einer kleinen blauen Flamme saß und darauf wartete, daß endlich das blöde Wasser zu sprudeln beginnt, damit ich Kaffeetrockenpulver anrühren und die Nudeln kochen kann, sind vorbei. Heutzutage kriegt man ja an jedem besseren Straßenkiosk einen passablen Cappuccino, und genügend Geld, daß ich mir eine Pizza oder eine Boulette oder eine Schweinshaxe – kommt ganz drauf an, in welchem Landstrich ich mein Lager aufgeschlagen habe – bestellen kann, verdiene ich mittlerweile. Mann, waren das Zeiten! Mit umgerechnet hundert Euro in der Tasche kreuzten Alfons und ich drei Wochen lang quer durch Spanien. Wir ernährten uns ausschließlich von Weißbrot und grober Salami, weil das das günstigste war. Zu Trinken gab es Wasser und Rotwein aus Flaschen, am Sonntag vielleicht mal ein Bier. Wir wuschen uns selten, und die Zähne putzten wir uns auf Toiletten von Bars, die noch schmutziger waren als die Umkleidekabine des FC Lenzkirch nach einem Gerümpelturnier. Die Sehenswürdigkeiten des Landes interessierten uns nicht. Es genügte uns, einmal vor ihren Toren auf und ab zu gehen. Wir schliefen im Zug, vor Provinzbahnhöfen oder am Strand. Regelmäßig kamen Polizisten vorbei, die unsere Ausweise einsammelten und für Stunden damit verschwanden. Weil wir uns nicht auskannten und auch keine besonders genauen Karten dabei hatten, orientierten wir uns an den Städtenamen, die wir irgendwo aufgeschnappt hatten. Das waren nicht selten Touristenhochburgen, die wir am nächsten Tag schleunigst wieder verließen. Immer traf man irgendwelche Leute, zu denen man sich dazulegen konnte. Ruckzuck lernte man irgendwen kennen, und wenn man nicht aufpaßte, wurde man ebenso ruckzuck von irgendwem beklaut. Ich verlor meinen Walkman und eine Sonnenbrille, Alfons drei American Express Travellerschecks. Zumindest behauptete er, sie seien ihm gestohlen worden. Ich war mir sicher, daß er sie irgendwo verbaselt hatte. Denn er war schon immer ein rechter Schluri, der Alfons, daran hat sich bis heute nichts geändert. Wir saßen eines Abends an einem Strand in der Nähe von Málaga, als wir feststellten, daß wir noch Hunger, aber kein Geld mehr hatten. Einer von uns beiden mußte in eines der großen Hotels fahren, um einen Scheck einzulösen. Es konnte Stunden dauern, ehe man zurück war. Die Hotelportiers wollten nie Geld rausrücken. Sie hatten Angst, der Scheck könnte gefälscht oder geklaut oder sonstwas sein. Versuch mal einem spanischen Portier, der kein Deutsch und nur ein bißchen Englisch spricht, zu erklären, daß deine Unterschrift, als du zu Hause unterschrieben hast, von Scheck zu Scheck fahriger wurde und du, so sehr du dich auch bemühst, dieses Gekrakel mit der hier vor seinen Augen nötigen Zweitunterschrift niemals mehr hinkriegen wirst.

Also stritten Alfons und ich, wer gehen muß. Wir rechneten uns vor, wer das letzte Mal Kaffee gekauft und Wasser geschleppt und nach dem Busfahrplan gefragt hatte. Es führte zu nichts. Also knobelten wir. Papier deckt Brunnen zu, Schere fällt in Brunnen, Schere schneidet Papier. Ganz einfach. Trotzdem gab es jedesmal wieder Ärger. Aus einer Runde wurden mindestens sechs, denn immer mokierte der Verlierer, daß der andere zu früh oder zu spät oder zu hoch oder zu niedrig angesetzt hatte. Scheckeinlösen war wirklich unbeliebt! Nach einer halben Stunde hatte ich endlich gewonnen, aber dann stellte Alfons fest, daß doch ich gehen müsse.

»Wieso?«

»Weil ich bestohlen wurde! Meine Travellerschecks sind weg!«

»Wie viele?«

»Alle.«

»Sieh noch mal richtig nach. Wahrscheinlich hast du sie nur besonders gut versteckt.«

»Ich hab überall nachgesehen, die sind weg!«

Er war wie immer, wenn er was nicht sofort fand, total panisch. Manchmal erinnert mich Fanny an ihn. Die dreht auch ständig durch, wenn sie mal wieder glaubt, Geldbörse, Schlüssel oder Halskette verloren zu haben. Ich atmete tief durch und begann, Alfons' Rucksack zu durchsuchen. Ich fand die Schecks in seinem Kulturbeutel und hielt sie ihm wortlos hin. Alfons atmete erleichtert auf. Aber nur kurz.

»Da fehlen welche!«

»Wie viele?«

»Drei. Jemand hat drei Stück gestohlen.«

»Die sind schon irgendwo. Sieh halt mal richtig nach!«

»Ich hab richtig nachgesehen!«

»Du glaubst, jemand habe sich an deinen Rucksack rangeschlichen, deinen Kulturbeutel rausgezogen und drei Travellerschecks geklaut und den Rest wieder in den Rucksack zurückgestopft, ohne daß du irgendwas davon mitbekommen hast?«

»Das sind Profis!«

»Du spinnst doch total!«

»*Du* spinnst doch total!«

Keine drei Sekunden später lagen wir im Sand und kämpften miteinander um unser Leben. Die Sonne war schon untergegangen, das Meer plätscherte friedlich vor sich hin, am Strand verloren sich nur noch ein paar Strandschläfer. Da hatte sich ganz schön was aufgestaut in den letzten Tagen, und das mußte raus. Da waren diese dämlichen Schecks natürlich ein willkommener Anlaß. Alfons gab mir eine Ohrfeige, was ja wohl nach Spucken das mieseste überhaupt ist, das taten früher nur die Mädchen. Ich schlug zurück, aber mit der Faust, und dann ging's richtig rund. Wir schlugen und traten und haßten uns, klatsch, und ich fragte mich, wie ich so blöd sein konnte, mit einem wie dem da in Urlaub zu fahren, zack, wie ich überhaupt so blöd sein konnte, zehn Jahre lang geglaubt zu haben, dieser Volltrottel da, der nicht mal in der Lage ist, auf drei Stück Papier aufzupassen, sei mein Freund, peng, das war der mieseste und blödeste und dümmste Mensch, boing, der mir jemals untergekommen war! Die anderen hatten größte Mühe, uns zu trennen. Wortlos ging Alfons schließlich Geld wechseln, und ich setzte mich ans Wasser und sah aufs dunkler werdende Meer hinaus, nachdem ich mir die Kratzwunden ausgewaschen hatte. Das brannte zwar wie verrückt, aber es tat gut. Die anderen luden mich zum Essen ein – es gab Spaghetti mit nichts – und ich fühlte mich sehr wohl. Wegen mir hätte Alfons für immer wegbleiben können. Oder in irgendeinem spanischen Straßengraben verrecken. Als er schließlich nach drei Stunden immer noch nicht wieder da war, machte ich mir doch langsam Sorgen. Nach vier kam er gemütlich zurück ins Lager gewankt. Irgendwo hatte er wohl Geld bekommen, denn sonst hätte er unterwegs keinen Alkohol kaufen können. Als er aus einem nagelneuen Softpack, der in seiner Brusttasche steckte, eine Zigarette zog und falsch herum in den Mund steckte, merkte er nicht mal, daß die restlichen Kippen in den Sand gefallen waren. Und wegen so einem besoffenen Hornochsen hatte ich mir Sorgen gemacht.

Am nächsten Morgen war alles wieder in Ordnung. Erst tranken wir in der Bahnhofsbar wortlos einen Kaffee (den Alfons bezahlte), dann gaben wir uns auf dem Bahnsteig ebenso wortlos die Hand. Damit war die Sache wieder erledigt. Es erleichtert ungemein, wenn man mit jemandem streitet, der genauso ungern Worte über so was verliert, wie man selbst. Dann stiegen wir in den Zug nach Madrid, wo wir ein stinkendes Zimmer in der Pension eines älteren Herrn bekamen, der nachts stundenlang an unserem Bett stand und uns betrachtete. Aber das ist eine andere Geschichte. Im Jahr drauf zogen wir auf die gleiche Weise durch Italien und danach durch Skandinavien. Jedesmal bereisten wir das ganze Land, jedesmal hatten wir kein Geld, jedesmal stritten wir uns bis aufs Messer, und jedesmal hatten wir jede Menge Spaß.

Ich hätte große Lust, mal wieder so zu reisen. Einfach losfahren und mal sehen, was passiert. Irgendwas passiert nämlich immer. Aber Fanny brauche ich damit gar nicht erst zu kommen. Ich glaube, sie würde finden, daß es besser wäre, wenn wir uns trennen.

Ich war ja schon froh, daß sie sich nach einer halben Ewigkeit dazu überreden ließ, sich in der Mittagspause mit mir im Kaufhof am Alexanderplatz zu treffen, um die dort angebotenen Zelte anzusehen. Aber wenn man zwar einigermaßen was vom Zelten, aber so gut wie gar nichts von Zelten selbst versteht, ist das so eine Sache. Da lagen und standen zwanzig oder dreißig Stück zur Auswahl herum, alle hatten einen ehemaligen Preis, der durchgestrichen und durch einen wesentlich billigeren ersetzt worden war, als stünde die Saison nicht bevor, sondern sei schon längst wieder vorbei. Das erste, was Fanny sagte, war:

»Also, welches nehmen wir?«

»Baby! Wir müssen uns erst mal einen Überblick verschaffen.«

»Schon gut, schon gut«, sagte sie.

Aber in der Art, wie sie es sagte, kam mir ihr Verständnis gekünstelt vor. Ich kann das gar nicht. Wenn ich künstle, merkt sie mir das sofort an. Und vor allem spricht sie es auch an.

Ich stapfte also bedächtig Zelt um Zelt ab, ging mal in dieses, mal in jenes hinein, las ihre exotischen Namen, die alle Fernweh in mir auslösten, und die Liste ihrer Eigenschaften: Gewicht, Höhe, Größe wenn zusammengeklappt, Größe wenn aufgebaut, Material, Reißverschluß und so weiter und so fort. Es gibt Kugelzelte und Hauszelte und Tunnelzelte, es gibt solche, in denen man aufrecht stehen kann und solche, deren Eingang knietief ist. Manche haben ein großes Vorzelt, andere nicht, manche haben ein oder sogar zwei Fenster, andere gar keins. Manche haben ein Bambusgestänge, andere eins aus Leichtmetall.

»Das hier gefällt mir!« rief Fanny plötzlich.

Ich kniete gerade im Zelt Madagaskar und versuchte, den Innenboden nicht mit meinen Straßenschuhen zu verdrecken, als sie fündig wurde. Ich versuchte, mich umzudrehen, aber dafür war es viel zu eng. Damit war schon mal klar, Fanny würde sich in Madagaskar niemals wohl fühlen. Sie braucht immer viel freien Platz um und über sich. Deswegen hatten wir auch so lange nach einer Wohnung gesucht, denn ihr können auch im Haus die Decken nicht hoch genug sein. Ich krabbelte rückwärts wieder aus Madagaskar raus und ging zu Fanny, die vor einem mannshohen, schmalen Zelt stand und mich stolz anstrahlte. *Das* war jetzt echte Begeisterung.

»Fällt dir nichts auf?« fragte ich.

»Was denn?«

»Bei dem Zelt fehlt die vierte Wand!«

Sie drehte sich um und begann, die vierte Wand zu suchen. Es gab keine.

»Wahrscheinlich ist sie runtergeklappt.«

»Fanny, das ist ein sogenanntes Vorzelt. Da, wo die Wand fehlt, steht normalerweise ein Wohnwagen.«

Fanny war erstaunt.

»So was gibt es?«

»Auf dem Bild da kann man es erkennen.«

Fanny stand direkt neben der Informationstafel, auf der die Handhabung ihres Zeltes dargestellt war. Ich konnte nicht anders, ich mußte einfach lachen.

»Oder hättest du lieber einen Caravan?«

»Um Gottes willen!« sagte sie und trat schnell einen Schritt zur Seite, als habe das Zelt eine ansteckende Krankheit. Ich wandte mich wieder den anderen zu. Zwar war von uns beiden ich hier der Zampano, aber ich mußte mir doch im stillen eingestehen, daß ich nicht wirklich Ahnung von der Materie hatte. Was sollten diese ganzen Zahlen denn bedeuten? Fanny konnte ich das unmöglich sagen, wie wäre ich dann vor ihr dagestanden? Womöglich hätte sie mich ausgelacht oder noch schlimmer, mich aufgefordert, einen der beiden braungebrannten Sonnyboys zu fragen, die an der Kasse standen und Tennisschläger umetikettierten. Sie trugen diese schwarzweiß gestreiften Verkäuferhemden, die den Schiedsrichtertrikots beim Base- und Basketball nachempfunden sind. Bevor ich mir das antat, schlug ich mich lieber alleine durch. Denn das kannte ich zur Genüge, wenn man im Sportsektor als Laie an selbsternannte Profis herantritt. Auf die herablassende Art, wie letztere einem Fahrräder, Laufschuhe und Gletscherbrillen erklären, konnte ich wirklich verzichten. Ganz schlimm ist so was natürlich, wenn man seine Freundin dabeihat und sie sieht, daß man gar nicht so viel Ahnung hat wie man immer tut. Und diese Kerle haben ja einen sechsten Sinn für so was. Die lieben es, dich vor deiner Freundin wie einen Depp dastehen zu lassen. Ein, zwei Fachfragen, und du bist blank. Und deine Freundin, die dich eben noch bestaunte, rückt ein paar Zentimeter von dir ab. Instinktiv wendet sie sich fortan an die Person, die da auf den Plan getreten ist und die sie als höhere Instanz anerkennt. Das sind immer Männer. Immer wieder ging ich die Beipackzettel der Zelte durch, wurde aber immer verwirrter. Ich hatte nicht die geringste Ahnung, was das alles zu bedeuten hatte und war froh, als ich endlich eine Eigenschaft entdeckte, die die verschiedenen Zelte merklich voneinander unterschied. Die Wassersäule. Ich verglich sie alle miteinander und las dann laut vor, welche mit Abstand die größte war. Gott sei Dank war das das Zelt, das die schönste Farbe – olivgrün – hatte und mir auch sonst am besten gefiel. Aber Fanny gab keine Antwort. Sie war nämlich überhaupt nicht mehr da. Ich sah mich um und entdeckte sie in der angrenzenden Schuhabteilung bei den Flipflops. Wo auch sonst. Ich rief ihren Namen.

»Fanny!«

Sie hörte mich nicht. Dafür guckten mich jede Menge anderer Kunden an, die zwischen ihr und mir standen. Auch die beiden Sonnyboys an der Kasse sahen kurz von ihrer Arbeit auf.

»Fanny!!«

Einer der Wandschränke verabschiedete sich mit einem Nicken von seinem Kollegen und kam langsam zu mir rüber. Fanny dagegen rührte sich nicht.

»FANNY!!!«

Der Kaffer beschleunigte seinen Schritt. Endlich hatte meine Freundin mich gehört. Sie sah auf und rollte mit den

Augen und zeigte dann mit einem Zeigefinger an ihr Ohr. Es konnte aber auch die Stirn sein, das konnte ich auf diese Entfernung nicht erkennen.

»Hat der Herr irgendein Problem?« fragte mich der Sportfachverkäufer und baute sich vor mir auf. Wie ich das leiden kann, wenn Männer meines Alters sich mir gegenüber aufspielen und mich mit »Herr« ansprechen.

»Nein, nein, alles in Ordnung.«

»Warum schreien Sie dann hier so rum?«

War es mittlerweile verboten, im Kaufhaus nach seiner Freundin zu rufen, die sich ein bißchen zu weit entfernt hat, als daß man in Zimmerlautstärke mit ihr sprechen könnte? Ich ignorierte ihn einfach. Er ließ nicht locker.

»Was haben Sie denn geschrieen?«

Herrgottnochmal, was wollte der Kerl von mir? Ich sah überhaupt nicht ein, diesem Unsympathen, der sich hier als Rambo und Retter der Sportabteilung aufspielte, zu erzählen, was ich gerade gerufen hatte.

»Ich weiß es nicht mehr.«

»Sie wollen mir weismachen, daß Sie sich nicht mehr an das Wort erinnern können, das Sie dreimal hintereinander geschrieen haben?«

Jetzt klang seine Stimme richtig bedrohlich. Wo hatten sie den denn aufgegabelt? In der GSG 9?

»Und selbst wenn ich mich erinnern könnte, würde ich es Ihnen nicht sagen.«

Fanny, die mittlerweile eingetroffen war, bemühte sich verzweifelt, zu verstehen, was vorgefallen war.

»Sie sagen mir jetzt sofort, was Sie geschrieen haben, sonst muß ich Sie bitten, das Haus zu verlassen.«

Am liebsten hätte ich dem Idioten in seine dumme Fresse gehauen.

»Fanny«, sagte Fanny schließlich.

Die Essentials hatte sie also doch mitbekommen.

»Was soll das sein?«

Der Typ war wirklich schwer von Begriff.

»Mein Name. Mein Freund hat nach mir gerufen. Ist was passiert?« fragte sie in aller Unschuld. Wenn sie will, bringt sie die wildesten Kerle dazu, ihr aus der Hand zu fressen. Wie macht sie das bloß? Ist es ihr charmantes Lächeln? Ihr Augenklimpern? Ihre weiche Stimme, die beruhigend auf latentes männliches Aggressionspotential wirkt? Wendet sie bei diesem Trottel etwa dieselben Tricks an wie bei mir, wenn sie mich beruhigen will? Wenn der Aufpasser eine Pistole gehabt hätte, hätte er sie jetzt wahrscheinlich zurück ins Halfter gesteckt.

»Sagen Sie Ihrem Freund, daß er in Zukunft das Schreien in unserem Haus unterlassen soll.«

Damit drehte er sich um und ging zurück zu seinen Tennisschlägern. Das war ja nun wirklich der Gipfel. Der Typ stand neben mir und sprach mit meiner Freundin über mich, als wäre ich entweder gar nicht anwesend oder ein Pflegefall.

»Was wolltest du denn eigentlich?« fragte sie.

Gott sei Dank war ihre Stimme jetzt sanfter als eben zu diesem Typen. Ihre Hand berührte leicht meinen Arm. Wie kann sie nur immer so schnell den Tonfall ihrer Stimme und damit auch meine Stimmung verändern? Meine Freundin ist, was das angeht, ein Chamäleon.

»Dir das Zelt mit der größten Wassersäule zeigen.«

»Der größten Wasser-was?«

»Wassersäule.«

»Was ist das denn?«

»Die Wasserundurchlässigkeit bei Regen, schätze ich mal.«

»Ich hatte nicht vor, mich in dieses Ding zu legen, wenn es regnet!«

»Mußt du auch nicht. Das ist nur für den eventuellen Fall, daß doch mal ein paar Tropfen fallen. Dann ist man doch froh, wenn nicht alles naß wird.«

Sie sah skeptisch zwischen mir und dem Zelt hin und her.

»Und was kostet es?«

»Hundertneunzig.«

»Mark oder Euro?«

»Du bist lustig.«

Das stimmt, sie kann wirklich sehr lustig sein. Sie pfiff respektvoll durch die Zähne.

»Ein bißchen viel für einmal drin schlafen.«

Wieso nur einmal, wunderte ich mich und versuchte, ihr entgegenzukommen.

»Ein bißchen was muß man schon dafür hinlegen. Wir können aber noch mal die billigeren durchgehen.«

Fanny unterbrach mich, indem sie auf ihre Armbanduhr sah. Ich wurde stutzig.

»Was ist denn jetzt los?«

»Ich müßte eigentlich längst wieder im Büro sein.«

»Es ist doch erst zwanzig nach?«

»Ja, aber wir haben kurzfristig ein Meeting angesetzt.«

»Das hättest du mir doch sagen können. Dann hätten wir uns ein andermal getroffen!«

»Hey, jetzt mach kein Drama draus.«

Ich wollte aber ein Drama draus machen. Es war ja ein Drama.

Das war mal wieder typisch. Weil sie alles unter einen Hut bekommen will, sagt sie überall zu und macht von allem ein bißchen, aber nichts davon richtig. Und glaubt glatt, daß so ein Zeltkauf ruckizucki erledigt ist. Und während ich mir die Zelte ansehe, zwitschert sie rüber zu den Flipflops. Als ob sie nicht schon fünf Paar davon hätte. Und wenn mich ein Grobian beleidigt, hat sie Verständnis für ihn. Dasselbe würde wahrscheinlich passieren, wenn wir uns einen Satz scharfer Küchenmesser oder ein Auto kaufen würden. Solche Anschaffungen wollen durchdacht sein, schließlich sollen sie uns ein Leben lang begleiten! Und das ist eine verdammt lange Zeit. Oder auch eine verdammt kurze, kommt ganz darauf an, wie lange das gemeinsame Leben währt. So was kann man nicht in zwei Minuten verhandeln. Aber wehe, wenn Fanny sich eine Handtasche kaufen will oder eine neue Hose und ich es nach zwanzig Minuten nicht mehr im Laden aushalte und rausgehe. Sie bringt es glatt fertig, mich eine weitere halbe Stunde warten zu lassen. Mit solchen Aktionen tut sie mir keinen Gefallen, ganz im Gegenteil.

Ich bin dann ein paar Tage später noch mal alleine losgezogen. Diesmal in den Outdoor-Laden in der Schliemannstraße und anschließend in den in der Kastanienallee. Den letzteren kannte ich, weil ich immer in dem Weinladen nebenan einkaufe. Hier bekam ich auf jeden Fall die richtige Beratung. In beiden Läden nahmen sich die Verkäufer, deren Kleidung darauf schließen ließ, daß sie gleich nach Dienstschluß in den Himalaja aufbrechen, hinreichend Zeit für mich. Wobei ich sagen muß, daß die Frau in der Kastanienallee besser als der Mann in der Schliemannstraße war. Denn der spielte sich auf und lachte immer herablassend, wenn ich eine Frage stellte. Das kannte ich ja schon. Deswegen kaufte ich schließlich in der Kastanienallee und ließ mir, weil sie so nett war, noch ein paar Easy-to-clean-Plastikgabeln und -löffel aufschwatzen, die nun ungenutzt in unserem Küchenschrank liegen. Aber wer kann bei blonden langen Haaren und zwei grünblauen Augen, die bestimmt umwerfend aussehen, wenn sie weinen, schon nein sagen? Ich hatte das Gefühl, von ihr als gleichwertiger Gesprächspartner wahrgenommen zu werden. Einer, der, wenn er nur die Zeit hätte, schon durch halb Sibirien gewandert wäre und zweimal durch Australien. So wie die Typen auf den Fotos, die hier an den Wänden hingen. Sie wollte unbedingt, daß wir das Zelt einmal zusammen aufbauen, damit ich sehe, wie das überhaupt geht. Aber das war mir dann doch zuviel. Außerdem hatte ich in meinem Leben schon das ein oder andere Zelt aufgebaut und war nun wirklich kein unbeschriebenes Blatt mehr.

Ich habe mich für ein Tunnelzelt entschieden. Das heißt, es hat ein ungekreuztes Gestänge und wegen seiner steilen Seitenwände ein sehr gutes Raum-Gewichtsverhältnis. Wenn es richtig steht, ist es windstabil. Das Zelt ist super. Es ist grün und kann, wenn es im Wald steht, vom Hubschrauber aus nur schlecht entdeckt werden. Es hat einen riesigen Vorraum und innen können bequem vier ausgewachsene Menschen schlafen. Und es hat eine Wassersäule von 5 000 mm. Mittlerweile weiß ich auch, was das ist. Die Wassersäule ist das Maß für Wasserdichtigkeit mit der Einheit Millimeter. Entspricht der Wasserhöhe, die theoretisch über dem Material stehen könnte, ohne daß dieses durchlässig wird. Dabei entsprechen 1 000 mm Wassersäule 0,1 bar. Einfach gesagt, es ist nicht die Niederschlagsmenge, die von oben runterkommt, sondern die Menge an Wasser, die nicht von unten eindringt. Das ist ja viel entscheidender. Ich kam gar nicht mehr aus dem Loben raus, als ich Fanny beim Abendessen davon erzählte. Ich hatte nur eine leichte Gemüsesuppe zubereitet, die wir in der Küche aßen. Drei Teller hatte ich aufgedeckt, einen für Fanny, einen für mich und einen für das Zelt. Es saß auf einem Hocker, den ich an den Tisch geschoben hatte. Aber es hatte keinen Hunger.

»Es fremdelt noch. Ist das nicht süß?«

Ich war ganz begeistert.

»Wahnsinnig süß!«

»Keine Sorge. Das hört auf, wenn es uns erst mal in sich gespürt hat.«

Fanny sprach das Zelt direkt an.

»Und was hast du gekostet, mein Kleines?«

Das Zelt antwortete nicht. Also schaute Fanny zu mir.

»Na ja, schon ein bißchen mehr als die anderen.«

»Wie viel mehr?«

»Die Popelzelte vom Kaufhof sind ihr Geld echt nicht wert.«

»Willst du es mir sagen?«

»Vielleicht später. Morgen fahre ich in den Westen und besorge noch einen kleinen Reisegrill. Und dann kann's losgehen!«

»Du willst doch nicht allen Ernstes einen Grill mitschleppen?«

»Es gibt da ganz moderne Geräte, die fast nichts mehr wiegen.«

»Damit du das Feuer wieder nicht ankriegst?«

»Darf ich dich daran erinnern, daß es damals in Strömen geregnet hat?«

Sie spielte mal wieder auf ein sehr unrühmliches Wochenende vor bald zwei Jahren an.

»Ich dachte, du bringst jeden Kohlengrill zum Glühen?«

»Aber doch nicht bei Windstärke zehn!«

»Mein Vater hat es trotzdem geschafft.«

Ja ja, dieser Held. Beim Gedanken an ihn und seine Grillkünste verging mir die Lust auf meinen Reisegrill schon wieder. Wenn mich nicht alles täuschte, hatte Fannys Lächeln ein bißchen was Hämisches.

Mein Leben als Schwiegersohn

Macht die Frau ein Donnerwetter
trinkt ein Viertel Ehrenstetter!
Ehrenstetter Winzerkeller

Wir waren ein knappes Jahr zusammen und irgendwie, fand Fanny, wäre es an der Zeit, daß ich endlich mal ihre Eltern kennenlerne. Ich hatte bereits diverse Angebote ausgeschlagen, langsam mußte ich mal eins annehmen. Fanny stammt aus einem kleinen Dorf hinter den Dünen Schleswig-Holsteins. Es ist schön da. Grün. Das Meer ist auch nicht weit. Aber mir persönlich wäre es auf Dauer zu flach. Stundenlang auf einem Deich entlanglaufen ist nichts für mich. Ich hab's gern hügelig und bergig. Wenn man läuft und auf- und absteigt und nie weiß, was einen hinter der nächsten Kuppe erwartet. Irgendwann werde ich auch Fanny so weit haben, daß sie in einen Wanderurlaub einwilligt.

Ich sagte: »Haben die beiden nicht Lust, nach Berlin zu kommen?«

»Du weißt, daß sie nicht gerne verreisen.«

Schade. Denn ich habe sehr gute Erfahrungen damit gemacht, Schwiegereltern in spe das erste Mal in Berlin zu treffen. Hier kennen sie sich nicht aus und sind Gäste. Bis auf einige wenige Programmpunkte wie Reichstagskuppel oder Museumsinsel bestehen sie auf nichts und mischen sich bei der Wochenendplanung nicht weiter ein. Wenn sie artig sind, gehe ich sogar mit ihnen zum Potsdamer Platz, um den ich ansonsten einen weiten Bogen mache. Abends wollen sie auf gar keinen Fall bekocht werden, sondern essen gehen, so daß man mal wieder ein paar neue Restaurants testen kann. Sie sind sehr handzahm und fast ein wenig hilflos. Ganz anders als daheim, wo sie seit dreißig oder mehr Jahren regieren und man in eingeschliffene Strukturen hineingerät, die man nicht kennt und nicht versteht. Auch die vielen Anspielungen, von denen man als Außenstehender nie weiß, ob sie ernstgemeint sind oder nicht, fallen weitgehend weg. Mit ein bißchen Pech trinkt der Hausherr einen zu viel und fängt an, nicht seine Frau zu provozieren, sondern dich. Meist mit irgendwelchen provokanten Thesen, die von Hartz IV über Al Qaida zu Beethoven und den napoleonischen Befreiungskriegen reichen können. Dann versucht seine Gattin, ihn zu beruhigen, aber damit erreicht sie meist nur das Gegenteil, und er dreht noch mehr auf.

Fannys Familie macht traditionell nach dem Mittagessen einen ausgiebigen Spaziergang. Als ich von der Toilette wiederkam, waren plötzlich alle verschwunden. Ich lief durchs ganze Haus und konnte niemanden finden. Ich dachte, daß sie wahrscheinlich ein Nickerchen machen oder so was. Die Chance wollte ich nutzen, denn ich hatte noch Hunger. Beim Essen hatte ich mich nicht getraut, richtig zuzulangen. Wie hätte das denn ausgesehen. Also ging ich an den Kühlschrank, um nachzusehen, was es so alles gab. Es ist komisch mit fremden Kühlschränken. Manche riechen ganz normal. Aus denen kann man problemlos essen. Aber manche riechen einfach seltsam, und dann hat man auch keinen Appetit mehr, weil man denkt, daß auch die Sachen seltsam schmecken. Wenn es nur das gewesen wäre! Die Halterung für Getränke in der Innentür war nämlich durchgebrochen. Wenn man es wußte, öffnete man die Tür entsprechend vorsichtig. Ich wußte es nicht. Die Tür war noch gar nicht richtig auf und die seltsame Geruchsmischung aus Zwiebeln und altem Fleisch noch gar nicht bis zu meiner Nase vorgedrungen, da lag schon eine Ketchupflasche am Boden. Zersprungen in zwei große und vielleicht zwanzig kleine Scherben. Wer stellt denn Ketchup in den Kühlschrank? Und wie findet man in einem fremden Haus Kehrbesen und Putzmittel? Stößt man bei der Suche nicht unfreiwillig auf Dinge, die einen eigentlich nichts angehen und die man lieber nicht gesehen hätte? Zum Beispiel in den Nachtschränken neben den Ehebetten? In den Hängeschränken im Badezimmer? Den Regalen im Keller? Und natürlich in den Kästchen im Jugendzimmer der eigenen Freundin? Und ist es nicht auch so, daß einen gerade diese Orte magisch anziehen, obwohl man jetzt schon weiß, daß man hinterher bereuen wird, das ein oder andere Geheimnis gelüftet zu haben? Ja, so ist es. Und deshalb ging auch ich auf Tour. Zunächst nur, um Schaufel und Besen zu finden. Ich öffnete alle Türen und Schübe in der Küche, aber außer massenweise Töpfe und Schüsseln war da nichts zu finden. Auch nicht unter der Spüle. Aber hier stand eine kleine viereckige Plastikwanne, in der sich Farben und Pinsel befanden. Die brachte mich überhaupt erst auf die Idee.

»Wenn in diesem Haushalt Farbe und Pinsel in einer Kiste unter der Spüle sind«, dachte ich laut, »wo sind denn dann die Teebeutel?«

Und ich machte mich auf den Weg.

Teebeutel lagen in einem großen Einweckglas.

Rechnungen und andere wichtige Papiere steckten, auf DIN-A5-Format geknickt, zwischen zwei dickbauchigen Tonvasen auf der Kommode.

Leere Weinflaschen standen in einem Pappkarton neben der Tür.

Die Handtücher im Badezimmer stapelten sich in einem ausgebleichten Weidekorb.

Im Schlafzimmer stand das Bett im rechten Winkel zur hinteren Wand.

Auf der Hälfte des Bettes lag eine gefranste Tagesdecke.

Im Schrank lag ausschließlich weiße Bettwäsche.

Auf dem Schreibtisch stand ein Kaffeehaferl, in dem Kulis und Blei-, Bunt- und Filzstifte steckten. Bestimmt funktionierte mindestens die Hälfte davon nicht.

Ein kleines Regal im Flur war nicht angeschraubt, sondern angenagelt.

Alle Geräte der Stereoanlage – Verstärker, Tapedeck, CD-Spieler und Receiver – waren angeschaltet, obwohl ganz offensichtlich niemand Musik hörte.

Eine Rolle Tesafilm lag lose in der Schublade der Wohnzimmervitrine. Wie oft ich Fanny schon erklärt habe, daß sie den Abreißer benutzen soll.

Denn genau das war es: Bei uns zu Hause – zu Hause in Berlin, meine ich – liegt Tesafilm auch immer lose in der Schublade. Genau wie hier. Wie alles andere hier auch genau wie zu Hause war! Oder war es bei uns genauso wie hier? Fanny hatte unsere gemeinsame Wohnung so gestaltet, wie sie das von zu Hause kannte! Fanny hat noch viel mehr Eigenschaften von zu Hause übernommen, als ihr bewußt ist. Besonders von ihrer Mutter, die ich an diesem Wochenende näher kennenlernen durfte. Ich hab später mal den Fehler begangen, ihr das zu sagen. Ich konnte gar nicht so schnell schauen, wie sie an die Decke ging. Aber das ist eine andere Geschichte. Obwohl, wenn ich schon mal dabei bin, kann ich sie ja auch erzählen. Sowohl Fannys Mutter als auch Fanny besitzen die Fähigkeit, wenn sie mit irgendwas unzufrieden sind, ihre Unzufriedenheit hinter einer Fassade von falscher Freundlichkeit zu verstecken. Aber so sehr, daß man als Eingeweihter nichts davon mitbekommt, verstecken sie sie auch nicht, weswegen manchmal eine gewisse Stimmung herrscht, unter der das gesamte Umfeld zu leiden hat. Es ist nämlich so, daß ich Fannys Mutter überhaupt nicht kenne und die Fassade, die sie präsentierte, nicht als solche, sondern als was Echtes interpretierte. Ich fand, daß diese Frau doch sehr sympathisch sei und mir das Leben als Schwiegersohn so angenehm wie möglich gestaltete. Deswegen konnte ich mir auch nicht erklären, wieso Fanny an meiner Seite immer nervöser wurde. Wir waren vor einer Stunde angekommen und saßen alle im Eßzimmer, wo wir Kaffee tranken und Kuchen aßen, der wie gekauft schmeckte, aber selbstgemacht war. Als wir irgendwann aufstanden, um unser Gepäck aus dem Auto zu holen und reinzubringen, sagte Fanny kein einziges Wort mehr. Und als wir dann in ihrem Kinderzimmer standen und ich die Tür hinter uns zumachte, platzte es aus ihr raus.

»Diese Frau!«

»Was denn?«

»Merkst du nicht, wie scheinheilig das alles ist?«

»Hä?«

»Sie hat miese Laune! Und das ertrage ich nicht. Wenn ich schon sehe, wie angespannt mein Vater ist, weil er Angst vor ihr hat ... !«

»Ich finde deine Mutter sehr nett. Und total entspannt.«

»Daß ich nicht lache. Sie ist die Verkrampftheit in Person.«

»Das bildest du dir nur ein.«

»Ist sie meine Mutter oder deine? Ich kenne sie, sie tut nur so.«

»Was hat sie denn?«

»Keine Ahnung. Irgendwas. Aber anstatt ihre schlechte Laune woanders auszuleben, setzt sie sich zu uns an den Tisch.«

Ich hatte nichts gespürt. Auch im Verlauf des ganzen Wochenendes nicht. Nur als an einem Sonntag einen Monat später Alfons und Jürgen zum Abendessen kamen, merkte ich, daß Fanny genau die gleichen Tricks draufhat, die sie ihrer Mutter vorgeworfen hatte. Das Essen war schon lange geplant. Ich hatte mich sehr drauf gefreut, denn ich hatte meine Freunde schon lange nicht mehr gesehen. Fanny hatte die Idee auch gut gefunden. Doch als besagter Sonntag da war, ging es ihr nicht so gut, und sie wollte ihre Ruhe haben und bat mich morgens um zehn, das Essen abzusagen. Das wollte ich aber nicht. Nach einigem Hin und Her ließ sie sich überzeugen. Ich hatte ihr sogar angeboten, sich zurückzuziehen. Ich meinte das ernst. Wieso soll sie sich, wenn ihr nicht danach ist, an einen Tisch mit Menschen setzen, die sie just an diesem Tag nicht sehen will. Aber Fanny setzte sich dazu. Aß mit und lächelte. Und unterhielt sich und flachste mit den anderen. An ihrer Körperhaltung und ihren Blicken konnte ich sehen, daß ihr das Ganze nicht behagte. Und das behagte mir nicht, denn es machte mich nervös. Sicherheitshalber fragte ich Alfons, der mir half, das Geschirr in die Küche zu bringen, ob er auch was merkt. Aber der fand, daß alles in bester Ordnung war.

»Was meinst du?«

»Ach nichts. Schon in Ordnung.«

Als die Gäste weg waren, ließ ich meiner Empörung freien Lauf und ich sagte: »Manchmal bist du wie deine Mutter.«

Auweia. Wenn ich einen Ehrenstetter parat gehabt hätte, hätte ich mit Sicherheit ein Viertel davon getrunken. Denn Fanny machte ein ganz schönes Donnerwetter. Nicht weil Alfons und Jürgen doch gekommen waren. Sondern weil ich diesen Vergleich gewagt hatte. Mamma mia.

Was aber macht man, wenn man zum ersten Mal und alleine in der Wohnung seiner Lebensabschnittsschwiegereltern ist und feststellt, daß die eigene Freundin die gemeinsame Wohnung genauso eingerichtet hat, wie sie es aus ihrer Kindheit kennt? Erstmal wischt man die zerbrochene Ketchupflasche weg. Putzzeug hatte ich im Keller gefunden. Und dann? Denkt man nach. Soll man es ihr sagen? Weiß sie es? Wenn sie es weiß, wie wird sie reagieren? Sie wird drüber lachen. Sie wird es abstreiten, vehement. Also ließ ich's lieber bleiben.

Als die anderen von ihrem Spaziergang zurückkamen, sagte Fannys Vater: »Für meine kleine Prinzessin habe ich mir eine ganz besondere Überraschung ausgedacht.«

Fanny verdrehte leicht die Augen.

»Na los, rat mal!«

»Keine Ahnung, Papa, laß uns erst mal reinkommen.«

»Wir grillen!«

Wo man grillt, da laß dich nieder, sagte ich mir, und tat meine Freude kund.

»Sehr gute Idee. Auch wenn man erst mal gar nicht draufkäme.«

»Wieso nicht?«

»Bei dem Wetter?«

Der Himmel war grau, und es hatte den halben Tag geregnet. Fannys Vater sah mich streng an.

»Können Sie nicht oder wollen Sie nicht?«

Unverschämtheit. Ich kriege jedes Feuer zum Brennen. Jedes! Ich wurde nicht mit Wasser, sondern mit Feuer getauft. Als Kind fuhr ich lieber zu meinen Großeltern mütterlicher- als väterlicherseits, denn dort gab es einen Kamin, den ich auch im Sommer mit Papier, Holz und Reisig füttern durfte. Stuttgart zählt zu meinen Lieblingsstädten, wegen Feuerbach. Feuer war mein Spezialgebiet an der Uni. Ich verlasse das Haus nie ohne ein Feuerzeug in der Tasche. Könnte ja sein, daß irgendwo eins gebraucht wird. Wenn ich daran glauben würde, daß jeder Mensch einem der vier Zeichen zugeordnet werden kann, dann wäre ich Feuer. Auf das Feld, das ich als Zehnjähriger in Brand steckte, kann ich hier aus Platzgründen nicht eingehen. Nur so viel: der Ärger, den ich mir einhandelte, war wesentlich größer als der Spaß. Der absolute Oberknaller sind natürlich Lagerfeuer am Meer, wie ich sie früher mit Alfons entfachte. Da sind dann alle fünf Elemente miteinander vereint. Feuer, Wasser, Erde, Luft und Freundschaft. Großartig. Um Frauen braucht man sich nicht zu kümmern, die kommen sowieso. Am Strand fühlen sich die gleichen, die zu Hause über solche Romantik nur die Nase rümpfen, von Feuer angezogen. Die setzen sich gern dazu und wärmen sich und lassen sich unterhalten. Auch wenn sie am Anfang kurz enttäuscht sind, sobald sie merken, daß wir keine Italiener, sondern Deutsche sind.

»Wo kommt ihr denn her?«

»Aus dem Schwarzwald.«

»Ach so. Können wir uns trotzdem ein bißchen setzen?«

Das ist die Kraft des Feuers, die auf den Menschen überspringt. Und wenn dann noch einer was zu grillen dabei hat, ist der Abend perfekt. Manchmal frage ich mich, ob ich Grillen nur deshalb so gern mag, weil man dafür vorher ein Feuer entfachen muß. Denn, da dürfte Einigkeit bestehen, Holzkohle reicht ja an ein echtes Feuer bei weitem nicht heran. Das ist ja nur eine domestizierte Form von Feuer. Trotzdem, ich grille gerne und ich grille gut. Ich weiß, wieviel Kohle man für drei, vier oder fünf Personen braucht, ich kenne die Vorteile der weißen Grillanzünder und die Nachteile derer aus Preßpappe. Ich persönlich nehme am liebsten Eierkartons, denn die stinken überhaupt nicht. Flüssige Brandbeschleuniger lehne ich ab, die durchtränken alles und lassen den Kohlen gar keine Zeit, sich in aller Ruhe aneinander zu entzünden. Denn ein bißchen Zeit sollte man zum Grillen schon mitbringen (aus ähnlichen Gründen haben wir auch keine Mikrowelle). Es macht mir Spaß, vor lauter Hitze die Augen zusammenkneifen zu müssen. Ich mag es, Würstchen und Putenschnitzel umzudrehen und diejenigen zu schimpfen, deren Lammsteaks verkohlen, wenn sie sie nicht schleunigst abholen. Ich esse gern Kartoffelsalat – nach dem Rezept meiner Mutter übrigens –, den ich mittlerweile in weniger als einer halben Stunde zubereiten kann. Ich habe immer ein Arsenal an Grillsaucen und vor allem Senf zu Hause. Senf ist ganz wichtig. Ich liebe Senf. Fanny teilt diese

Liebe nicht wirklich. Aber sie hat sie im Lauf der Zeit akzeptieren gelernt. Zuhause müssen ständig mindestens fünf verschiedene Sorten und Arten vorrätig sein. Honey Dijon aus den USA, Maille aus Frankreich, Coleman's aus England, Develey aus Bayern, Markner Mauthof aus Österreich. Ab und zu Bautz'ner. Es gibt Senf für jede Tageszeit und jeden Anlaß. Wenn ich ein Frühstücksei esse, dann mit Senf. Gibt es keinen, esse ich auch keins. Ich schmiere Senf auf alle Sorten von Wurst und manchmal auch auf Käse. Als Kind hab ich mir Senf in Naturjoghurt gerührt ...

Aber ich schweife ab. Was ich sagen will, ist, daß ich ganz spontan und jederzeit auf jeder Matte stehen könnte, hinter der gegrillt wird. Als ich noch alleine wohnte, bin ich manchmal kurz vor acht schnell noch in irgendeinen Supermarkt reingesprungen, habe mir zwei Steaks gekauft und mich der erstbesten Grillgruppe angeschlossen, auf die ich im Mauerpark stieß. Das funktioniert immer. Grillen verbindet, und dann dauerte es keine zehn Minuten, bis ich der Chef hinterm Grill war. Ich kann also grillen, das ist es nicht. Aber gegen den nordholsteinischen Vizemeister hatte ich keine Chance. Fannys Vater.

Der sich an Fanny wandte.

»Ich hab bei Metzger Franke die mit Speck umwickelten Hähnchenschenkel besorgt, nach denen du so verrückt bist!«

Hähnchenschenkel? Mit Speck umwickelt? Und danach sollte meine Fanny verrückt sein? Niemals. Sie kennt von allen Lebensmitteln Kalorien und Brennwerte und Verweildauer im Körper auswendig. Mit Speck umwickelte Hähnchenschenkel würde sie im Lokal mit Sicherheit links liegen lassen. Würde statt dessen nur einen Salat bestellen. Dann aber wahrscheinlich, wenn ich's recht bedenke, bei mir mitessen. Sie würde sagen, daß sie bloß mal probieren möchte. Trotzdem: da mußte eine Verwechslung vorliegen. Wahrscheinlich hielt der alte Herr sie für eine ihrer dicken Schwestern (O. K., O. K., sie sind *nicht* dick!). Aber Fanny freute sich über diese Neuigkeit. Ihr Lächeln war eine Mischung aus Vorfreude und wohliger Erinnerung. Das hatte ich noch nie an ihr gesehen. Von diesem Mann konnte ich also noch was lernen, das war klar. Das mußte er sich auch gedacht haben, denn keine fünf Minuten später stand ich neben ihm auf der Terrasse. Dort befand sich ein Grillgerät, wie ich noch keines zuvor gesehen hatte. Es war selbstgebastelt, daran bestand kein Zweifel. Die Füße bestanden aus Backsteinen, die weiß verputzt waren. Das gab dem Gerät Halt und Stabilität. Es hatte eine ausklappbare Achse, damit konnte man es hin- und herbewegen. Es hatte zweifach verstärkte Metallwände, die in einer gußeisernen Verstrebung eingehängt waren. Eine vierte Wand ließ sich auf- und zuklappen. Gut gegen den Wind. Das Behältnis für die Kohlen konnte man durch ein kleines Gewinde in der Höhe verstellen. Es gab auf jeder Seite einen Belüftungsschlitz. Und der rechteckige Rost hatte drei verschiedene Lamellenarten. Die ganz normalen geraden auf der linken Seite, gewellte auf der oberen rechten und spiralförmig sich nach innen drehende auf der unteren rechten Hälfte. Damit konnte man Würstchen und Steaks, Shrimps und Krabben, Äpfel und Kartoffeln grillen, und das gleichzeitig! Alles in allem war das zwar ein ausgesprochen unansehnliches, aber sicherlich höchst effektives Gerät. Hier wurde das Grillen zur Kunst erhoben. Das war der getunte Mercedes unter den Gartengrillgeräten. Dagegen war meine kleine Blechkugel nur ein klappriger Zweitakter. Das Problem des Schwiegervatergrills aber war, daß er mehr sein wollte als ein Grill, und das behagte mir nicht.

»Alle Achtung!« sagte ich trotzdem.

Der Vizegrillmeister schob die Hände in die Hosentaschen und wippte stolz auf seinen Fersen. Langsam wurde es mir zu kalt. Der Wind pfiff unbarmherzig über die Veranda. Ich ging wieder rein.

»Wo wollen Sie hin?« fragte er mich. Scheinbar hatte er noch etwas mit mir vor.

»Äh, ich dachte, ich ... äh, hol mir mal meine Jacke.«

Drinnen lief ich Mama über den Weg, die mir eine Strickjacke ihres Mannes in die Hand drückte. So bekleidet fand ich mich wenig später vor dem Grill wieder, in den ich Holzkohlen in Form von Eierbriketts schüttete. Vater stand neben mir und tat keinen Finger krumm. Der wollte mir nicht seinen Grill zeigen, der wollte mich in Aktion sehen! Das war ein Schwiegersohntest! Vom Rund-, Galgen- und Dreibeingrill über den Säulen-, Elektro- und Gasgrill bis zum Einmal-, Tisch- und Vertikalgrill – ich habe sie alle bedient. Ich habe sogenannte Multikultigrills erlebt, auf denen gleichzeitig Rollbraten, Hähnchenschlegel und Rundwürste lagen. Ich habe Lagerfeuer entzündet und Grill- und Kaminfeuer entfacht, ich bin von Pfadfindergruppen, die eine Feier im Park veranstalteten, um Hilfe gebeten worden, weil's mit dem Feuer nicht klappte. Alles kein Thema. Ich habe mich zigmal mit anderen Männern darüber auseinandergesetzt, wie man Kohlen anzündet und bei Laune hält, auf welche Höhe man den Rost legt, ob er mit Alufolie bezogen wird und ob und wieviel Bier man auf die Würstchen sprüht (ich bin dagegen). Manche arbeiten mit Methoden, die sie von ihren Vätern haben, die sie wiederum von ihren Vätern auf dem Sterbebett eingeflüstert bekamen. Bestgehütete Familiengeheimnisse sind das, und mancher würde sich eher die Zunge abbeißen oder verhungern, als zu verraten, daß er seine groben Bratwürste vorher in Rotwein mariniert hat. Ich kann also grillen. Aber bei diesen Bedingungen scheiterte selbst ich. Vater sah sich das eine Weile an, dann schickte er mich wieder rein. Mehr Kohlen aus dem Keller holen. Es war eine Großpackung, die hatte mindestens sieben Kilo, wenn nicht mehr. Ich stellte sie neben den Grill.

»Sie können sie ja schon mal einfüllen«, sagte er.

Und kümmerte sich selbst um das Grillbesteck, das er mit Stahlwolle reinigte. Dabei ließ er sich viel Zeit und beobachtete mich.

»Entschuldigung, aber wo haben Sie denn Anzünder?«

»Anzünder nehmen wir hier nicht«, sagte er, »hinter der Garage finden Sie kleine Holzscheite.«

Das stimmte. Nur daß die alle feucht und klamm waren. Denn das nachträglich angebrachte Vordach war windschief und undicht. Das konnte ja heiter werden. Es klappte natürlich gar nichts. Die knallharten Eierbriketts konnte man auch nicht so einfach entzünden. Und Zeitungspapier war ebenfalls verboten.

»Der Umwelt zuliebe«, wie Vater erklärte.

»Verstehe.«

Es ging nichts. Daß dieser Kerl, der meine Freundin gezeugt hatte, die ganze Zeit neben mir stand und seine zunehmende Ungeduld nicht verhehlte, machte die Sache auch nicht einfacher. Ich war drauf und dran, ihm die ganze Chose vor die Füße zu kippen und ihm dazu all die Fehler, die ihm bei der Erziehung seiner Tochter unterlaufen waren, vorzuhalten.

Und das waren nicht wenige, mein lieber Mann. Fanny hatte mal in einer kalten Winternacht einige davon aufgelistet. »Unter Leistungsdruck setzen« war nur einer von vielen. Dieser Kerl hatte ja gar nichts dazugelernt. Das Wort Altersmilde kannte er nicht. Es stimmte, was Fanny mir erzählt hatte. Ihr alter Herr liebte es, sich andere dadurch gefügig zu machen, daß er ihnen Aufgaben gab, an denen sie scheitern mußten, um dann irgendwann, wenn gar nichts mehr ging und die ersten Tränen flossen, helfend einzugreifen: »Komm, laß mich mal.«

Und ich war auf dem besten Wege dahin. Doch dann war er einen Moment unachtsam. Er fragte, ob ich auch einen Schluck zu trinken haben möchte.

Es war kurz vor sechs und normalerweise hätte ich da ein Bier bestellt. Aber Bier, wußte ich, war im Kühlschrank. Da wäre er nach zwanzig Sekunden wieder zurückgewesen. Als ich vorhin auf meiner Suche nach Putzzeug im Keller war, hatte ich dort Asbach Uralt gesehen. Vorausgesetzt er hätte keine weitere Flasche oben, wäre er mit einer solchen Bestellung mindestens eineinhalb Minuten beschäftigt. Das könnte reichen, theoretisch.

»Einen Asbach Cola, bitte.«

Meine Bestellung ließ ihn nicht mal mit der Wimper zucken. Beim Hineingehen sah er kurz auf seine Uhr. Im selben Moment stürzte ich mich auf ein kleines Fläschchen *Höllenwasser*, auf das ich vorhin bei meinem Rundgang durchs Haus gestoßen war. Das Höllenwässerchen stammte wie ich aus dem Schwarzwald und hatte 52 Prozent Alkohol, das mußte also brennen. Ich schüttete fast den gesamten Inhalt über die Kohlen. Bis rauskommen würde, daß es leer war, würde ich über alle Berge sein. Ich stellte es an seinen Platz zurück und warf dann ein Streichholz in den Grill. Aber es tat sich überhaupt nichts. Die Flamme zischte, als hätte ich sie in eine Pfütze geworfen und nicht in trinkbaren Brennspiritus. Was war denn jetzt los? Hatte Fannys Vater so viel Macht, daß er die Gesetze der Natur außer Kraft setzen konnte? Ich warf weitere Zündholzer. Nichts. Auch mit meinem Feuerzeug wollte es nicht gelingen.

Monate später kam ich hinter den wahren Grund für die Erfolglosigkeit meines Versuchs. Fannys Mama fand, daß Fannys Papa, seit er in Rente war, entschieden zu oft an den Schrank mit den Alkoholika für die Gäste ging. Aus diesem Grund füllte sie die vielen Flaschen immer wieder mit Wasser auf. Er hatte in seinem Leben wohl ein paar Viertel Ehrenstetter zu viel zu sich genommen. Wahrscheinlich deshalb, weil seine Frau ein paar Donnerwetter zu viel gemacht hatte. Mein Höllenwässerchen war gar kein Höllenwässerchen mehr, sondern Wasser! H_2O! Ich habe mich nie getraut, ihn zu fragen, ob er davon weiß. Ich kann mir nicht vorstellen, daß man nichts merkt, wenn man statt Whisky oder Grappa nur eine total verwässerte Variante davon trinkt! Oje, jetzt war der Asbach Cola da, igitt. Vater warf einen abschätzigen Blick in die schwarze Schale, wo ein Dutzend Zündhölzer von meinem Scheitern zeugten.

»Sieht nicht gut aus, was?«

»Tut mir leid.«

»Na, dann lassen Sie mich mal.«

Er kniete sich vor seine Kohlenschüssel, pustete hier ein bißchen und da ein wenig und tatsächlich, die Holzscheite begannen zu brennen. Leicht nur, aber er würde auch den Rest schaffen! Ich wußte nicht, ob ich ihn für sein dämliches Getue verachten oder für seine Leistung bewundern solle. Ich entschied mich für letzteres. Denn als Fanny und ihre Mutter aus der Küche kamen, sagte er mit der größten Selbstverständlichkeit: »Wir Männer haben das Feuer angemacht. Jetzt seid ihr mit dem Rest dran!«

Und das Beste war, die beiden Damen taten anstandslos, wie ihnen geheißen wurde!

Nach diesem Wochenende habe ich zu Hause andere Saiten aufgezogen. Nur leider gehören zu anderen Saiten wie zu allem anderen in einer Beziehung immer zwei. Und wenn der, der sie aufzieht, vorher wüßte, daß der andere, für den sie aufgezogen werden, überhaupt nicht auf die neue Tonlage reagiert, würde er es wahrscheinlich gleich lassen. Denn Fanny tangierte es nicht im geringsten, als ich ihr zu Hause sagte, ich habe den Herd vorgeheizt, jetzt solle sie mir bitte ein Steak in die Pfanne hauen. Irgendwas habe ich wohl noch nicht richtig gemacht. Die Wortwahl? Der Tonfall? Ich muß mir das noch mal genauer ansehen. Das beste wird sein, wir fahren so bald wie möglich wieder nach Schleswig-Holstein.

»Sag mal, Liebes, wollen wir nicht mal wieder zu deinen Eltern fahren?«

»Ich dachte, du magst keine Verwandtenbesuche?«

»Wieso denn? Es war doch sehr nett.«

Ich ist ein anderer

Männer fühlen sich unterdrückt. Sie wirken unsicher. Sie sind es auch. Sie sehen sich Actionfilme an, in denen Männer die Kräftigen sind, in denen Männer den Job erledigen, in denen Männer noch der ultimative Schutz sind für Familie und Gesellschaft. Die meisten haben keine Kontrolle über ihr Leben. Deine Frau, deine Kinder, dein Boß, Gesetze und Politiker haben die Kontrolle über dich übernommen. Wenn du ins Kino gehst, hast du für zwei Stunden Pause von den Zwängen des Alltags: Aaah ... Ich würde alles dafür zahlen, für zehn Minuten dieser Arnold zu sein! Oder Silvester Stallone. Oder Vin Diesel. Ganz gleich. Wir Actionhelden füllen ein Vakuum.
Arnold Schwarzenegger

Unser Ziel war Bad Saarow. Da kommt man mit dem Zug hin, und es gibt zwei Campingplätze. Wir nahmen den unteren. Ein schöner Platz, voller Kiefern und Birken und mit eigenem Strandabschnitt. Es gab so viele freie Plätze, um unser Zelt aufzustellen, daß wir uns gar nicht entscheiden konnten. Es war noch früh im Jahr, aber schon sehr heiß, und außer ein paar Dauercampern im vorderen Bereich war kaum jemand da. Instinktiv zog es uns erstmal ans hintere Ende. Das ist ja immer so, daß man erstmal nach hinten durchgeht, egal, wo man ist. Ob im Klassenzimmer oder am Strand, auf dem Autobahnrastplatz oder in der Kirche, immer ist man bemüht, alle anderen hinter sich zu lassen und in der letzten Reihe ganz für sich zu sein. Hier hinten gab es tatsächlich jede Menge schöne Freiflächen, die wir ganz für uns hatten. So ein Platz will gut überlegt sein. Auf keinen Fall zu nah an den Sanitäranlagen, aber auch nicht zu weit weg. Nicht so, daß die Bewohner der hinteren Zelte auf ihrem Weg nach draußen alle an einem vorbeischlapfen. Nicht zu nah am begrünten Zaun, denn in den Büschen hocken immer viele Mücken. Aber es soll doch schattig sein, denn wenn das Zelt in der prallen Sonne steht, erreicht es sehr schnell sehr hohe Temperaturen, worunter das Zeltaußenmaterial leidet. Und der Mensch, der sich am Abend da reinlegen soll. Ich ging das ganze hintere Drittel des Platzes ab, positionierte mich, blieb stehen, betrachtete die Perspektiven und entschloß mich schließlich für eine Stelle, von der aus man, wenn man sich zwischen zwei Bäume stellte, das Gefühl haben konnte, man sei gar nicht auf einem Campingplatz, sondern wirklich in der freien Natur. Es wurde Zeit, Fanny begann ungeduldig zu werden. Es bedurfte Fingerspitzengefühls, denn wenn Fanny genervt ist, hört sie auf, mich als Autorität anzuerkennen. Wir legten unsere Taschen ins Gras, und ich begann, das Zelt aus seiner Verpackung zu ziehen und auszurollen. Fanny hatte sich in der Zwischenzeit ins Gras gesetzt. Sie beachtete mich überhaupt nicht, sondern nuckelte gierig an der Wasserflasche. Ich breitete das Zelt in seiner vollen Größe aus und ging einmal herum, um die Ecken gerade zu ziehen. Es war doch größer als ich dachte. Ich fischte die ersten beiden Heringe aus der kleinen grünen Tüte. Während ich überlegte, welches der nächste Schritt ist, spürte ich, wie mein Bauch zu grummeln begann. Das mußte Hunger sein. Und die Vorfreude und die Aufregung. Das Zelt war ausgebreitet schon jetzt sehr schön, wie würde das erst aussehen, wenn es mal steht! Ich war in meinem Element! Das Grummeln wurde lauter und lauter und kam mir allmählich ein bißchen zu laut für meinen Magen vor, da tauchte plötzlich und aus dem Nichts die Ursache des Grummelns auf. Eine Karawane aus drei, vier, fünf, sechs Autos kam den Waldweg entlanggebraust, drehte eine Runde um das Stromversorgungshäuschen in der Mitte des Platzes, so wie Indianer um eine Wagenburg der Cowboys. Das mußten mindestens zwei Dutzend Männer sein, von denen nicht wenige einen kahlrasierten Schädel hatten. So wie es aussah, hielten alle eine Bierflasche in der Hand. Aus den Autos dröhnte laut Musik, aus jedem eine andere. Dann teilten sich die Gefährte. Eine Gruppe drehte zwei weitere Runden um das Klohäuschen, die andere um Fanny und mich. Das alles ging so schnell, daß ich es gar nicht richtig mitbekam, und gleichzeitig ging es auch unendlich langsam, da die Autos auf dem sandigen Waldboden mit seinen Wurzeln ja nur im Zeitlupentempo vorwärts kamen. Ich stand im Licht der Sonnenstrahlen, die sich durch die unruhigen Äste der Fichten bohrten und breitete meine Arme und damit die beiden Aluminiumheringe aus. Ich ging leicht in die Knie und drehte mich Schritt für Schritt mit den beiden Autos mit und versuchte, Fanny, die immer noch zwischen den Taschen saß, so gut es geht abzudecken. Die Autos brausten im Kreis und mir kam plötzlich die Titelmelodie aus dem Film *Der Profi* mit Jean Paul Belmondo in den Sinn. Und jetzt war wirklich alles in Zeitlupe. Alles zerfiel in seine Einzelteile, die sich zu einem neuen Großen und Ganzen zusammensetzten. Da waren ich und Fanny, da waren der Wald und die Sonnenstrahlen, das Zelt und die Reisetaschen und eine Wasserflasche, und tiefer im Wald bestimmt auch wilde Tiere. Da waren zwei Autos und da zwei Aluminiumheringe, die in meine Handinnenflächen schnitten. Und in dem Moment, da *Chi Mai* in meinem Ohr zum Stakkato anhob, wußte ich, daß ich für die Frau in meinem Rücken alles tun würde, sogar sterben. Ich atmete tief durch und spürte, wie die Waldluft in jede Ecke und Ritze meines Körpers strömte und ihn mit Kraft versah. Es war die Kraft des Lebens, die sich so nur im Angesicht des Todes spüren läßt. Doch dann drehten die

Autos plötzlich ab und bildeten dreißig Meter weg von uns einen Halbkreis, zu dem die anderen dazukamen. Schließlich stiegen sie aus. Und sahen mit einem Mal gar nicht mehr gefährlich aus. Frauen waren auch dabei. Aus den Wortfetzen, die zu uns herüberwehten, hörte ich heraus, daß das eine Art Klassentreffen war, das jedes Jahr hier stattfand. Also alles halb so wild. Erlebt man solche Menschen auch mal wieder aus der Nähe. Das ist ja das schöne, auf einem Zeltplatz kommen groß und klein, jung und alt, reich und arm, nett und nicht so nett, zusammen. Jeder kann tun und lassen, was er will. Man gönnt sich und den anderen die Freiheiten, die man sich zuhause nicht nehmen darf. Ich schmunzelte und wandte mich wieder dem Zelt zu. Das existentielle Gefühl, das ich eben noch hatte, war dem der Heiterkeit gewichen. Fanny erzählte ich lieber nichts davon. Jetzt würde ich endlich das Zelt aufbauen. Aber da hatte ich die Rechnung ohne die Wirtin gemacht. Denn nun saß Fanny mit versteinerter Miene auf ihrer Reisetasche und rührte sich gar nicht mehr. Sie sah aus, als warte sie aufs nächste Taxi, das sie auf direktem Wege zurück in die Stadt bringt.

»Alles in Ordnung, Baby de Luxe?«

»Nichts ist in Ordnung!«

»Es dauert nicht mehr lang, dann ist das Zelt aufgebaut.«

»Du willst das Zelt hier aufbauen? Neben diesen Vandalen?«

»Wieso denn nicht?«

»Die werden die ganze Nacht grölen und saufen.«

»Die Platzordnung verbietet das.«

»Und daran halten die sich?«

»Ja klar, die wollen schließlich nächstes Jahr wiederkommen.«

»Und wenn sie unser Zelt aufschlitzen, dich ermorden und mich vergewaltigen?«

»Sehen die da wie Mörder und Vergewaltiger aus?«

»Klosterschüler sind das keine.«
»Ignorier sie einfach.«
»Das geht nicht. Ich will einen anderen Platz.«
»Und wenn wir umgezogen sind, kommen die nächsten, die dir nicht passen.«
»Dann ziehen wir eben wieder um.«
»Nein, das werden wir nicht tun. Wir bleiben hier!!«

Der neue Platz in der Nähe des Eingangs war da, wo sich ein paar Eltern mit ihren Kindern niedergelassen hatten. Auch schön, aber lang nicht so schön wie der erste. Das Zelt hatten wir so wie es da lag gepackt und rübergezogen. Da lag es dann. Und mußte nur noch aufgebaut werden. Im Laden hatte ich ja darauf verzichtet, es einmal gemeinsam mit der Verkäuferin auszuprobieren. Komischer Vorschlag. Als hätte ich in meinem Leben nicht schon genügend Zelte auf- und wieder abgebaut. So schwer konnte das doch nicht sein. Also, wie ging das noch mal. Sie hatte irgendwas vom Innenzelt gefaselt. Beim Zelt meines großen Bruders, mit dem ich früher immer unterwegs war, waren Innen und Außen schön sauber getrennt. Fanny stand daneben und wartete. Wenn sie einen Besen gehabt hätte, hätte sie bestimmt angefangen, zu fegen.
»Soll ich was helfen?«
»Jetzt warte mal.«
»Ich hab ja nur gefragt.«
Man stellt das Innenzelt auf und wirft dann das Außenzelt drüber und verbindet die beiden miteinander.
»Die Dussel von Herstellern haben das Innenzelt ans Außenzelt geknüpft.«
»Na und?«
Ich setzte gerade zu einer Erklärung an, da sah ich, daß sie nicht wirklich an einer Antwort interessiert war.
Diese Knüpfung war deswegen unpraktisch, weil ich erst mal alle Haken aus den Ösen pulen mußte. Dann breitete ich

den Boden aus und schlug die ersten vier Heringe in die Ecken. So. Dann klappte ich die beiden Trägerstangen auseinander. Dieses Prinzip des innenliegenden Gummibandes ist toll. Nun mußte ich das Innenzelt mit Hilfe der Innenstangen zum Stehen bringen. Aber da waren gar keine Halterungen. Ich suchte fünf Minuten alle Seiten ab, nichts.

»Fanny, komm mal her. Halt das mal hoch.«

Ich gab ihr die Innenzeltmitte. Aber Fanny hielt sie nicht hoch, sondern hob sie nur ein kleines bißchen an.

»*Hoch,* hab ich gesagt.«

Sie hob sie ein bißchen höher.

»Höher!«

Also, wirklich, sie sah doch, daß ich die Befestigung suchte! Aber da war keine! Das gibt's doch gar nicht. Beim Zelt meines großen Bruders funktionierte das doch auch so.

»Kann ich's wieder runterlassen?«

»Nein.«

»Mir tut langsam der Arm weh.«

»Fanny, tu mir einen Gefallen und geh mir nicht auf die Nerven, ja?«

Der Hausherr des Caravans direkt neben uns trat vor seinen Wohnwagen und sah neugierig zu uns herüber. Er trug Badehose und T-Shirt.

»Was tust du denn da überhaupt?« fragte Fanny.

»Ich versuche, das Zelt aufzustellen! Und dafür brauche ich die Befestigungsschlaufen für die Trägerstangen! Und die sind nicht da.«

»Komisches Zelt.«

Natürlich. Wenn was nicht gleich klappt, dann ist gleich das ganze Zelt komisch. Wieso hatte ich mich nur darauf eingelassen, mit dieser Frau zelten zu gehen?

»O. K., leg es wieder hin. Ich kümmere mich alleine drum.«

Das machte sie tatsächlich. Dabei hatte ich das nur so gesagt. Aber doch nicht wirklich gemeint. Der Nachbar sah immer noch zu uns rüber. Fanny setzte sich wieder zwischen die Taschen und zündete sich eine Zigarette an. Wir befinden uns mitten in einem trockenen Wald, dessen Boden von noch trockeneren Kiefernnadeln übersät ist, und meiner Freundin fällt nichts Besseres ein, als sich eine Zigarette anzuzünden. Ich beschloß, sie nicht mehr zu beachten. Sollte doch der ganze Wald in Flammen aufgehen und sie mit ihm. Wahrscheinlich mußte man die Stangen in das Innere des Innenzelts schieben.

»Bei meinem Vater ging das immer viel schneller.«

Ruhig bleiben, gar nicht hinhören. Dieser Vater, über den sie schon manch kritisches Wort verloren hat, wächst immer dann über sich hinaus, wenn bei mir etwas nicht gleich so funktioniert, wie es sollte. Nun kam der Nachbar langsam zu uns herüberspaziert. Die Daumen hatte er lässig in den Badehosenbund gehängt. Der hatte mir gerade noch gefehlt.

»Na, klappt's?«

»Ja.«

»Sieht nicht so aus. Kann ich irgendwie helfen?«

»Ja«, sagte Fanny.

»Nein«, sagte ich.

Wir sahen uns kurz an. Ich hatte definitiv keine Lust auf so einen Ersatzvater. Ich wandte mich wieder an die Badehose, ohne ihn anzusehen.

»Danke, wir kommen schon zurecht.«

»Wenn du meinst«, sagte er und verzog sich wieder.

Ich sah Fanny gar nicht mehr an. Schließlich hatte ich eine Idee. Wo war eigentlich das Außenzelt? Fanny hatte es an die Seite gelegt. Ich nahm es und tatsächlich, da waren ja die Laschen für die Stangen! Wußte ich's doch. Ist ja völlig logisch, daß das Außenzelt die Trägerstangen trägt, wie sollte es auch sonst sein? Es dauerte dann noch eine ganze Weile, ehe ich das Innenzelt wieder an das Außenzelt geknüpft hatte. Schließlich die Erkenntnis: Dieses Zelt war, als ich es dann endlich richtig aufbaute, ja noch viel besser als ich dachte. Einfacher kann man so was gar nicht konstruieren! In zwei Minuten stand das Ding, jetzt noch die Heringe und dann konnte es losgehen. Wunderbar. Aber auf Fanny war ich immer noch sauer. Beim Aufpumpen ihrer Luftmatratze mußte ich ihr natürlich auch zur Hand gehen, denn ihr ging die Puste aus. Irgendwann waren dann die Matratzen voll und die Schlafsäcke ausgerollt und das Gepäck im Vorzelt deponiert.

»Und jetzt?« fragte Fanny.

»Jetzt«, antwortete ich, »können wir machen was wir wollen! Wir können uns hier hinsetzen oder in den Wald gehen oder ... «

»Ich gehe an den See.«

»... oder an den See gehen.«

»Kommst du mit? Dann kannst du mir den Rücken eincremen.«

Es war wirklich herrlich. Es waren kaum Leute da, wir hatten den Strand fast für uns alleine. Wir lagen den ganzen Tag im Gras und gingen schwimmen, ich las den Spiegel und die Süddeutsche und die Berliner, Fanny sonnte sich oder arbeitete an ihrem Laptop. Wir hatten ein paar Brote geschmiert und zusammen mit frischem Obst und Wasser in eine Stofftasche gepackt. Es war heiß, viel zu heiß eigentlich für diese Jahreszeit. Der Jahrhundertsommer, der noch kommen sollte, machte sich an diesem Pfingstwochenende schon bemerkbar. Fanny hatte sich ein Tuch auf den Kopf gebunden und sah aus wie ein Pirat. Ein Pirat in schwarzem Bikini. Ich trug meinen geliebten Strohhut in Cowboyhutform. Auf dem See spiegelte sich die Sonne, eine Entenfamilie kam bis ans Ufer. In der Schönheit der Natur verflüchtigte sich auch unser gegenseitiger Groll. Gegen fünf holte ich uns am Kiosk zwei Gläser Wein, der so furchtbar süß schmeckte, daß wir beide lachen mußten. Ich nahm einen Schluck und spritzte ihn Fanny ins Gesicht. Sie tat das gleiche und warf Sand hinterher. Ich goß ihr den Rest meines Weins über den Kopf. Links und rechts lief ihr die rote Soße ins Gesicht, es sah toll aus. Sie zog den Bund meiner Badehose auf und schüttete ihren Rest hinein. Anschließend gingen wir ins Wasser. Was dann passiert ist, weiß ich nicht mehr. Ich habe einen totalen Blackout. Nichts. Völlige Leere. Ich weiß nur noch, daß ich Hunger bekam. Aber sonst? Das erste, an das ich mich wieder erinnern kann, ist, daß wir ein Boot mieteten. Kein Ruder- oder Tretboot. Ich hasse Tretboote. Man muß wie ein Verrückter treten, kommt aber überhaupt nicht vorwärts. Eine Stunde schippert man auf einem Fleck hin und her, der nicht größer als ein Handballfeld ist. Aus Langeweile fängt man irgendwann an, ein Wettrennen gegen ein anderes Tretboot zu machen. Das geht tierisch in die Beine, und nach fünfzig Metern gibt man entnervt auf. Seinen Gegner würdigt man keines Blickes. Danach ist man so schlapp, daß man nur noch froh ist, wenn die Zeit endlich abgelaufen ist und man zurück in den Hafen darf. Ich glaube, daß im Grunde genommen jeder Tretboote haßt und nur deshalb anmietet, weil man das an einem See eben so macht. Das ist ein Image, das sich ins Bewußtsein aller eingebrannt hat und das jeder nachstellen will. So wie am Montmartre, wo man Künstlerleben erwartet und doch nur Touristenattraktionen findet. Jeder stöbert in den Hinterhöfen, auf daß er das wahre Paris der Künstler und Kreativen finden möge, von dem man dann zu Hause berichtet: »Ich hab gleich die Touristenpfade verlassen und mich in die Seitengassen geschlagen.« Man wartet drauf, daß man irgendwie beseelt ist. Noch viel mehr als bei einem Tret- ist das sicher bei einem Ruderboot der Fall. Man mietet eins und denkt, daß sich irgendein besonderes Gefühl einstellen müßte. Erhabenheit. Oder Liebe. Oder ein eigentümliches Gefühl für Zeit. Nichts dergleichen tut sich. Ruderboote sind unbequem, innen naß, und von den schweren Riemen, die immer zu groß sind, holt man sich sofort Blasen an den Händen. Die Sitzbänke sind so angeordnet, daß immer der Mann rudert und die Frau sich rudern läßt. Schon mal aufgefallen? Wie mit den Tretbooten fährt man auch mit ihnen erst mal raus aufs Wasser. Wenn man nach ein paar kräftigen Zügen ein bißchen Strecke gemacht hat, weiß man schon nicht mehr, wohin. Man ahnt, wenn einem die Säure in die Arme zu schießen beginnt, daß man das nie und nimmer eine Stunde durchhalten wird. Man fährt noch ein bißchen im Kreis, und wenn man davon endgültig genug hat, fragt man seine Partnerin, wo sie denn gerne hin möchte. »Richtung Schilf«, sagt sie. Dort scheucht man dann ein paar brütende Enten auf. Das ist zwar verboten, aber egal. Eine ganz und gar schreckliche Freizeitbeschäftigung ist das. Blasiert und langweilig. Fanny und ich liefen den kleinen Steg entlang und betrachteten die Boote. Die braungebrannte Vermieterin folgte uns. Da entdeckte ich ganz hinten drei Motorboote. Tolle Dinger, vorne dreieckig, hinten grad. Sie sahen fast so aus wie die Boote von Riva, die auf Capri gefahren werden und am Comer See. So eine Art Alfa Spider der Schiffahrt. Sehr schön.

»Wir nehmen eins von denen!« sagte ich entschlossen. Ein Riva wollte ich schon immer mal fahren!

»Haben Sie denn einen Bootsführerschein?«

»Nicht direkt«, sagte ich.

»Also nein.«

Sie war ganz schön streng.

»Aber im Straßenverkehr bin ich seit sechs Jahren unfallfrei!«

Sie brauchte ja nicht zu wissen, daß ich seit Jahren gar kein Auto mehr habe. Fanny sah mich von der Seite an. Ich wußte, sie würde dabei sein.

»Das bedeutet gar nichts.«

»Ach so?«

»Allerdings ... «

»Ja?«

»... hätte ich da hinten noch eins, das dürfen sie fahren. Hat halt nur 12 PS. Aber das habe ich noch gar nicht fit gemacht für die Saison.«

»Wir nehmen es trotzdem!«

Sie sah mich skeptisch an. Wie alt mochte sie sein? Sie stand bestimmt schon ihr ganzes Leben lang in der Sonne und vermietete Boote. Braun und runzlig war ihre Haut. Unter ihrer kurzen Frisur, die vor allen Dingen »praktisch« war, hatte sie zwei lustige, jungenhafte Augen. Schließlich nickte sie und führte uns zu unserem Boot. Fanny lief hinter mir.

»Kannst du das denn?«

Da schwang ein klein wenig Angst mit. Jetzt hieß es stark bleiben. Nicht nachgeben. Diese Chance konnte ich mir unmöglich entgehen lassen.

»Was denkst du. Das ist ja wohl ein Kinderspiel.«

»Dann kann ja auch ich das Steuer übernehmen.«

»Moment, Baby, so einfach ist das auch wieder nicht!«

»Schon gut, Käpt'n. Ich hatte es gar nicht vor.«

Da hatte sie mir aber für einen kurzen Moment einen ganz schönen Schrecken eingejagt! Die Sitze waren wie in einem Ruderboot angelegt: einer vorne, einer hinten beim Motor. Im Grunde genommen war es ein Ruderboot, nur eben eins mit Außenborder. Den Lack hatten Sonne und Wasser im Laufe der Jahre angegriffen, und die Besitzer malten scheinbar einfach immer wieder drüber. Ich war trotzdem zufrieden, besser als nichts. Mann, war ich froh, daß Fanny, die zuerst einstieg, sich nach vorne setzte. Ich folgte ihr, und das Boot begann sofort zu wippen, was Fanny, die noch nicht saß, den ersten kleinen Aufschrei entlockte. Toll. Die Frau erklärte mir den Motor, ein, aus, vorwärts, abbremsen, fertig. Sie bestand darauf, daß wir die Schwimmwesten anziehen. Kaum waren wir draußen, zog ich das Ding wieder aus. Fanny behielt ihre an.

Also, so ein Motorboot ist, selbst wenn es nur den kleinsten Motor hat, eine tolle Sache. Ich war mir gar nicht sicher, ob eine Stunde reichen würde, um auszuprobieren, was man damit alles machen kann. Langsam und schnell geradeaus fahren, große Kurve links, kleine Kurve rechts, langsam im Kreis, schnell im Kreis, Segelboote verfolgen und Surfer jagen. Aber es waren nur sehr wenige andere Schiffe unterwegs, leider. Außer den paar Seglern noch ein, zwei Ruderboote, die sich aber nur in Ufernähe aufhielten. Wir dagegen fuhren in die Seemitte, wo das Wasser tief und dunkel war und irgendwie bedrohlich. Gut, man hätte es im Falle des Kenterns wohl geschafft, zurück ans Ufer zu schwimmen, aber ganz einfach wäre es nicht geworden. Mir gefiel besonders, die großen Wellen der Passagierschiffe zu queren, denn dann hüpfte das Boot wie ein Delphin, zack zack zack zack. Der ständige Wind tat sein übriges. Das mochte Fanny, die mit dem Rücken in Fahrtrichtung saß und mich die ganze Zeit ansah, am wenigsten. Dabei stieß sie die Aufschreie vier bis zehn aus, zwei und drei wurden von der großen und der kleinen Acht verursacht. Irgendwann drosselte ich das Tempo. Das gefiel Fanny wesentlich besser, auch wenn die Anspannung nicht völlig aus ihrem Körper wich.

»Entspann dich.«

»Wie denn, wenn ich dir die ganze Zeit zusehen muß?«

»Vertrau mir.«

Es war schön, sie so über den See zu kutschieren. Später sollte ich sie sagen hören:

»Ich habe dich seit langem nicht mehr so glücklich gesehen.«

Ich glaube, daß sie da ein bißchen übertrieb. Wir schipperten das Ufer gemütlich hoch in Richtung Osten. Nach einer dreiviertel Stunde machten wir uns auf den Rückweg. Wir waren ganz schön weit weg vom Hafen. Wenn man langsam fuhr, merkte man, daß der Wind zugenommen hatte und jetzt von vorn kam. Wir würden sicher eine Weile brauchen. Gemütlich tuckerten wir zurück, ein letzter Blick auf die romantische Szenerie. Enten und Schwäne und im Wald verfallene Ferienhäuschen. Ein Paar in einem Ruderboot, ich dachte noch, Mensch, bei dem Wind wird er sich aber schwer tun, wenn er es bis zum Steg schaffen will. Ein kräftiger Mann im dunklen Anzug war das, der seine Geliebte nach Hause ruderte. Schöne Schiffe gab es hier, die *Murkelchen* und *Piratenbraut* oder *Lebenselixier* hießen. Am Ufer lagen ein paar Schöne und Reiche an ihren Privatstränden. Schließlich kamen wir am Pier an, wo uns die Vermieterin schon erwartete. Ich drosselte das Gas und tuckerte ganz langsam in die von ihr vorgesehene Parklücke. Da braucht man viel Fingerspitzengefühl.

»Na, wie war's?«

»Großartig!«

Wir gingen in ihr Häuschen, um zu zahlen.

»Sagen Sie, haben Sie zufällig eins meiner Ruderboote gesehen? Da ist eins seit zwei Stunden überfällig.«

»Mit einem Mann und einer Frau drin? Er ein bißchen kräftiger, sie nicht minder?«

»Ja.«

»Die hab ich gesehen, links das Ufer runter! Der versuchte, hierherzurudern. Aber er ist noch ganz schön weit weg.«

»Da ist mal wieder jemandem der Wind zu stark, was?«

Es war aber auch eine steife Brise, die da wehte!

»Was werden Sie jetzt mit ihm machen?«

»Mit dem Motorboot hinfahren und sie einholen.«

»Sie meinen, richtig abschleppen?«

»Was denn sonst? Wenn er's nicht anders schafft?«

Mein Gott, war ich froh, daß wir das Motorboot genommen hatten! Diese Schmach, zurück an Land gezogen zu werden, nur weil man zu schwach zum Rudern ist. Eher würde ich mich in die Fluten stürzen, als das über mich ergehen zu lassen.

Ich sah ihr nach, wie sie in ihrem Boot – stehend! – rausfuhr. Ich atmete tief ein und schob meinen Strohhut in den Nacken. Die Hände stemmte ich in die Hüften und meine Stirn runzelte sich. Ich machte mir wirklich Sorgen. Vielleicht wäre ich besser mitgefahren, um ihr zu helfen. Fanny wuschelte mir durchs Haar, das sich vom vielen Salz schon ganz störrisch anfühlte. Ach nein, stimmt nicht. Wir waren ja gar nicht am Meer. Nur am Scharmützelsee. Aber was war es denn dann? Ich kratzte mich am Kopf.

»Wie kommen denn die Brotkrümel in mein Haar?«

»Du bist vorhin in der Vespertasche eingeschlafen.«

Ah, das mußte der Blackout gewesen sein.

»Und da hast du mich nicht geweckt?«

»Du sahst so süß aus.«

»*Süß*!?«

Sie nahm mich einfach nicht ernst!

»Komm jetzt.«

Sie drehte sich um und trippelte den Steg entlang zurück zum Strand. Die Sonne ging glutrot hinter den Baumkuppen am gegenüberliegenden Ufer unter. Wir packten unsere Sachen zusammen und gingen dann in die kleine Kneipe an der Rezeption, wo wir ein Bier tranken und Schnitzel mit Bratkartoffeln aßen. Es schmeckte vorzüglich. Fanny hätte gern etwas Fleischloses gehabt, das gab es aber leider nicht. Fanny will immer gern etwas Fleischloses essen. Obwohl sie keine Vegetarierin ist. Das kann einem manchmal die schönsten Einkehrmöglichkeiten verderben, besonders im süddeutschen Raum. Da wanderst du den ganzen Tag durch Täler und über Berge und kehrst abends in einer schönen, alten Schänke ein, die seit Generationen in Familienbesitz ist, du freust dich auf den Zwiebelrostbraten oder das Schnitzel oder den Wurstsalat, von denen du auf der Karte draußen gelesen hast, da sagt eine Stimme neben dir:

»Laß uns noch mal woanders gucken. Die haben ja nur Fleisch.«

Das ging hier nicht, denn es gab kein woanders, wir waren am Ende der Welt. Gegen neun wurde es dunkel, und wir gingen zurück zum Zelt, um uns schlafen zu legen. Ein Tag an der frischen Luft macht einfach müde. Es ist eine gesunde Müdigkeit. Ich war sehr zufrieden mit mir und der Welt, und auch Fanny mußte zugeben, daß es eine gute Idee war, hier rauszufahren. Wir krochen ins Zelt und wurstelten uns durch Schlafsäcke und provisorische Kissen, die wir aus unseren Handtüchern zusammengerollt hatten. Als man seine Hand nicht mehr vor Augen sah, zog ich die Taschenlampe heraus, die ich in einem Armyshop gekauft und Fanny noch gar nicht gezeigt hatte. Zuhause hätte sie womöglich gesagt, das sei eine unsinnige Anschaffung. Aber hier im Zelt mit seinem guten Geruch und den Wänden, die sich schön anfühlten, wenn man an sie stieß, verfehlte sie ihre Wirkung nicht. Fanny war begeistert, und ich leuchtete ihr in den drei verschiedenen Farben der Lampe ins Gesicht und nahm sie ins Kreuzverhör:

»Wo waren Sie am Pfingstsamstag zwischen elf und zwanzig Uhr?«

»Auf einem Campingplatz in Bad ... Bad Dingsbums.«

»Und das soll ich Ihnen glauben? Sie können sich ja nicht mal an den Namen erinnern!«

»Da war ein See und viele Bäume«, stotterte ihr rotes Gesicht.

»Gibt es irgendwelche Zeugen?«

»Ja,« strahlte sie, jetzt grün, »ich war dort mit ... dem besten Mann der Welt!«

Ich gab ihr einen Kuß, und dann fielen wir in die Kissen. Eine bessere Möglichkeit würde sich so schnell nicht finden lassen, also sagte ich ins Dunkel hinein:

»Dreihundertzwanzig.«

»Was ist das?«

»So viel hat das Zelt gekostet.«

»Das ist ein Scherz.«

»Ganz und gar nicht.«

»Du hast dreihundertzwanzig Euro für dieses Ding bezahlt??«

Die strengen Worte, die sie wählte, korrespondierten nicht mit ihrer Stimme. Sie wollte streng sein, und in einer anderen Situation wäre sie es auch gewesen, aber jetzt schaffte sie es nicht. Ich legte nach:

»Nach zwei Wochenenden haben sich die Kosten schon amortisiert. Pro Person zahlen wir vier Euro pro Nacht. Ein Hotel oder eine Pension kosten uns das Fünfzigfache. Mindestens! Das heißt, nach drei Mal machen wir schon Gewinn. Ab dem sechsten beginnt es sich richtig zu lohnen. Du kannst dir schon mal überlegen, was du dir von dem vielen Geld kaufen möchtest, das wir bald verdient haben.«

»Du spinnst wirklich. Aber weißt du was?«

»Was?«

»Das ist mir völlig egal.«

Mit diesen Worten schlief sie ein. Ein wunderschöner Tag ging zu Ende.

Nicht ganz. Denn die Nacht hielt noch etwas parat, was ich mir in meinen kühnsten Träumen nicht zu wünschen gewagt hätte. Fanny lobte das Zelt? Besser. Fanny sagte, daß sie nächstes Wochenende wieder mit mir rausfahren würde? Noch besser. Wir trieben es die ganze Nacht wie die Karnickel? *Viel* besser. Die Götter schickten ein Unwetter, wie man es nur alle hundert Jahre einmal erlebt!! Es war den ganzen Tag über so heiß gewesen, daß sich gegen Abend in Teilen des Landes Hitzegewitter zusammengebraut hatten. In Berlin selbst ließ der Sturm ein Gerüst in sich zusammenbrechen und riß ein paar Menschen, die den Karneval der Kulturen besuchten, mit in den Tod. Das Unwetter hätte es dabei belassen können, sich über Berlin zu ergießen. Es hätte sich auflösen können. Es hätte an Bad Saarow und seinem See vorbeiziehen können. All das tat es nicht. Statt dessen brach es mit derselben Wucht, mit der es in der Hauptstadt Tod und Verderben gebracht hatte, über unsere ländliche Idylle herein. Wir bekamen davon erstmal gar nichts mit. Ein Radio, das uns hätte warnen können, hatten wir nicht. Die paar dunklen Wolken, die da durch die Bäume zu erkennen waren, sahen völlig harmlos aus. Wir hielten uns an den Händen, Fanny schlief schon längst, und ich war gerade dabei, wegzudösen, als das Zelt zu flattern begann. Erst langsam. Dann ein bißchen mehr. Und dann donnerte es am Horizont zum ersten Mal. Der Wind nahm immer mehr zu, der Donner kam immer näher, und die Blitze tauchten unsere Behausung immer wieder für wenige Augenblicke in gleißendes Licht. Schließlich begann es zu regnen. Davon wachte auch Fanny auf.

»Was ist los?«

»Nur ein kleines Gewitter. Schlaf weiter.«

Aber das kleine Gewitter wurde immer größer und der Regen immer heftiger, und Fanny wollte nicht mehr schlafen. Im Licht des Blitzes konnte ich sehen, daß sie irgendwie schräg in ihrem Schlafsack lag. Offenbar hatte sie sich auf ihren Ellenbogen gestützt. Eins, zwei, drei, da war der Donner, der jedem Blitz folgt. Fanny hatte Angst. Ein weiterer Blitz. Und dann noch einer. Aus ihrem Gesicht war jegliche Farbe gewichen. Dann wieder das monströse Zusammenkrachen der Wolken. Ich wollte mich gerade aufsetzen, um nach der Taschenlampe zu suchen, die ich im Halbschlaf weggetreten haben mußte, da griff im Dunkeln die Hand der Frau, mit der ich Zelt und Leben teilte, nach der meinigen. Sie krallte sich förmlich in mich. Das hatte sie noch nie getan.

Das muß man sich mal vorstellen, da muß ich bis nach Bad Saarow fahren und uns einer Naturkatastrophe aussetzen, um dieses schöne beschützende Gefühl zu bekommen, das diese Hand in mir auslöste. Das kannte ich so gar nicht. In der Großstadt gibt es so etwas ja nicht. Wenn's regnet, geht man nach Hause oder in ein Café ... Fertig. Vor den restlichen Gefahren des Lebens schützt Fanny sich selbst. Sie nimmt die Pille, sie hat eine Haftpflicht-, eine Hausrats- und eine Berufsunfähigkeitsversicherung. Für den Fall, daß ihr morgen fristlos gekündigt würde, hat sie Geld angelegt. Monat für Monat wandert ein Teil ihres Gehalts auf ein Sparbuch (im Gegensatz zu meinem, das sich Monat für Monat in Luft auflöst). Da hat es ihre Hand nicht nötig, sich in meine zu krallen. Zu Hause legt ihre Hand sogar gesteigerten Wert darauf, das nicht zu tun. Sie ist frei und selbständig, ihre Hand, unabhängig und auf nichts und niemanden angewiesen. Es war wunderbar, zu spüren, wie diese selbständige Hand mir mitteilte, daß sie mich jetzt braucht. Es war ein bißchen wie angekommen sein. Ein Gefühl, das man sich schon so lange wünscht, daß man es beinahe schon vergessen hat. Endlich war es da. Fanny fürchtete sich und ich freute mich! Nicht, weil sie Angst hatte. Sondern weil sie mich als beschützenden Mann wahrnahm. So lagen wir Hand in Hand und warteten auf den nächsten Blitz, den nächsten Donner. Aber es dauerte eine ganze Weile, und als es dann so weit war, war das Licht schon sehr viel schwächer und der Lärm sehr viel leiser. Der Wind hatte dem Zentrum des Unwetters eine neue Richtung gegeben. Auch der Regen ließ nach.

»Ich glaube, wir haben es überstanden«, sagte ich mit beruhigender Stimme. Ich hielt Fannys Hand immer noch fest. Sie machte auch keine Anstalten, mich loszulassen.

»Meinst du?«

»Der Wind treibt das Unwetter weiter nach Osten.«

Ich wußte zwar nicht ganz genau, wo Osten war, aber ich hatte das Gefühl, daß ich die angespannte Situation nicht dadurch verschärfen durfte, daß ich Unsicherheit oder Unkenntnis zeigte. Es funktionierte, Fanny beruhigte sich. Aber nur für wenige Sekunden, denn der Wind wendete erneut. Und dann ging es *richtig* los. Das, was wir bisher erlebt hatten, war nichts im Vergleich zu dem, was jetzt kommen sollte. Der Himmel kannte kein Halten mehr, unfaßbare Wassermassen klatschten auf das Zelt, das sich im Wind bog. Draußen herrschte die gewaltige Natur, drinnen Heulen und Zähneklappern.

»Was ist, wenn der Blitz einschlägt?« schluchzte Fanny in den nächsten Donner hinein, zu deren erster Hand sich jetzt die zweite dazukrampfte.

»Blitze können nicht in Zelte einschlagen«, sagte ich, »wegen der Aluminiumstangen.« Das machte nun überhaupt gar keinen Sinn. Aber wenigstens stellte Fanny keine weiteren Fragen. Ich brauchte Ruhe, um nachzudenken. Was wäre, wenn der Blitz wirklich einschlüge und unsere Körper auf die Größe von zwei Holzkohlestücken zusammenschrumpeln ließe, dachte ich, mit deren Hilfe irgendwelche Wanderer in ein paar Jahren ihre Bratwürstchen grillen würden? Ich hatte nicht vor, so früh zu sterben, aber wenn ich wählen könnte, in dieser Nacht und an Fannys Seite wäre es die schönste aller erdenklichen Arten gewesen. Auf einem geschützten Balkon hätte dieses Unwetter sicher ein Naturschauspiel erster Klasse ergeben, hier allerdings wurde es langsam zu einer echten Bedrohung. Es schlug zwar nicht der Blitz ein, dafür aber der Regen. Sturzbäche von Wasser sammelten sich rund um das Zelt und begannen, mit aller Macht einzudringen. Größtmögliche Wassersäule hin oder her, wir drohten zu ersaufen, die Titanic war gar nichts dagegen. Die Schlafsack-Enden waren schon ganz naß, und der Stoff des Innenzeltes fühlte sich gar nicht mehr so schön an wie noch vor wenigen Augenblicken. Er war durchtränkt von Wasser. Draußen im Vorzelt stand unser ganzes Gepäck. Die Kleider, die Bücher, die Zeitschriften, Fannys neue Flipflops und ihr Laptop! Alles, was wir dabeihatten, war bedroht. Ich Dussel hatte vergessen, einen Wassergraben zu ziehen! Das weiß man doch! Aber wer hätte denn an diesem strahlenden Sonnentag damit gerechnet, daß das Wetter dermaßen umschlagen würde? Es half alles nichts, ich mußte raus und retten, was zu retten war. Ich machte mich von Fanny los, kramte nach der Taschenlampe und öffnete den Zipper.

»Was hast du vor?« fragte sie vorsichtig.

Ich leuchtete in ein angsterfülltes Gesicht.

»Ich kümmere mich um unsere Sachen. Du bleibst hier!«

Frauen und Kinder zuerst! Ich wuchtete den Laptop nach innen.

»Steck ihn in eine Tüte und wickle ihn in die Kopfkissen ein!«

Dann kramte ich nach einem Kaffeebecher, den ich mitgenommen hatte und der irgendwo in einer der Taschen steckte. Ich fand ihn neben dem easy-to-clean-Besteck. Einen der Löffel nahm ich auch mit. Die Taschenlampe warf ich nach innen. Die Laternen drüben bei den Baracken würden mich ausreichend mit Licht versorgen. Schließlich war ich draußen. Ausgerüstet mit einem 0,2-Liter-Kaffeebecher aus rotem Plastik und einem dünnen Plastiklöffel. Wahrscheinlich *made in China*. Es war, als säßen auf den Bäumen Leute, die einen Wassereimer nach dem anderen über mir auskippten, so naß war ich nach zehn Sekunden. Und dann fing ich an. Zuerst schippte ich notdürftig die große Pfütze leer, die direkt vor dem Eingang war und aus der sich der Fluß, der ins Zelt führte, seinen Nachschub holte. Aber ich kam gar nicht mit dem Schippen nach. Es kam viel mehr Wasser vom Himmel, als ich bewältigen konnte. Ich beschloß, Entwässerungsgräben zu ziehen, um den kleinen See zu entlasten.

Kann sein, daß der Regen noch zunahm. Kann sein, daß da noch andere Menschen unterwegs waren. Kann sein, daß Fanny meinen Namen rief. Nichts von alledem nahm ich mehr wahr. Mit dem Becher und meinen bloßen Händen riß ich zwei Gräben in den Waldboden, der ganz wunderbar duftete. Nach Wald und Kiefernzapfen und Veilchen und der ganzen Welt! Ich grub und riß und meine Hände steckten bis zu den Unterarmen in der warmen und weichen Erde. Ich war so in Erde und Arbeit vertieft, daß ich nicht bemerkte, daß sich auf der anderen Seite des Zeltes ein zweiter See gebildet hatte, der noch viel größer war als der erste. Man wollte mich also mit einem Zweifrontenkrieg in die Knie zwingen. Aber da kannten die mich schlecht! Den konnten sie haben. Jetzt ging es erst richtig los. Ich schob zwei Abwehrdämme zusammen, die aber nur für kurze Zeit Entlastung brachten. Die Wassermassen drückten sie einfach zur Seite. Ich rannte hier hin und da hin und grub und buddelte und manövrierte und lenkte um und schippte weg. Ich riß mir den Unterarm an einem schweren Kiefernast auf, den ich in der Dunkelheit nicht gesehen hatte. Der Schmerz pumpte durch meinen Körper wie ... , wie, wie *Schmerz*! Und ich spürte zum zweiten Mal an diesem Tag die Kraft des Lebens, die sich nur im Angesicht des Todes so spüren läßt. Im Angesicht zweier Tode, denn mehr noch als für mich machte ich das alles für Fanny. Jetzt nur nicht aufhören. Weiter buddeln, weiter schöpfen, weiter kämpfen. So vergingen Minuten, die nicht enden wollten, und irgendwann hatte ich es tatsächlich geschafft. Es drang kein Wasser mehr ins Zelt. Das stand nämlich jetzt auf einer winzigen Anhöhe, die ich geschaffen hatte. Als die Gräben lang und tief genug waren, konnte das Wasser in die beiden kleinen Talsohlen links und rechts entweichen. Ich hatte den Kampf gewonnen. Erschöpft stand ich da und wischte mir zum ersten Mal seit langer Zeit das Wasser aus den Augen. Das Blut an meinem

Arm hatte keine Zeit, zu trocknen, es wurde direkt weggewaschen. Auch der Schmerz ließ langsam nach. Oder körpereigene Opiate sorgten dafür, daß ich ihn nicht mehr spürte. Es regnete weiter, und in dem Zelt lag Fanny, die Frau, die ich vor dem Ertrinken gerettet hatte. Was für ein erhabenes Gefühl. *I will be hero. Just for one night.* Wenn ich jetzt eine Zigarette gehabt hätte, ich hätte sie angezündet.

Als wir am nächsten Morgen aufstanden, hatte sich der Regen verzogen. Die Sonne schien schon wieder, als wäre nichts geschehen, und das Außenzelt war schon beinahe wieder trocken. Wir rieben uns die Augen und bestaunten den Schaden der vergangenen Nacht. Dem Zelt war nichts weiter passiert, aber zwei Halteseile waren gerissen. Überall lagen T-Shirts und Handtücher und Stoffetzen herum. In meinen Gräben stand brackig das Wasser und hinter dem Zelt lagen zwei tote Eichhörnchen, die dem Unwetter nicht entkommen waren. Fanny sah sich um.

»Ohne deine Löcher wären wir wohl ersoffen, was?«

»Nun übertreib mal nicht.«

»Ich hätte mich das nie getraut!«

»Ich habe nur getan, was ich tun mußte.«

»Du bist mein absoluter Held!« sagte sie, warf sich mir an den Hals und drückte mich. Das hatte sie noch überhaupt gar nie zu mir gesagt. Ihre Worte kamen mir nicht gespielt vor. Wir versuchten, die Eichhörnchen in einem der beiden Löcher zu begraben. Sie wollten aber partout nicht untergehen, sondern schwammen auf dem schmutzigen kleinen Tümpel. Oh grausame Sinnlosigkeit der Natur! Wir schütteten die Tiere und das Loch mit Erde zu. Dann ging Fanny zum Kiosk, um Kaffee zu holen.

»Möchtest du sonst noch was? Brötchen? Die Zeitung?«

Oh Baby, was für ein Lohn. Zuhause holst du nie die Zeitung. Und wenn wir in einem Hotelbett gelegen wären, hätte man uns die Brötchen gebracht. Aber ich brauchte nichts. Ich ruhte in mir, was sollte ich da mit was Äußerlichem wie der Sonntagszeitung.

»Nein, danke.«

Da tapste sie dahin, meine schöne Freundin, barfuß und mit nach vorne gedrehten Unterarmen. Sie war einfach toll. Ich meine, wessen Frau steht einen Sturm auf dem Zeltplatz durch und bleibt dabei so cool wie sie? Daheim in Berlin würde ich mir zuallererst einen Campingplatzführer für Brandenburg kaufen. Als habe sie meine Gedanken erraten, drehte sich Fanny plötzlich noch mal um und sagte mit zuckersüßer Stimme: »Nur damit du nicht auf falsche Gedanken kommst: vom Zelten hab ich erst mal die Schnauze voll.«

Am Anfang war das Wort

Das Höchste, wozu ein Mann
fähig ist, ist Selbstironie.
Theodor Fontane

Mein erstes Rendezvous hatte ich mit einem Mädchen aus der Nachbarklasse, mit dem ich bis dahin keine drei Worte gewechselt hatte. Ich habe tatsächlich ihren Namen vergessen. Aber sie hat auch nicht verdient, daß ich ihn mir merke. Dieses Erlebnis ist hoffentlich nicht nur mir immer noch peinlich, sondern auch ihr. Ihr und ihrer Freundin. Das Mädchen, dessen Namen ich vergessen habe, rief mich an und fragte, ob ich am Freitag abend mit ihr ausgehen wolle. Ich sagte ja und legte auf. Mehr Worte wurden nicht gewechselt. Wie konnten wir annehmen, wir würden mit dieser Wortkargheit einen ganzen Abend überstehen? Aber das brauchten wir dann ja auch gar nicht. Sie kam nämlich nicht allein, sondern hatte ihre beste Freundin mitgebracht. Diese wiederum hatte Wilfried aus meiner Klasse eingeladen, den ich nun überhaupt nicht ausstehen konnte. Während zur gleichen Zeit die ganz Coolen mit den französischen Austauschschülerinnen abhingen und kein einziges Wort, dafür aber ihre Zungen austauschten, dackelten Wilfried und ich die halbe Nacht hinter den beiden Mädchen her, die sich ihren Weg durch unsere kleine Stadt bahnten. Ich kann mir heute noch keinen Reim darauf machen. Entweder sie wollten mit uns gesehen werden oder sie wollten auf keinen Fall mit uns gesehen werden.

Von der Eisdiele ging's zum Bahnhof, von der Bushaltestelle zur Schule. Überall, wo wir ankamen, fanden sie es nicht gut und zogen weiter. Dabei tuschelten sie und kicherten und taten so, als wären all die Orte, die sie aufsuchten und die sterbenslangweilig waren, unsere Idee gewesen. Es war, als würden sie uns vorwerfen, daß wir ihnen nichts Besseres anzubieten hatten. Überhaupt behandelten sie uns den ganzen Abend von oben herab und lästerten und schimpften und machten ihre Witze. Dabei waren sie es gewesen, die uns angerufen hatten! Nicht umgekehrt! Sie benahmen sich genauso schlecht wie dieses Mädchen neulich in der S-Bahn. Ich weiß gar nicht mehr, wie unser erster und letzter gemeinsamer Abend endete. Ich könnte wetten, daß nicht ich oder Wilfried, sondern die beiden Mädchen ihn beendet hatten. Wahrscheinlich auf eine sehr herablassende Art. Jedenfalls war am nächsten Morgen in der Schule wieder alles beim alten. Wenn wir uns im Flur oder im gemeinsamen Religionsunterricht begegneten, taten wir so, als hätte es diesen Abend nie gegeben. Wenigstens darin herrschte Einigkeit. Das fiel mir ein, als ich neulich mit der Ring-Bahn nach Hause fuhr. Schräg hinter mir saß eines dieser Teenage-Mädchen in engen Hosen und noch engerem T-Shirt, deren Alter man so schlecht schätzen kann. Da sie Zigaretten und einen Jungen dabei hatte, durfte sie mindestens dreizehn sein. Eher vierzehn oder fünfzehn. Der Junge war wahrscheinlich genauso alt wie sie, das sah man ihm aber eigentlich nicht an. Er hatte Pickel, die er sich beim ungeschickten Rasieren aufgerissen hatte. Andere in seinem Alter haben noch gar keinen Bartwuchs und wahrscheinlich Hemmungen, sich in der Umkleidekabine auszuziehen. Teenager eben. Dieses Exemplar hier ließ sich von seiner pubertierenden Banknachbarin herumkommandieren und beleidigen, daß es seine Bewandtnis hatte. Zwei Berliner *Kids* mit dem entsprechenden Slang und dem entsprechenden prolligen Gebaren. Ich hörte mir acht Stationen lang an, wie dieses Mädchen diesem Kerl einen nach dem anderen einschenkte, so wie ich das nur unter Jungs kenne. Und er ließ sich das alles gefallen.

»Ich war schon mal im Imax«, sagte sie.

»Ich auch«, antwortete er.

»Na und, mir doch scheißegal.«

und

»Mann, ey, nerv nich.«

und

»Da is ja ne Zeitung. Hättste nich was sagen können?«

und

»Los, gib mir mal ne Kippe, du Affe.«

Sie trieb ihn vor sich her wie eine Boxerin im Ring und setzte einen Punch nach dem anderen. Und er konnte nur reagieren statt zu agieren. Lachte ab und zu nervös auf und grinste immerzu. Sein Grinsen gibt ihm Schutz. Theoretisch könnte das bedeuten, daß er über den Dingen steht und ihm das alles nichts ausmacht, daß er es lustig findet, daß er es durchschaut. Alles nicht wahr. Ich konnte förmlich spüren, wie er sich bemühte, zu verstehen, was eigentlich ihr Problem war. Wieso ist sie so, fragt er sich. So weit, daß er sich fragt, wieso er dabei mittut, ist er noch nicht.

»Wieso«, fragt er sich, »warnen sie in der Schule drei mal pro Jahr vor Aids und Schwangerschaft, aber nie vor den Tiraden der Mädchen? Wieso erklären sie mir, wie ein Kondom funktioniert, aber nicht, wie das Mädchen funktioniert, in das das Kondom eingeführt werden soll? Wieso um alles in der Welt sollte ein Mädchen von mir schwanger werden, das mich so behandelt?«

Es ist unfaßbar, wie die Mädchen in diesem Alter mit Jungs umspringen. Das sind doch nicht ihre Feinde. Na gut, wenn man es recht bedenkt, waren sie das bis vor kurzem wahrscheinlich noch. Jungs waren blöd. Und zwar ohne Ausnahme. Ein Naturgesetz, das umgekehrt genauso galt. Mädchen waren doof. Mehr oder weniger über Nacht – wer kann sich schon an den Übergang erinnern? – änderte sich das, und die Mädchen, die man jahrelang mißachtet hatte, wurden plötzlich interessant. Dummerweise mißachteten einen nun die Mädchen jahrelang. Jahrelang wurden sie mit Schlägen malträtiert, jetzt schlugen sie zurück. Mit Worten. So wie es der junge Kerl in der S-Bahn erleben mußte. Und wenn sie sich für Jungs interessierten, dann nur für die anderen und die älteren, die sie bei allen Gelegenheiten kennenlernten und anschleppten.

Nun begann die junge Berlinerin hinter mir auch noch aufzuzählen, welche Jungs in ihrer Schule sie total süß findet. Dem armen Kerl blieb auch nichts erspart. Ich drehte mich um, weil ich ihr Gesicht sehen wollte. Sie starrte mich an.

»Is' was, Alter?«

»Könnt ihr nicht ein bißchen leiser sprechen?«

»Hast wohl 'n Nähe-Distanz-Problem, was?«

Sie strahlte, und der Depp an ihrer Seite nickte mir grinsend zu. Was soll man darauf sagen, außer:

»Stimmt.«

Das sagte ich nicht, sondern drehte mich wieder um. Ich ließ mir Zeit dabei, so daß sie sehen konnte, welche extra starke Falten ich auf meine Stirn legte. Ich war drauf und dran, mich noch mal umzudrehen und zu dem Jungen zu sagen, er solle sich das nicht gefallen lassen und daß sie es nicht wert sei. Er solle zusehen, daß er bei der nächsten Station aussteigt und Land gewinnt. Ich war mir sicher, daß das gar kein Paar war, sondern daß nur er was von ihr will und sie ihn einfach nicht ran läßt. Anders konnte ich mir sein stoisches Ertragen nicht erklären. Du sitzt mit einem Mädchen in der S-Bahn und läßt dich beschimpfen und beleidigen und mißhandeln. Du stolperst mit Mädchen nachts durch eine baden-württembergische Kleinstadt und läßt dich malträtieren. Warum? Weil du an ihre Wäsche willst natürlich. Weil du nicht weißt, was du sonst anstellen könntest, um einen Kuß zu bekommen oder ihre Unterhose. Brüste hast du schon Hunderte und Tausende gesehen. Die meisten davon in Zeitschriften. Und im Fernsehen. Aber wie *fühlen sie sich an*? Wie fühlt sich überhaupt so ein Mädchenkörper an? Man hatte ja keine Ahnung. Brian dachte lange Jahre, daß Frauen, wie er sich ausdrückte, *nicht scheißen müssen*. Das ist natürlich stark, denn da hat der kleine Kerl die Frau zur Göttin erhoben, erhaben über menschliche Lästigkeiten wie Verdauung und Ausscheidung, zu denen der Rest der Menschheit – die Männer – verdammt ist. Ihr da oben, wir hier unten. Ihr im Licht, wir auf dem Lokus. Immer wieder habe ich Brian gefragt, wie es war, als er merkte, daß das nicht stimmt. Leider kann er sich nicht mehr an den Tag erinnern, an dem er die Göttinnen von ihrem Sockel stürzte. Auch nicht, ob er enttäuscht und nur ernüchtert war. Idee für einen Coming-of-age-Film: Der jungenhafte Held erkennt, daß Frauen und Mädchen auch scheißen müssen, und diese Erkenntnis macht ihn zu einem Mann. Die Welt wird etwas rauher und härter mit jedem Tag. Das einzige, was weich bleibt, sind die Brüste der Mädchen. Und die sind überall. In deiner Phantasie hast du schon Tausende von Brüsten geküßt und berührt. Denken tust du dabei an jede, die dir einfällt. Frau Finke zum Beispiel, die Nachbarin, die du mal gesehen hast, als sie nur mit Jeans bekleidet auf dem Balkon stand und ihre Badesachen auf die Wäscheleine hing. Sie hat dich auch gesehen, hat aber kein Wort gesagt. Sie hat auch nicht panisch ein Tuch vor ihren Körper gehalten oder ist zurück ins Wohnzimmer gestürzt. Sie hat dich angesehen, die Sachen aufgehängt und ist dann wieder nach drinnen verschwunden. Warum blieb sie so cool? Weil sie es dir besorgen will? Weil sie will, daß du es ihr besorgst? Wahrscheinlich. Hoffentlich ersteres, denn du weißt nicht, ob du das *schon bringst*. Mit ihr verbringst du mehrere Wochen hintereinander. Oder besser: deine Hände in deiner Hose. Manchmal erschrickst du über dich selbst, denn noch vor einem halben Jahr warst du empört, wenn du deinen großen Bruder an der Bushaltestelle dabei erwischt hast, wie er mit seiner Freundin rumknutscht. Erstens erschien dir diese rein und unschuldig. Und zweitens hofftest du irgendwie, sie meint nicht ihn, sondern dich. Ein Jahr zuvor noch warst du geschockt, wenn du bei Freunden zu Besuch warst und gesehen hast, daß deren Väter den *Playboy* lesen. Und daß der noch dazu offen rumlag. Pfui! Jetzt suchst du dir deine Freunde nach den Lesegewohnheiten ihrer Väter aus. Und nach dem Aussehen ihrer Mütter. Die Vorstellung, von deinem Freund in flagranti dabei erwischt zu werden, wie du seine Mutter bumst, gefällt dir. Und, so er welche hat, seine große Schwestern. Geschosse allesamt. Die ein oder andere hat schon einen Freund! Wahnsinn! Ob sie die *Pille* nehmen? Und wie viele davon? Nacht für Nacht wird ab 23:00 zurückgeschossen, ohne Rücksicht auf Verluste. Es werden auch keine Gefangenen gemacht. Du lebst ausschließlich von und für Frauen und das nur in der Zukunft. Denn irgendwann wird es ja mal soweit sein. Du fängst an, zu beten. Abend für Abend bittest du den lieben Gott – das ist der, der dir am nächsten Morgen, wenn du dein Laken besiehst, ein schlechtes Gewissen macht –, daß es bald soweit ist. Sollte Steffi mit dir schlafen oder, noch eins drauf, *deine feste Freundin werden*, wirst du wieder an ihn glauben! Das wäre für dich ein Gottesbeweis. Aber er rührt sich nicht. Für eine Nacht mit Steffi würdest du die Stereoanlage zurückgeben und auch alle anderen Konfirmationsgeschenke. Wobei du nicht genau weißt, was du eine ganze Nacht lang mit Steffi anstellen würdest. Wie lang geht denn so eine Nacht? Wie lange geht *es*? Geht man danach wieder heim? Oder bleibt man noch liegen? Du hoffst inständig, daß du, wenn es soweit ist, auch weißt, was du zu tun hast. Klar, du weißt Bescheid und bist die Missionarsstellung auch schon tausendmal durchgegangen. Aber *wirklich* wissen tust du es nicht. Vielleicht kannst du es gar nicht? Triffst das Loch nicht. Wie ist das denn mit dem Loch? Wie fühlt es sich an? Ist es groß oder klein? Wenn die Frauen in diesen Filmen immer *oh Mann, ich bin so schön feucht und heiß,* und *das gefällt dir, was?* sagen, wie feucht ist feucht? Und wie heiß heiß?? Ist eng besser als weit? Was heißt denn in dem Zusammenhang »eng«? Was ist überhaupt mit der Entjungferung? Wie kann es vorher eng sein und dann weit? Auf jeden Fall tut es dem Mädchen weh. Du willst dem Mädchen nicht weh tun! Es soll bitte nicht weinen. Du kannst mit weinenden Mädchen nicht umgehen. Daran wird sich in den nächsten zwanzig Jahren auch nichts ändern. Und du wirst noch sehr, sehr viele Tränen fließen sehen. Tränen der Freude werden dabei sein, und Tränen der Trauer. Vor allem aber Tränen der Wut und der tiefen Enttäuschung, des Entsetzens und des Schmerzes, den du angeblich den Frauen zugefügt hast. Nicht eine einzige Träne kannst du verhindern. Nicht mit einer einzigen hast du gerechnet. Jede einzelne bringt dich völlig aus dem Konzept. Wahrscheinlich ist es im Sinne der Natur, daß der heranwachsende Jüngling nicht ahnt, was da an Tränen noch auf ihn zukommt. Sonst käme er vielleicht noch auf die Idee, es sich noch mal anders zu überlegen. Nicht eine einzige Träne einer Frau kannst du übrigens mit einer eigenen beantworten. Weinende Männer kommen nicht gut an, das lernst du. Nicht nur nicht bei Männern, auch nicht bei Frauen! Auch wenn diese sich das nicht eingestehen.

»Weinst du manchmal?«

Diese Frage ist mir oft gestellt worden. Frauen wollen ihre Männer nicht immer hart erleben.

»Vielleicht wäre es gut, wenn du manchmal weinen würdest!«

Das ist mir auch schon mehrmals empfohlen worden.

»Friß nicht alles in dich rein.«

»Steh zu deinen Gefühlen.«

Aber wehe, wenn ich dann wirklich mal loslegte und tatsächlich heulte. Der Schuß ging immer nach hinten los. Die Tränen wurden dann als Zeichen meiner generellen Schwäche ausgelegt. Ich kenne glaubwürdige Berichte von ebenso glaubwürdigen Freunden, in denen ihre Frauen, als irgendwann auf Männerseite Tränen flossen, nur noch mehr durchdrehten und, statt Einhalt zu gebieten, tonnenweise Salz in die Wunde schütteten, die sich da plötzlich aufgetan hatte. Solche Berichte sind erschreckend, und es ist das beste für alle, wenn ich an dieser Stelle nicht weiter darauf eingehe. Ob Fanny auch zu so etwas fähig wäre? Die Antwort ist: Ich glaube schon. Frauen haben das Zeug zum Torero. Sie sind potentielle Stierkämpferinnen, die in der Lage sind, den finalen Stoß zu setzen. Der kräftige Stier ist angeschlagen und beginnt durch die Arena zu wanken. Sein Blick trübt sich. Er sieht seinen Gegner mit den bunten Kleidern und dem roten Tuch schon nicht mehr ganz klar. Er blutet aus den vielen Wunden, die über seinen Körper verteilt sind. Es wäre durchaus angebracht, daß jetzt jemand käme und seine Wunden leckte und verarztete. Nicht, daß der Stier das jemals erlebt hätte. Dazu fehlt ihm die Erfahrung. Aber sein Gefühl sagt, daß das jetzt genau das Richtige wäre. In der Mitte der Arena steht die Torerofrau und winkt ihn unter dem Jubel der Massen zu sich. Sie ist schön, sie ist stark und sie ist stolz. Und sie genießt ihren kommenden Sieg.

»Zeige deine Wunde!«

Na gut, denkt der Stier, ich vertraue ihr. Ich gehe zu ihr hin und zeige ihr meine Wunde. Und meine Tränen. Aber die Frau will nicht seine Wunden lecken, sie will ihn nicht trösten und sie will ihn nicht streicheln. Sie will ihn töten. Mit einem letzten Stich zwischen die Schulterblätter. Schrecken und Schmerz fahren dem Stier in die Glieder, sein Leben läuft einmal vor seinen Augen ab, und da ist nichts, keine Erfahrung, die auf ihr Verhalten hätte schließen lassen. Na, da hab ich ja was fürs Leben gelernt, denkt sich der Stier, das muß ich mir merken. Wenn sie mich um meine Tränen der Trauer bittet, dann nicht, weil sie sie tatsächlich sehen will. Sondern weil sie will, daß noch mehr fließen. Aber keine Tränen der Trauer, sondern solche der Ohnmacht und Wut. Und des Schmerzes. Sie ist komisch. Wieso fällt sie vor mir auf die Knie und bettelt förmlich danach, daß ich weine, und wenn ich es dann tue, hat sie nur Verachtung für mich übrig und lacht mich aus? Wieso tut sie nicht, was sie sagt? Aber da ist es natürlich schon zu spät für solche klugen Gedanken, die auch mehr oder weniger seine letzten sind. Während die Frau triumphiert und sich feiern läßt, fließt seine letzte Träne in den gelben Sand. Er kriegt schon nicht mehr mit, wie sein Leichnam von irgendwelchen Lakaien aus der Arena gezogen wird.

Da ist es mir dann doch lieber, wenn Fanny weint. Am liebsten sind mir die Tränen, die sie im dunklen Kinosaal vergießt. Wenn die Geschichte, die da erzählt wird, sie so rührt, daß sie sich das Weinen einfach nicht verkneifen kann. Dann lege ich meinen Arm um sie oder halte ihr meine Hand oder ein Tempotaschentuch hin. Vielleicht mußt du dem Mädchen bei ihrer Entjungferung auch ein Taschentuch hinhalten? Du weißt es nicht. Und was ist eigentlich, wenn *dir* das erste Mal weh tut? Davon spricht kein Mensch! Angeblich weißt du alles und merkst bei solchen Fragen, daß du nichts weißt. Du willst aber alles wissen. Ganz unbedingt willst du das, und deshalb würdest du alles dafür tun, um endlich zur Tat schreiten zu dürfen. Brüste anfassen. In Unterhosen greifen. In die Unterhose greifen lassen. Du bist so fixiert auf dieses Ziel, daß du verdammt, verdammt, verdammt viel – mit anderen Worten: alles – mit dir machen lassen würdest, um dieses Ziel zu erreichen. So wie der junge Kerl da in der S-Bahn hinter mir, der sich von dem Gör vorführen ließ. Sie plapperte und plapperte, und er kam gar nicht zum Zug. Sie redete von ihrer Mutter, ihrer Schwester, ihrem Hund und ihren Freundinnen. Wahrscheinlich kannte der Junge es gar nicht anders. Er wurde von jedem Mädchen schlecht behandelt, von dem er was wollte. Und dieses Mädchen neben ihm genoß es wie alle ihre Geschlechtsgenossinnen, den Jungen schlecht zu behandeln. Ihm auf der Nase herumzutanzen. Ihn zu dressieren wie einen Hund. Ihn kurz zu halten. Ihn zu reizen wie einen Stier. Stich für Stich. Zu bunt durfte sie es aber auch nicht treiben, denn wendete sich der Junge ab, würde sie das verlieren, was sie noch mehr liebt als ihr eigenes schlechtes Benehmen: das Umgarntwerden. Ganz egal, von wem. Auch daran ändert sich bis ins hohe Alter im großen und ganzen nichts. Die Frauen wollen umgarnt und beflirtet und verehrt und sogar umkämpft werden. Als ich dreizehn war, sollte die Jungschar, in die ich fünf Jahre lang gegangen war, aufgelöst werden. Der Leiter zog nämlich nach Hamburg. Dann fanden sich zwei achtzehnjährige Gymnasiasten, die die Gruppe übernahmen. Sie hießen Claudius und Markus und gaben uns manchmal einen Schluck Bier. Also blieb ich. Wir trafen uns immer am Spätnachmittag in einem alten Haus am Waldrand. Eines Nachmittags ging ich wie jeden Samstag zum Gruppentreffen, aber die Tür war abgeschlossen. Ich lief ums Haus herum und sah zum offenen Fenster hinein. Auf einem Stuhl saß Claudius mit entblößtem Oberkörper und blutverschmiertem Gesicht. Eine junge Frau stand neben ihm und säuberte mit Klopapier und Wasser seine Wunden. Die Frau war in seinem Alter – also unfaßbar alt – und wunderschön. Ich verliebte mich sofort in sie. Claudius sog ständig durch die Zähne Luft ein – so wie man eben atmet, wenn man Schmerzen unterdrücken will. Markus saß, anscheinend unversehrt, auf einem Stuhl in der anderen Ecke des Raumes und tat nichts. Als die schöne Frau mich entdeckte, kam sie ans Fenster und erklärte, daß die Gruppe heute ausfallen würde. Später erfuhr ich, daß sich die beiden Jungmänner um die unbekannte schöne Frau geprügelt hatten. Die Leitung der Jungschar haben sie danach abgegeben. Ersatz fand sich nicht, und so wurde die Gruppe endgültig aufgelöst. Die Frau habe ich nie wieder gesehen.

Wie dem auch sei, ich sagte nichts zu dem jungen Mann in der S-Bahn. Ich kann ja nicht die ganze Welt retten. Als die beiden an der Friedrichstraße ausstiegen, sah ich, daß sie Hand in Hand über den Bahnsteig davongingen. Was war denn jetzt schon wieder los? Der Typ hatte sie längst erobert? Handelte es sich um gar keine besonders perverse Form des Flirtens, sondern um den Normalzustand einer Beziehung? Das konnte nur heißen, daß der Kerl noch bescheuerter war, als ich dachte. Oder daß es für ihn ganz normal war, daß die Frauen seines Lebens ihn traktieren. Seine Freundin zieht ihn auf (anstatt aus), seine Mutter schimpft ihn, seine Lehrerin macht ihn fertig. Und wahrscheinlich alle seine Freunde und Kollegen mit ihm. Das ist *normal*. Wenn der Kerl also was will, muß er sich ins Zeug legen. Im Leben wird dir nichts geschenkt. Das ist die Lektion seines ganz eigenen Coming-of-age-Films. Wenn er einen Kuß will, muß er die Macken des Mädchens aushalten und das tun, was sie von ihm verlangt.

»Mein Gott«, dachte ich, »bin ich froh, daß ich nicht mehr achtzehn bin und solchen Mist nicht mehr mitmachen muß!« und freute mich darauf, nach Hause zu Fanny zu kommen.

Im Krieg und in der Liebe wird scharf geschossen

Wer einen Orgasmus bekommt, willst du wissen?
Mama bekommt den Orgasmus – ich bin bloß der,
der dafür sorgt, daß sie ihn bekommt.
Frei nach Woody Allen in Mighty Aphrodite

Heute bestimmt weitgehend Fanny, wann wir Sex haben und wann nicht. Sie freut sich allerdings nicht immer genauso auf mich wie ich mich auf sie, wenn ich nach Hause komme. Nicht daß Fanny frigide wäre oder so, sie liebt Sex genauso wie ich. Sie sagt, der Unterschied komme daher, daß ich immer wolle. Vor einem halben Jahr habe ich, als sie mal zwei Wochen am Stück keine Lust hatte, trotzig verkündet, daß ich von nun an ebenfalls keine Lust mehr haben und sie nie wieder anfassen werde. Die Situation verlangte nach dieser Maßnahme. Fanny hat nur gelacht.

»Na, das wollen wir doch mal sehen.«

»Was wollen wir mal sehen? Du kennst mich: ein Mann, ein Wort. Tut mir leid, Süße, du hast deine Chance gehabt.«

Ich sank noch tiefer in mein geliebtes Sofa, verschränkte die Arme hinter dem Kopf und mußte grinsen. Jetzt würde ich der Herr im Haus sein. Endlich. Vorbei die Zeiten, in denen sie behaupten konnte, ich käme doch voll auf meine Kosten, *da es den Mann doch errege, eine Frau zu erregen.* Das stimmt natürlich, aber das sind letztlich nicht mehr als Secondhand-Kosten. Ich war stolz auf meinen raffinierten Schachzug. Damit hatte sie sicher nicht gerechnet. Faites vos jeux! Irgendwann würde sie es nicht mehr aushalten und würde angekrochen kommen und förmlich um meinen Körper betteln. Endlich! Fortan würde ich derjenige sein, der die Bedingungen diktiert, zu denen bei uns der Sex stattfindet! Ha!

Bisher hatte nämlich immer ich mich in den Dienst der Frau stellen müssen. Das war von allem Anfang an so. Selbst bevor es überhaupt richtig losging. Eva beispielsweise gab mir ein Buch, das ich unbedingt lesen müsse. Ich war sechzehn und sehr in Eva verliebt. Nun verhält es sich mit jungen Männern und Büchern ja nicht unbedingt so, daß die einen für die anderen schwärmen. Darüberhinaus verhält es sich mit jungen Männern aber auch so, daß sie wenn sie sich vorstellen können, mehr auf eine junge Frau zu werfen als nur ein Auge, in ziemlichen Aktionismus verfallen können. Wenn die Frau ihnen also ein Buch in die Hand drückt, ahnen diese jungen Männer, daß es Sinn machen könnte, da mal reinzuschauen. Denn der Weg ist zwar nicht das Ziel, aber es führt kein Weg an ihm vorbei. Außerdem könnte es ja sein, daß Eva allein aufgrund der Tatsache, daß ich das Buch gelesen habe, sofort mit mir schlafen wollte. Also las ich das Buch, das schon seit Wochen unter Evas Freundinnen kreiste. Es war *Der Tod des Märchenprinzen* von Svende Merian. Ich weiß nicht, ob mich jemals wieder eine Lektüre so durcheinandergebracht hat. Denn einerseits ging es ganz schön zur Sache, Merian stand der Volksaufklärerin Josefine Mutzenbacher in Drastik und Eindeutigkeit in nichts nach. Andererseits listete sie über Hunderte von Seiten auf, was ich als Mann alles zu tun und zu lassen hatte, um kein Chauvischwein zu sein. Denn das war das allerschlimmste, was man sein konnte. Daß man eins war, war paradoxerweise auch das allernormalste. Ich wollte unbedingt ein Mann werden, raus aus der Kindheit, und nun las ich, daß Mannsein gar nichts Erstrebenswertes war. Im Radio lief *Neue Männer braucht das Land*, in den Zimmern duftete es nach Tee und Räucherstäbchen, und dieses

Buch listete fein säuberlich alle Erbsünden der Männer auf. Frau Merians Schuh drückte überall: Männer hatten sie immer nur gehindert, ihren politischen Weg zu gehen. Männer hatten sie mit ihren Sprachnormen vergewaltigt. Manchmal redeten die Männer einfach nicht mit ihr, das sei ihre Taktik, Frau durch ihre »Ruhe« auflaufen zu lassen, bis sie still ist. Für solche Fälle bot Frau Merian eine Lösung an: Frau solle weiterschreien. Und wenn *mann* dann dasitze und sage: »warum bist du denn so hysterisch?«, dann habe er eine gescheuert zu kriegen. Männer seien nur dazu da, Frauen Probleme zu machen. Dabei könnte das zwischengeschlechtliche Zusammenleben so wunderbar funktionieren, Männer dürften nur nicht mehr so oberflächlich und menschenverachtend sein. Und wie stand es mit dem Sex? Auch nicht viel besser. Männer drängelten, wenn sie geil waren. Sie hätte aber auch solche erlebt, die auf den ersten Blick schwach und beschützenswert wirkten, weich und unmännlich, aber dann eine total objekthafte Männersexualität draufgehabt hätten. Ein Softie sei ein Chauvi, der Kreide gefressen hat, nichts anderes. Kurz, »Männer sind doch alle gleich. Kurzer Rausch und langer Kater.«

Warum gehe ich in dieser Ausführlichkeit auf all das ein? Weil ich jeden Montag abend *Live aus dem Alabama* im Bayerischen Fernsehen schaute, wo regelmäßig junge Frauen auseinandergenommen wurden, weil sie sich sexy anzogen. Weil sie sich damit den Männern unterwarfen und sich zu Sexualobjekten machten. Nie wurde auch nur eine Silbe darüber verloren, daß sexy Kleidung vor allen Dingen eins ist, nämlich sexy. Die einzig akzeptable Kleidung waren lange kartoffelsackartige Textilbahnen, die leblos an den Frauen herunterhingen. Das war schön. Daß Erotik, Körper und Seele völlig fehlten, war das Gute, so konnte niemand auf seinen Körper reduziert werden. Entsprechend durfte man Kleidung, die man wirklich aufregend und sexy fand, nicht schön finden. Frau Merian und *Live aus dem Alabama* bestimmten die Richtung meiner *éducation sentimentale*: Sei anders als die anderen Männer. Wenn ich mit Eva gehen will, darf ich kein Chauvi sein. Wenn ich mit ihr schlafen will, darf ich nicht einfach so von mir aus Sex wollen, sondern darf nur wollen, wenn sie auch will. Diesen Bock schoß ein gewisser Jan ab, Frau Merians WG-Mitbewohner und Lebensgefährte von Uschi, Frau Merians WG-Mitbewohnerin. Ja, wo gibt's denn so was? Ich glaubte ihm damals so wenig wie heute. Jan hatte sich selbst verraten und damit uns alle. Er saß ganz tief drin in der Feminisierungsfalle. Wie kann ein Mann sich so verleugnen? Die beiden Frauen fanden das natürlich toll. Lobten Jan, weil sich seine ganz spontane (oder sich über den langen Tag aufbauende) Lust auf wilden, viehischen oder meinetwegen auch zärtlichen Sex mit Uschi sich in Sekundenbruchteilen in Luft auflöste, sobald Uschi andeutete, daß sie keine Lust hatte. Nicht wie ich. Denn vor allem das würde ich Jan sagen, wenn ich ihm begegnen würde: daß domestizierte Haustiere wie er dafür verantwortlich sind, daß ich jahrelang von schlechtem Gewissen geplagt wurde, wenn ich mal wieder Lust hatte und merkte, daß Eva keine hat. Denn anders als bei ihm hörte meine Lust dann nämlich *nicht* auf! Daran hat sich bis heute nichts geändert. Und wegen Idioten wie ihm, die alles sagten und taten, was die Frauen um ihn herum verlangten, bekam ich gehörig von Eva eingeheizt. *Männer sind Schweine.*

Mein Gott, war ich froh, als ich endlich der Provinz den Rücken kehren und mich ins Liebesleben bundesdeutscher Studentenstädte einklinken durfte! Kann bei der Gelegenheit jemand Auskunft über eine gewisse Michelle geben, Nachname und derzeitiger Wohnort unbekannt? Michelle war Austauschstudentin aus Kanada, und in letzter Zeit denke ich öfters an sie. An sie und ihre Mutter. Michelle erklärte nämlich mit eiserner Stimme, so, als wäre sie im Wahlkampf, daß ihre Mutter sie immer gewarnt hätte: »Don't trust men!«

Und sie müsse sagen, nach allem, was sie bisher erlebt habe:

»It's true. You cannot trust them.«

»Never?«

»Never!!«

Ich war im zweiten Semester, und weil ich in Michelle verliebt war und mit ihr schlafen wollte, hörte ich mir das alles an und hoffte, sie irgendwie davon überzeugen zu können, daß ihre Mama falsch lag. Daß ich von ganz anderem Schrot und Korn war als die vielen miesen Kerle da draußen. Mir, versuchte ich klarzumachen, könne man sehr wohl trauen (ohne genau zu wissen, worin man mir trauen konnte). Ich merkte nicht, daß ich in eine Feminisierungsfalle geraten war, daß ich mal wieder ein Verhalten an den Tag zu legen versuchte, von dem ich keine Ahnung hatte, wie es genau aussah und ob mir es auch gefiel, von dem ich aber dachte, daß es den Erwartungen dieser Frau am nächsten käme. Wie macht man das, durch sein Reden und seine Taten Vertrauen gewinnen? Wie beweist man seine guten Absichten? Ich mußte nicht nur sie von meinen Qualitäten überzeugen, sondern auch ihre stets über allem schwebende Mutter, deren Urteil in Stein gemeißelt war. You cannot trust them! Fünf Monate lang habe ich alles mögliche versucht.

Im sechsten fuhr Michelle auf die Fachschafts-Skihütte und hat in dieser Woche, da gehen die Meinungen auseinander, mit zwei oder mit drei Männern geschlafen. Einer war Joachim »Joe« Gerber, dem man aus hundert Metern Entfernung ansah, daß sich seine guten Absichten vor allem um eins drehten, nämlich um wilden, schmutzigen Sex.

Es ist keine Übertreibung, wenn ich das, was sich in den Tagen und Wochen nach meiner Enthaltsamkeitserklärung in unserer Wohnung abspielte, als kasteiendes Spießrutenlaufen bezeichne. Denn wider Erwarten tangierte es Fanny nicht im geringsten, daß ich sie nicht mehr anfaßte. Ganz im Gegenteil, sie schien das fast zu genießen. Sie war wie ein Kamel, das tausend und mehr Tage durch die Wüste gehen kann, ohne auch nur einen einzigen Schluck Wasser trinken zu müssen. Dabei bereitete es ihr sichtlich Spaß, ständig nackt durch die Wohnung zu laufen. Sie sieht aber auch verdammt gut aus. Ich liebe sie, und ihren Körper werde ich wohl ewig begehren. Aber du mußt standhaft bleiben! Ignoriere sie. Sieh einfach nicht hin. Tu so, als wäre sie gar nicht da. Laß dich nicht von ihrem Körper beirren. Und auch nicht von deinem eigenen. Da hast du doch schon ganz andere Sachen ausgehalten! Erinnere dich doch daran, wie ihr euch kennenlerntet. Euer erstes Mal! Das hast du doch auch überlebt!

Da hatte sie recht, meine innere Stimme! Und daß ich das überlebte, denke ich manchmal, grenzt an ein Wunder. Ich war Fanny zufällig am Freitagabend im Supermarkt begegnet, und wir gingen auf einen Kaffee in die Kapelle. Fanny arbeitete damals in Frankfurt, war nur übers Wochenende in der Stadt und schlief bei einer Freundin. Nicht bei irgendeiner Freundin, sondern bei einer, die in Personalunion auch meine Exfreundin war. Carla. Seit einem halben Jahr waren Carla und ich getrennt. Eigentlich wollte Fanny am Abend zurück nach Kreuzberg, um mit Carla auf eine Party zu gehen. Irgendwann bekamen wir aber Hunger und gingen in den Italiener gegenüber der Feuerwehrwache in der Oderberger. Wir hatten bereits einen Gin Tonic getrunken, jetzt bestellten wir Rotwein und später Averna. Dann zogen wir ins Wohnzimmer und von dort ins Hundertdrei. Wir betrieben Konversation und sie flirtete ein bißchen und irgendwann sah ich sie an und mir wurde immer klarer, daß ich Fanny im Grunde meines Herzens schon immer sehr gemocht hatte. Daß sie eine hinreißende und attraktive Frau war. Fanny wollte dauernd wissen, was Carla mache und wie es ihr geht und überhaupt.

»Wohne ich bei ihr oder du?«

»Ich habe das Gefühl, daß sie nicht ganz ehrlich zu mir ist. Außerdem ist sie sehr beschäftigt. Trifft sich mit allen möglichen Leuten ... «

»Ich will das nicht hören. Okay?«

»Meinst du nicht, ihr kommt wieder zusammen?«

»Vergiß es. Carla hat eine Vollmeise, und ich bin ein Supertyp. Das paßt nicht zusammen.«

»Meinst du, sie ist glücklich?«

»Wir sind kein Paar mehr! Wir sind ein ehemaliges Paar. Ich bin von jeglicher Aufsichts- und Informationspflicht befreit.«

Dann war es drei, und wir gingen in den Hechtclub, der menschenleer war. Von dort war es nicht mehr weit bis zu mir nach Hause, und es bedurfte keiner allzu großen Überredungskunst, Fanny davon zu überzeugen, daß es überhaupt keinen Sinn mehr machte, jetzt nach Kreuzberg auf eine Party zu gehen. Daß es vielmehr das allerbeste wäre, sie bliebe hier.

»Aber nur, wenn ich ein T-Shirt von dir haben darf.«

(Mit anderen Worten: da läuft aber nichts.)

»Na, klar.«

(Mit anderen Worten: einverstanden. Aber nur solange du mir nicht das Versprechen abringst, daß ich es nicht trotzdem versuche.)

So lagen wir da, wie Brüderchen und Schwesterchen, Rücken an Rücken. Irgendwann drehte ich mich zu ihr um. Ich wußte nicht, wie spät es war. In *the wee small hours in the morning* verliert man ja so ein bißchen das Zeitgefühl. Ich streichelte ihr übers Gesicht.

»Tu das nicht.«

»Wieso nicht?«

»Wegen Carla ... «

Was wollte denn die schon wieder hier?

»Die hat hier nichts zu suchen.«

Das war mein Leben und nicht Carlas. Ich war frei und konnte tun und lassen, was ich wollte. Mischte ich mich in ihr Nachtleben ein? Na also.

»Sie ist meine Freundin.«

»Sie war mal meine Freundin.«

»Ich fühle mich nicht gut ihr gegenüber.«

Scheiße. Und jetzt? Carla konnte mich kreuzweise. Was sollte ich sagen? Ich verstehe dich? Wahrscheinlich hast du recht? Es ist das beste so? Alles Quatsch. Also sagte ich:

»Küß mich.«

Und was tat Fanny? Küßte mich. Was galt denn jetzt? Ja oder Nein? Nein heißt ja und ja heißt nein. Das ewige Karussell. Ich tat alles, was mir Spaß machte und auch ihr, den Geräuschen nach zu schließen, die sie von sich gab. Es ist ja immer wieder interessant, wie verschieden die Menschen klingen, wenn sie berührt werden. Ich klang nach gar nichts. Unsere erste gemeinsame Nacht war eine der anstrengendsten meines Lebens. Sigmund Freud sagte sinngemäß, alle Kultur sei Triebkompensation. Das ist etwas anderes, als das, was François Truffaut sagte, nämlich daß er nur deshalb Filmemacher geworden sei, weil er sich mit schönen Frauen umgeben wollte. Der eine baut ein Haus oder dreht einen Film, weil er nicht vögeln *darf*, der andere, weil er vögeln *will*. Ich wollte weder ein Haus bauen noch einen Film drehen. Ich wollte Fanny. Ich tat alles in meiner Macht stehende, um ihr Spaß zu bereiten. Aber sie tat nichts zurück. Und wenn ich nichts sage, dann meine ich nichts. Gar nichts. Die Tatsache, daß das Gefühl, beinahe zu platzen, nur dann schön ist, wenn man irgendwann auch wirklich platzen darf, ignorierte sie völlig.

Diese Frau! Im Grunde genommen fußt unsere Beziehung auf einer gemeinsamen Nacht im Folterkeller, sie war die Kerkermeisterin und ich das unfreiwillige Opfer, ihrer völligen Willkür unterworfen.

»Was machst du heute abend?« fragte ich sie am Morgen

nach unserer ersten gemeinsamen Nacht. Wir schlenderten über den Flohmarkt am Arkonaplatz und tranken heißen Kaffee aus Plastikbechern.

»Kommt drauf an.«

Auf meine Vorschläge wahrscheinlich.

»Auf was?«

»Ob ich mein Kopfweh loswerde.«

»Laß uns doch später treffen.«

»Keine gute Idee.«

Im Gegenteil: Sehr gute Idee.

»Warum nicht?«

»Es war sehr schön. Aber mehr ist nicht.«

Schließlich umarmten wir uns, und dann ging jeder seiner Wege. Zuhause legte ich mich noch mal hin, und dann glitt ich zurück in mein tägliches Leben. Das wär's eigentlich gewesen. Das Leben ist ein einziges Kommen und Gehen. Wenn, ja wenn Fanny im fernen Frankfurt nicht in den folgenden Wochen festgestellt hätte, daß die sechzehn gemeinsamen Stunden mehr in ihr ausgelöst hatten, als sie gedacht hatte. An ihrer inneren Wandlung ließ sie mich mittels modernster Kommunikationsmittel teilnehmen. Ich bekam eine SMS nach der anderen. Vom frühen *wie geht's?* kam sie zum *ich denk an dich* und zum *ich vermiß dich*, bis sie schließlich irgendwann schrieb, *komme nach berlin. will dich sehen. will dich!* Praktisch zwei Minuten später stand sie vor meiner Wohnung. Das ging selbst mir, der ich mich den ein oder anderen Augenblick nach ihr verzehrt hatte, ein bißchen schnell.

»Und was ist mit Carla?«

»Scheiß auf Carla«, sagte sie und begann noch in der Tür, mein Hemd aufzuknöpfen.

Versteh einer die Frauen. Mir sollte es recht sein. Das ist drei Jahre her, und Fanny und ich sind mittlerweile vom blödesten, unnötigsten und unmenschlichsten Gesetz der Natur überhaupt, nämlich daß die Lust aufeinander im Lauf der

Zeit nachläßt, eingeholt worden. Irgendwann hat man jeden Stein umgedreht und weiß, was sich darunter verbirgt. Aber das, was kam, nachdem sie wie ein Engel in meiner Wohnung erschienen war, war eine mehr als adäquate Entschädigung für unsere erste gemeinsame Nacht, in der sie mich nicht berührt hatte. Wir taten wochen- und monatelang nichts anderes, als Steine umzudrehen. Und da waren jede Menge Steine, wohin man sah, überall Steine, Steine, Steine, unfaßbar, wie viele Steine das waren. Kein Berg, sondern ein Teppich aus Steinen, der bis zum Horizont reichte. Fanny war in dieser Zeit so beseelt, daß sie der felsenfesten Meinung war, wir würden in der Lage sein, auf diesem Teppich bis ans Ende unserer Tage zu wandeln. Aber wieso sollte das, was keinem anderen je geglückt war, ausgerechnet bei uns funktionieren? Es war umwerfend mit ihr und alles, aber dennoch wagte ich, ihr in diesem Punkt zu widersprechen. Es war Samstag mittag, wir lagen im Bett – wo sonst – und rauchten gerade eine schnelle Pausenzigarette.

»Liebes, ich kann mir schon vorstellen, daß das irgendwann mal nachläßt.«

»Was willst du damit sagen? Macht es dir keinen Spaß?«

»Ganz im Gegenteil. Es ist das Beste, was ich je erlebt habe!«

»Und wieso sollte es dann aufhören?«

»Wenn es nie nachließe, käme man ja zu gar nichts anderem mehr.«

Sie zog mich zu sich und faßte mich so an, daß ich es, wären wir nicht sowieso schon nackt gewesen, als unsittlich bezeichnen müßte. Sie war wirklich hinreißend.

»Laß uns hier bleiben und bis ans Ende der Welt lieben!«

»Unsere Lust aufeinander wird nachlassen.«

»Wieso denn?«

»Das versuche ich dir ja die ganze Zeit zu sagen: Weil das die Summe aller Regeln, Vernunft, Logik und nicht zuletzt Erfahrungen ist.«

»Männer«, sagte sie sehr abschätzig und ließ mich sittlich los, setzte sich aufrecht hin und verschränkte die Arme unter ihren Brüsten, die dadurch leicht nach oben geschoben wurden. Das sah toll aus, und ich hätte sie am liebsten sofort wieder geliebt, aber als ich sie berühren wollte, drehte sie ihre Schultern trotzig zur Seite.

»He, Baby de Luxe, was ist los?«

»Wie kannst du in diesem Moment nur mit Vernunft und Logik und irgendwelchen Statistiken kommen!«

Was war das denn? Das war die erste Lektion, die sie mir erteilte. Belästige Fanny nie mit Empirie. Lektion zwei: Belästige Fanny überhaupt nie mit irgendwas, was ihre gute Stimmung kurz nach dem Orgasmus beeinflussen könnte. Denn das sollte ich im Lauf der Jahre lernen: daß es zwei Fannys gibt, eine *vor* und eine *nach* dem Orgasmus. Auch wenn ich recht behielt – natürlich! – und unser Geschlechtsleben nicht das quantitativ hohe Niveau des Anfangs hielt, eines ließ nicht nach: die Tatsache, daß Fanny ihre Stimmung, in die sie nach dem Orgasmus verfällt, in dem Moment, in dem sie in sie verfallen ist, für wahrhaftiger hält als den riesengroßen Rest ihres Lebens. Dann ist sie extrem guter Dinge, hält die Welt und sich und mich im Arm und nichts kann sie mehr schrecken. Es ist, als hätte sie Drogen genommen, mit deren Hilfe sie fliegen kann. Dann strahlen ihre Augen, und sie hat die Kraft von tausend Herzen und stellt mich damit vor ein schwerwiegendes Dilemma. Soll ich sie und ihre Stimmung und das, was sie dann sagt, ernst nehmen oder nicht? Das heißt, natürlich nehme ich diese Stimmung ernst, ich sehe ja jedesmal, was mit ihr passiert. Ich habe aufgegeben, sie um diesen Zustand zu beneiden. Die Kontraktionen einer Frau sind nun mal dreimal so lang und viermal so intensiv. Geschenkt. Letztlich hat sich die Natur schon was dabei gedacht. Vielleicht, weil die Urmännchen immer kampf- und einsatzbereit sein mußten und sich auch ein kurzfristiges

Abdriften ins Nirwana nicht leisten konnten? Unsinn. Ich halte nichts von Theorien, die ausnahmslos alles, was ihnen zum menschlichen Körper einfällt, mit den Steinzeitmenschen begründen und so tun, als sei das damals die richtige und gesunde Zeit gewesen, während heute alles nur noch kaputt und degeneriert sei und sich immer weiter von dem Idealzustand entferne, den die Natur einst für uns vorsah. Wie auch immer. Es scheint eine Art Zeitreise zu sein, die Fanny dann durchmacht. Wenn sie in diesen anderen Zustand versetzt wird, beginnen ihre wunderschönen blauen Augen wie verrückt zu leuchten, und sie verspricht mir, ohne daß sie dafür Worte braucht, den Himmel. Und wenn sie doch Worte findet, dann verspricht sie mir auch den Himmel. Und das tut sie: Laut meinen Namen rufen. Mir das Kissen aufschütteln. Das Fenster öffnen. Mich über alles lieben. Mich zudecken. Mich heiraten wollen. Mir was zu trinken bringen. Mutter meiner Kinder werden wollen. Mir eine Zigarette anstecken. Am Wochenende mit nach Hoppegarten kommen wollen. Mir bis ans Ende der Welt folgen. Mir eine gute Frau sein wollen. An ihren Taten sollt ihr sie erkennen. Fanny wäre danach bereit, mir jeden Wunsch von den Augen abzulesen, wenn, ja, wenn ich nur in der Lage wäre, diese offen zu halten. Aber ich schlafe ja immer gleich ein, und Fanny, die Verständnisvolle, gesteht mir dieses Bedürfnis zu.

Anders als Helene damals. Für die bestand der Liebesakt aus einem festen Ritual, dessen Prozedere sie sich ausgedacht und mir beigebracht hatte und von dem auch nicht abgewichen werden durfte. Mit Helene kam ich zusammen, nachdem das mit Michelle im Sande respektive im Schnee verlaufen war. Die eine ließ sich all das von mir beweisen, was ich eigentlich der anderen hatte beweisen wollen. Ich hielt mich an Helenes Vorgaben, ich war ja schließlich kein Chauvi. Ich war anders. Ich nahm mir die Zeit, die sie verlangte und wich kein Jota von ihrem Weg ab. Denn das war es vor allem, was sie benötigte:

Zeit. Viel Zeit. Das Wort Quickie kannte sie nicht und ich nur aus der Fernsehreklame. In Kinderüberraschungseiern gab es kleine, bunte Plastikautos, die diesen Namen trugen. Auch in meinen Eiern gab es Quickies, aber die durften sich nicht rühren. Und ganz aus war der Ofen, wenn ich mich nach dem Sex mit Helene dem Schlaf, der mich nach wenigen Sekunden übermannte, hingab. Das durfte nicht sein! Liebe ist, wenn man sich *danach* weiter streichelt. Eine Stunde. Mindestens. Also kämpfte ich gegen meine Müdigkeit an, und dieser Kampf war oft viel schwerer als der, den ich zuvor mit Helenes Körper durchzustehen hatte. Sie blieb doch auch wach und streichelte, beziehungsweise wollte weiter gestreichelt werden, also konnte sie das schließlich auch von mir erwarten, oder nicht? Wie überrascht war ich, als ich Martina kennenlernte, bei der ich mal wieder genau das tat, was ich in der Schule von Frau Merian, Eva und Helene gelernt hatte – nämlich Zeit lassen und auf die Frau und ihre Wünsche eingehen – und Martina irgendwann forderte:

»Los. Fick mich richtig!«

Ich erschrak, denn ich war gerade mal – oder schon? – dreiundzwanzig, und in dieser Drastik waren mir solche Worte noch nicht untergekommen. Zumindest nicht von einer Frau. Und wenn, dann nur von einer, die die Hauptrolle in einem Pornofilm spielte. Ich tat, wie mir geheißen, und statt in der Vorlesung über Heinrich von Kleist zu sitzen, fickten wir uns durch einen langen und grauen Winter. Und ich merkte, daß es auch anders geht. Daß es viele mehr Spielarten als diese eine und daß es Frauen gibt, die diese anderen Spielarten sehr wohl mögen.

Mit Fanny ist es am schönsten. Und der Alptraum der beischlafslosen Zeit fand auch sein Ende. Nicht wegen mir. Ich brach mein Gelübde nicht. Es war Fanny. Sie hatte sich an einem Freitagabend mit ein paar Freundinnen in einer Cocktailbar getroffen. Ich hatte die ganze Woche viel gearbeitet und war müde, also blieb ich zu Hause und legte mich gegen Mitternacht ins Bett. Wenn Fanny mal in Fahrt ist, kann sie nichts mehr aufhalten, und dann kann es gut sein, daß sie erst gegen zwei oder drei oder vier nach Hause kommt. Früher habe ich mich gefragt, über was die eigentlich den ganzen Abend reden. Ich meine, ich wußte, daß sie die ganze Zeit was zu reden haben, aber ich konnte mir nie vorstellen, was. Bis Fanny mich aufklärte, daß sie ziemlich häufig über Sex sprechen. Und mir hatte man immer gesagt, es wären die Männer, die immer nur an das Eine dächten. Als ich das mitbekommen habe, hat mir das natürlich keine Ruhe gelassen, und ich wollte zu gerne wissen, über was genau sie da sprechen.

»Über alles mögliche.«

»Geht es nicht ein bißchen genauer?«

»Sex eben. Du weiß doch am besten, was das ist.«

»Ja, aber was beredet ihr denn da? Daß es ihn gibt? Oder wie er ist?«

»Alles. Wie er ist, welche Phantasien wir haben.«

»Phantasien?«

»Yep.«

»Auch Deborah? Ich kann mir gar nicht vorstellen, daß die überhaupt irgendwelche Phantasien hat.«

Deborah geht mit Fanny ins Gym, und ich finde sie ziemlich sexy. So dezidiert habe ich das Fanny nie gesagt.

»Natürlich hat sie das. Und gar keine schlechten.«

»Wirklich? Welche denn?«

»Du glaubst doch nicht im Ernst, daß ich dir das erzähle.«

»Weil sie nämlich keine hat!«

»Wenn du wüßtest ...«

Ja, wenn ich wüßte. Aber ich weiß es nicht. Denn Fanny bleibt verschwiegen wie eine Blutsschwester. Sie rückt ja nicht mal damit raus, was sie selber an diesen Abenden zum besten gibt! Sie sagt dann immer:

»Du erzählst mir doch auch nicht, was du mit deinen Freunden beredest.«

»Doch, ich erzähl dir alles! Was willst du wissen?«

»Ach weißt du, ich glaube, das interessiert mich nicht.«

»Warum denn nicht?«

»Ich kann es mir sowieso denken. Männer und ihre zwei, drei Phantasien.«

»Das stimmt nicht.«

»Doch, das stimmt.«

»Und wenn schon, dann erzähl doch mal von euren Phantasien, wenn du glaubst, daß die so viel artenreicher sind!«

Aber auf diesen Trick fällt sie natürlich nie rein. Gott sei Dank, muß ich sagen, denn wenn, wäre sie schön blöd, und ich habe ja keine blöde Freundin. Ich werde mir also was anderes einfallen lassen müssen, wenn ich will, daß sie mir erzählt, was sie an den Cocktail-Abenden bespricht.

So wie in dieser Nacht, als das Keuschheitsgelübde ein Ende hatte. Es muß gegen drei gewesen sein, als ich den Schlüssel im Schloß hörte. Am nächsten Morgen, als ich aufstand, um Kaffee zu kochen und Orangensaft zu pressen und eine Kopfschmerztablette für Fanny aufzulösen, rekonstruierte ich, daß sich ihre Heimkehr wie folgt zugetragen haben mußte: Sie ließ die Tür hinter sich ins Schloß fallen, zog noch im Flur ihre schwarzen Lederstiefel aus, bei einem kurzen Abstecher aufs Klo legte sie den Schmuck ab und im Bad drückte sie sich Zahncreme auf die Zahnbürste, die sie aber gar nicht benutzte, sondern sie zog weiter, um ihre restlichen Kleidungsstücke, die sie am Leibe trug, über den ganzen Weg bis zu mir, der ich hinter dem Berliner Zimmer lag und schlief, in Schlangenlinien zu verteilen, so daß sie bereits nackt war, als sie in der Schlafzimmertür stand und kurz das Licht anschaltete, wohl um sich kurz zu orientieren, wo das Bett steht und wo genau darin ich mich befand. Denn in der nächsten Sekunde war das Licht schon wieder aus und Fanny lag auf mir.

Ich könnte niemals in den frühen Morgenstunden von einer Tour mit Freunden nach Hause kommen und anfangen, an Fanny herumzufummeln, so wie sie das in dieser Nacht tat. Sie zog die Decke auf den Boden, und ihr Mund schmeckte süß und schwer, das waren die vielen bunten Cocktails, die sie zu sich genommen hatte.

Ich meinerseits darf Fanny in diesem Zustand nicht wecken, um sie für das zu begeistern, was mir schon den ganzen Heimweg durch den Kopf spukte. Was nicht heißt, daß ich nicht trotzdem hin und wieder mein Glück versuche. Fanny ist dann aber meistens ganz schön mürrisch und schüttelt mich ab wie einen lästigen Parasiten.

Ich schüttelte Fanny nicht ab. Sondern sog ihren alkoholisierten Atem ein und gab ihr, wonach sie mit aller Macht verlangte. Gibt es eine schönere Art des Gewecktwerdens, ganz egal um welche Uhrzeit? Nein, gibt es nicht. Fanny hatte ganz offensichtlich mit ihren Freundinnen verabredet, daß sie alle ihre Männer wecken, um von ihnen auf ein- und dieselbe Weise befriedigt zu werden. Anders konnte ich mir Fannys ununterbrochenes Gemurmel, daß ich ihr versprechen müsse, sie nachher unter allen Umständen noch *zu reiten*, nicht erklären.

»Aber dein Gelübde?«

Sie machte eine kurze Pause, und ich konnte im Dunkeln erkennen, daß ihr schöner Kopf angestrengt nachdachte, was ich wohl meinte. Ich half ihr auf die Sprünge.

»Du wolltest doch nie mehr die Initiative ergreifen.«

»Vergiß es«, sagte sie und noch etwas anderes, aber das konnte ich wieder nicht mehr verstehen. Und als sie fertig war, oder besser gesagt ich, schlief ich natürlich sofort wieder ein. Und wir mußten die Reiterei auf den nächsten Morgen verschieben. Aber da war ihr leider so übel, daß sie keine Lust mehr darauf hatte.

Mein Gott, mit dieser Frau macht man was mit.

Fernsehabend

There's nothing for a man to
do but sit around and think.
Violent Femmes

Gibt es was Schöneres, als nach einem langen Arbeitstag, wenn man zusammen zu Abend gegessen und einer von beiden den Abwasch (ich) und der andere ein paar Telefonate mit Eltern und Freundinnen (Fanny) erledigt hat, sich auf dem Sofa zu treffen und noch ein bißchen fernzusehen? Gibt es. Mir fallen sofort tausend Sachen ein, die ich viel lieber tun würde und die aufregender sind als das, was Abend für Abend über die Bildschirme in die Wohnzimmer des Landes verstrahlt wird. Aber es ist Dienstagabend, und ich befinde mich nun mal weder in Camp Nou noch an einem einsamen Strand am Atlantik noch in einem Wald an der polnisch-ukrainischen Grenze, sondern in Berlin, der Stadt, in der ich lebe und arbeite und morgen früh wieder aufstehen und hinaus ins feindliche Leben muß. Und da der heutige Tag schon anstrengend war und der morgige es ebenfalls zu werden verspricht, ist es ratsam, nicht ins Schwarzsauer zu gehen und ein paar Bier zu trinken, sondern mit meinen Energien zu haushalten und daheim zu bleiben. Ich könnte doch mal wieder ein gutes Buch lesen. Aber dafür bin ich irgendwie zu müde. Also Fernsehen. Mit Fanny auf dem L-förmigen Sofa, das in unserem Wohnzimmer steht, fünf Meter entfernt von der Bildröhre und von Bagdad, wo heute vierzehn Menschen von einer Autobombe getötet wurden. Aber während ich da sitze und die Tagesschau läuft, fällt mir schon noch etwas ein, was wir tun könnten und was mit Sicherheit schöner wäre als das, was wir uns gerade ansehen. Das, woran ich denke, wäre auch sofort umsetzbar, wir müßten dazu nicht mal die eigentliche Beschäftigung – fernsehen –, zu der wir uns zusammengefunden haben, unterbrechen, ja, es hätte sogar seinen ganz besonderen Reiz, beides gleichzeitig zu tun. Ich erinnere mich da an einen Samstagabend, als bei *Wer wird Millionär* eine Rentnerin aus Stuttgart saß und uns jede richtige Antwort ein Kleidungsstück kostete, was lustig und aufregend zugleich war und woran ich ohne Probleme anknüpfen könnte. Aber wie bringe ich Fanny dazu, sich ebenfalls daran zu erinnern? Als die betagte Schwäbin die Hunderttausend-Euro-Frage nicht beantworten konnte und rausflog, waren wir natürlich sehr enttäuscht. Als dann auch noch der Moderator den Werbeblock ankündigte, mußte etwas geschehen. Ich schlug kurzerhand vor, die Spielregeln zu ändern und erklärte, jeder richtig geratene Werbespot würde ein weiteres Kleidungsstück kosten. Das war eine gute Idee, denn weil Fanny in der Werbung arbeitet, kennt sie natürlich so gut wie alle Clips und Spots, die gerade laufen. Das war im letzten Herbst. Doch eben, als Fanny nicht neben mir saß, sondern noch ein Telefonat mit einem Arbeitskollegen führte, in dem es um die morgige Präsentation bei einem Großkunden ging, wirkte sie irgendwie gereizt. Es kommt ja nur sehr selten vor, daß ich sie bei der Arbeit erlebe. Manchmal frage ich mich, wie ich Fanny wohl gefunden hätte, wenn ich sie nicht auf einem Geburtstagsgrillfest, sondern in der Arbeitswelt kennengelernt hätte. Als Kollegin oder Vorgesetzte oder als Werberin, die meiner Firma ein neues Werbekonzept vorstellt. Ob ich mich dann auch in sie verliebt hätte? Ich bezweifle das.

Ich erschrecke manchmal, wenn ich miterlebe, mit welcher Professionalität und Klarheit sie im Job kommuniziert, zum Beispiel gerade eben mit dem Kollegen da am Telefon. Es handelte sich offenbar nicht einfach nur um einen Kollegen, sondern um einen ihr untergebenen Kollegen. Ich hörte Fanny sagen, sie müsse tatsächlich darauf bestehen, daß er heute abend noch mal zurück ins Büro fahre und die Mappe fertigmache. Nein, es genüge nicht, wenn er morgen ein bißchen früher komme und die Kopien dann vorbereite. Das gehe auf keinen Fall. Was, wenn er verschlafe, das wäre ja nicht das erste Mal. Nein wirklich, manchmal frage sie sich, womit sie solche Mitarbeiter verdient hat. Das tat sie erst, als sie schon aufgelegt hatte. Ein Weib, das sich durchzusetzen weiß! Aber unterm Strich konnte trotzdem davon ausgegangen werden, daß ich nach diesem Telefonat gar nicht erst versuchen mußte, ihr den Liebesakt anzutragen. Auch wenn sie mich zufrieden anlächelte, als sie neben mich auf das Sofa plumpste.

»Manchmal habe ich das Gefühl, ich bin die einzige, die mitdenkt.«

Ich sehe sie schräg von der Seite an.

»Meinst du nur deinen Kollegen oder auch mich?«

Zuzutrauen wäre ihr beides. Sie sieht nun mich schräg von der Seite an, so, als habe diese Frage sie auf die Idee gebracht, mich in ihre Verallgemeinerungen einzubeziehen. Meine Wünsche jetzt direkt auszusprechen, wäre taktisch unklug, denn ich kann Fanny ansehen, daß ihr das Telefonat nicht aus dem Kopf geht, und in dem Fall sollte ich ihre Gedanken nicht mit meinen kreuzen. Also muß ich es anders versuchen, und als die Bilder aus Bagdad vorbei sind und das Wetter angesagt wird, lege ich meine Hand in ihren Nacken und beginne, ihn leicht zu massieren. Dann küsse ich die schmale Stelle zwischen ihrem Ohr und ihrer Stirn, während Fanny die Füße auf den Tisch legt und den Kopf schüttelt. Ich weiß nicht, ob sich das noch auf ihren Mitarbeiter bezieht oder schon auf die Fernsehserie, die gerade anläuft. Doch dann hebt sie ihre Schultern und schiebt damit sowohl meine massierende Hand als auch meine Lippen von sich, und mir wird klar, daß sie mein Manöver als solches durchschaut und kein Interesse hat. Wie macht sie das? Ich meine, ich bin mir ehrlich gesagt selber noch gar nicht so richtig im klaren über das, was ich will und wo die Reise hingehen soll, da hat ihr Radarsystem mich und meine Triebe schon geortet. Es kommt mir manchmal so vor, als würde mein Bedürfnis nach Nähe mir erst in dem Moment klar werden, in dem Fanny mich abweist. Also lasse ich unauffällig von ihr ab, nehme das Fernseh-Heftchen und blättere ein wenig darin rum.

»Kommt denn nichts anderes?«

»Das ist doch ganz lustig.«

Na, ich weiß nicht. Was soll an einer Serie gut sein, in der ein verwitweter Arzt durch den Thüringer Wald stapft und denen, die 's nötig haben, aufopferungsvoll zur Seite steht?

»Geht's nicht wenigstens ein bißchen anspruchsvoller?«

»Ich will keinen Anspruch, ich will Entspannung.«

Ich blätterte weiter und wurde fündig.

»Oh toll, um halb zehn läuft *La Ola!*«

»Auf welchem Sender?«

»DSF.«

Wieso hat dieses Heft für Sportsender eigentlich nur eine kleine Spalte übrig, die man meistens übersieht? *La Ola* ist eine der besten, wenn nicht die beste Sendung, die es überhaupt gibt. Wenn *La Ola* kommt, hoffe ich insgeheim, daß Fanny ein paar mehr Telefonate führen muß als sonst. Hier wird gezeigt, was am Wochenende zuvor in der italienischen, spanischen und englischen Liga passiert ist. Alle Spiele, alle Tore, alle Mannschaften. Herrlich, dann wird eben *La Ola* der Höhepunkt meines Tages. Aber kaum habe ich mich mit diesem Gedanken angefreundet, beginnt Fanny, nachzuhaken. Ich glaube wirklich, sie hat den sechsten Sinn.

»Und wie lange geht dieses *La Bola*?«

»Es heißt *La Ola*. Eineinhalb Stunden.«

»Das ist aber *sehr* lang.«

»Wieso fragst du?«

Fanny sieht auf ihre Armbanduhr.

»Weil ich mir um Viertel vor *Sex and the City* ansehen werde.«

Any Questions?

Yes, *many* questions!

Zum Beispiel: Und was ist mit mir? Wieso ist Fanny sich so klar darüber, daß, wenn sie beschlossen hat, *Sex and the City* zu sehen, das auch geschehen wird? Wieso ist sie sich so sicher, daß sie bestimmt, was wir schauen? Was ist mit meinem Wunsch, Fußball zu sehen? Spielt der keine Rolle? Ist ja nur Fußball, oder was? Wenn Lecce am Wochenende gewonnen hat, sind sie zum ersten Mal seit Beginn der Saison nicht mehr auf einem Abstiegsplatz, und Arsenal spielte gegen Liverpool, gegen die sie am Mittwoch im FA-Cup verloren haben! Wir können doch noch nicht so weit sein, daß wir uns einen Zweitfernseher kaufen, nur damit es keinen Streit ums Fernsehprogramm gibt?

Nein, sind wir natürlich nicht. Das wäre ja noch schöner. Wir haben uns an dem Abend auch gar nicht gestritten. Wir haben gelacht und dann die Kiste ganz ausgeschaltet. Denn ich hatte mich im Tag vertan, *La Ola* kommt am Montagabend und nicht dienstags, und Fanny hatte diese Folge von *Sex and the City* schon gesehen, einmal zur Erstausstrahlung vor einem Jahr und dann noch mal bei einem Frauenfernsehabend, an dem sie sich die ersten drei Staffeln auf DVD und im Original angetan hatten. Sind das eigentlich die gleichen Frauen, die kein Verständnis dafür haben, daß ich mir manche Filme im Kino zweimal anschaue? Außerdem ließ Fanny die Präsentation am nächsten Tag keine Ruhe, und sie verschwand noch mal in ihrem Arbeitszimmer, um einen letzten Blick draufzuwerfen. Ich startete einen letzten Versuch.

»Baby, wieso läßt du's nicht gut sein für heute, und wir machen uns eine Flasche Wein auf?«

»Du bist lustig! Wenn ich so faul herumliegen würde wie du, gäb's hier bald gar nichts mehr zu trinken.«

Wie konnte sie ausgerechnet jetzt mit diesem Thema kommen?

»Fanny. Die Auftragslage ist im Augenblick einfach etwas angespannt.«

Sie sagte: »Du solltest dich endlich um einen anständigen Job bemühen.«

»Wieso denn? Ich bin zufrieden.«

»Damit, daß du jeden Tag in einem dunklen Büro sitzt und dir Geschichten ausdenkst, die keiner haben will?«

»Die ein oder andere bin ich ja losgeworden, falls ich dich erinnern darf.«

»Ich versteh dich nicht. Du bist intelligent und könntest zum Beispiel ... «

»Fanny. Laß das.«

»Du bist klug und clever und würdest schnell was Richtiges finden.«

»Ich muß nichts Richtiges finden. Weil ich bereits das Richtige gefunden habe.«

»Deine potentiellen Abnehmer scheinen das anders zu sehen.«

»Ich erinnere mich an Zeiten, da fandest du es toll, daß ich kein solcher Karrierist bin wie dein Ex.«

»Wenigstens verdient der gutes Geld. Und das regelmäßig.«

Aha, daher weht der Wind. Frauen wollen immer, daß der Mann an ihrer Seite etwas aus sich und seinem Leben macht. Beruflich gesehen, meine ich. Statt über die Asterix-Comics auf dem Klo zu schimpfen, sollte Fanny sie lieber mal lesen.

Da wird doch erzählt, wozu das führen kann. In *Das Geschenk Cäsars* stachelt die Ehefrau eines Neuankömmlings ihn dazu an, sich um das Amt des Häuptlings zu bewerben. Für die Tatsache, daß ihr Mann nur eine Kneipe aufmachen will anstatt das ganze Dorf zu übernehmen, hat sie nur Hohn und Spott übrig. In Guteminchen, der Frau des aktuellen Häuptlings Majestix, hat sie es allerdings mit einer beinharten Gegnerin zu tun, die nicht daran denkt, sich von ihrem Posten vertreiben zu lassen. Ebenjenes Guteminchen zieht in einer anderen Geschichte ihren Mann Majestix andauernd damit auf, ihr Bruder in Lutetia verdiene viel mehr als er. Der Streit schwelt den ganzen Abend, und irgendwann weiß sich der arme Kerl nicht mehr anders zu helfen als hinauszuposaunen, er werde seinem Schwager ein Ragout servieren, das gewürzt sein wird mit den *Lorbeeren des Cäsar*. Als die ersten römischen Siedler in *Die Trabantenstadt* einziehen, gehen zwei Frauen in das Dorf, um sich mit Lebensmitteln einzudecken. Sie kaufen Fisch und sind baß erstaunt, daß er nur einen Sesterz kostet. In Rom müßten sie dafür fünf Sesterzen hinlegen, also nehmen sie gleich drei mit. Und was passiert, als sie wieder weg sind? Die Frau des Fischverkäufers macht ihrem Mann eine Szene, weil er zu doof zum Geschäftemachen ist. Es ist ein Jammer und er ist überall. Bei den Gebrüdern Grimm hat es ein einfacher Fischer mit einem sprechenden Fisch und vor allen Dingen mit seiner nimmersatten Ehefrau zu tun. Der Fisch verspricht, ihm jeden Wunsch zu erfüllen, wenn er ihn nur am Leben läßt. Der Fischer wirft den Fisch wieder ins Wasser und erzählt seiner Frau davon. Die ist empört und schickt ihn zurück, denn, *Manntje, Manntje, Timpe Te, Buttje, Buttje in de See, mine Fru, de Ilsebill, will nich so, as ik wol will.* Sie will es immer größer, höher, weiter. König will sie sein und Kaiser und schließlich der liebe Gott selbst. Und ihr genügsamer Mann, der zufrieden ist mit dem, was er hat, tritt immer wieder den Rückweg zum See an und bittet den Fisch, worum seine Frau ihn gebeten hat. Das Ende dürfte bekannt sein. Die beiden sitzen wieder in ihrer einfachen Fischerhütte, in der die Geschichte losging. Es ist ein Jammer und er ist überall.

Das Gespräch nahm plötzlich eine Richtung, die mir ganz entschieden nicht behagte. Man will nur ein bißchen Zärtlichkeiten austauschen, und ehe man sich's versieht, ist man in ein Berufsberatungsgespräch vertieft. Mit mir nicht. Ich stand auf und ging aufs Klo. Obwohl ich gar nicht mußte. Ich kam erst wieder raus, nachdem Fanny die Bürotür hinter sich zugemacht hatte. Es war klar, daß all das, was ich mir zur Abendunterhaltung und -gestaltung hatte vorstellen können, nicht mehr stattfinden würde. Kein Sport, kein Sex. Zumindest vorerst nicht. Vielleicht in ein, zwei Stunden, wenn wir mit geputzten Zähnen nebeneinander in unserem großen Doppelbett liegen würden.

Ich ging zum Weinkeller und holte mir eine Flasche Vina Albali, Gran Reserva von 1998. Mein Weinkeller ist sehr klein und überschaubar, und eigentlich ist *Keller* auch nicht das richtige Wort. Vielmehr liegen im linken Teil des Schuhschranks immer circa zehn bis zwölf Flaschen. Mehr werden es nie, denn manchmal, wenn die Läden schon zu haben, befällt mich ein so unbeschreiblicher Weindurst, daß ich eine der Flaschen anbrechen muß. Oder es kommen spontan Gäste. Obwohl ich Fanny schon oft gebeten habe, meine Leidenschaft und damit das Weinfach zu respektieren, kommt es immer wieder vor, daß sie ihre Turnschuhe und Gummistiefel zwischen meine Flaschen stopft. Manchmal glaube ich, sie nimmt mich nicht ernst.

Als ich wieder auf dem Sofa saß und Rotwein nippte, betrachtete ich die Fotos an der gegenüberliegenden Wand, die Fanny dort von Zeit zu Zeit mit diesen dünnen Nadeln hinheftet, die immer zu Hunderten in neu gekauften Herrenhemden stecken und die ich nie wegwerfen darf, weil Fanny sich sicher ist, daß man die noch mal zu irgendwas brauchen kann. Zum Beispiel, um Fotos an die Wand zu heften. Ich frage mich jedesmal, wenn ich ein neues Hemd auspacke, ob diese Nadeln, von denen man leicht eine übersieht, maschinell oder von Hand ins Hemd gesteckt werden. Ich würde gerne mal eine solche Fabrik besuchen. Die stehen doch bestimmt gleich hinter der Grenze in Polen, also keine achtzig Kilometer von hier. Ich würde mich an einem Samstagmorgen einfach ins Auto setzen und losfahren. Aber Fanny will von solchen Reisen nichts wissen. Sie sagt dann immer, ich sei ein Spinner und bittet mich, sie auf den Kollwitzmarkt zu begleiten, wo wir Biogemüse kaufen und einen frisch gepreßten Orangensaft trinken. Während ich mit dem ein oder anderen Freund oder Bekannten ein Pläuschchen halte, kauft Fanny Blumen. Ich käme nie auf so eine Idee, aber wenn dann Sonnenblumen in der großen Vase auf dem Tisch stehen, gefällt mir das immer sehr gut. Manchmal beschwert sich Fanny auch darüber, daß immer sie es ist, die für Blumen sorgt. Dabei stimmt das gar nicht, es kommt sehr wohl und immer mal wieder vor, daß ich ihr welche mitbringe. Denn wenn ich mal welche mitbringe, dann nicht für die Wohnung, sondern für Fanny. Früher dachte ich, Blume sei Blume, ganz egal, Hauptsache das Zeug ist unten grün und oben bunt. Aber da habe ich mir geirrt. Fanny weiß ganz genau, welche Blumen ihr gefallen und welche in unsere Wohnung passen. Einmal wurden auf dem Helmholtzplatz Rosmarinsträucher verkauft, für schlappe drei Euro und winterhart. Winterhart, das gefiel mir. Der würde von Oktober bis Mai, wenn kein Mensch einen Fuß auf seinen Balkon setzt, draußen stehen und keine Scherereien machen, und im kurzen Berliner Sommer würden wir uns an seinem Anblick erfreuen, seine Blätter ernten und unsere Salate und Fleischpfannen damit würzen. Also eine Pflanze, die nützlich *und* schön zugleich ist. Großartig! Ich kaufte den Burschen und schob ihn auf meinem Fahrrad nach Hause. Er war ziemlich groß und vor allem der schwarze Plastiktopf, in dem er steckte, war schwer und unhandlich. Das merkte ich, als ich es mit Fahren versuchte und den Rosmarin gleich am ersten kleinen Bordstein verlor. Ich kam viel zu spät zu Hause an, aber das war ja egal, denn ich hielt ein Prachtexemplar in den Händen, an dem Fanny sicher viel Freude haben würde. Aber der einzige, der sich schließlich darum kümmerte, war ich. Fanny beachtete ihn überhaupt nicht.

Nach dem Markt gehen wir meistens in irgendeins der vielen Cafés in der Gegend. Wir suchen so lange, bis wir den richtigen Tisch gefunden haben. Was das angeht, verstehen wir uns blind. Der Tisch muß groß sein und im Fenster stehen, damit wir das Treiben auf der Straße genauso beobachten können wie das im Lokal. Und er muß weit genug von den anderen Tischen entfernt sein, damit man nicht jedes Wort der anderen Gäste mit anhören muß. Dort sitzen wir manchmal stundenlang und trinken Milchkaffee und Wasser und essen Kuchen und Salat und sprechen kaum ein Wort, sondern lesen in den Zeitungen und Magazinen und rauchen Zigaretten, während in unseren Tüten, die im Halbkreis um uns herumstehen, die Butter schmilzt und der Fisch zu stinken beginnt. Manchmal, wenn ich aufblicke und Fanny ansehe, fällt mir mein Urgroßonkel Gustav ein, der uns, als ich klein war, als alter Mann mit seiner ebenso alten Frau im Schwarzwald besuchte und, als ihm die Wohnung gezeigt wurde, ihr plötzlich über die Wange strich und sagte »Hab' ich nicht ein schönes Mädchen?« Dann denke ich, was für ein Glückskerl ich doch bin, daß auch ich so eine tolle Freundin habe wie Onkel Gustav seinerzeit. Und als würde sie meine Gedanken lesen können, schenkt Fanny mir, ohne mich anzusehen, ein Lächeln.

Herrlich, diese Samstage, an denen es außer einer Party abends bei Freunden oder einem Kinobesuch keine weiteren

Termine gibt. Abgesehen von der Sportschau. Die beginnt um kurz nach sechs, und bis dahin muß ich zu Hause sein. Das ist die einzige Sendung, auf der ich regelmäßig bestehe. Das geht auch meistens in Ordnung. Aber auch da haben sich schon Dramen abgespielt. Nicht mit Fanny, die hat im Grunde genommen nichts dagegen und weiß sich gut alleine zu beschäftigen. Sondern wenn beispielsweise Fannys Mutter zu Besuch ist oder wenn wir bei Freunden eingeladen sind, von denen ich weiß, daß der Herr des Hauses kein Fußball mag und die Dame schon zweimal nicht. Wobei mir die Männer, die keinen Fußball mögen, lieber sind als die, die ihn sich abgewöhnen ließen. Ich erinnere mich an einen Abend mit Brian und Annabella, die uns zu einem Sonntagsausflug und anschließendem Abendessen bei sich zuhause eingeladen hatten. Die beiden waren ein knappes Jahr zuvor Eltern des kleinen Oskar geworden, und in letzter Zeit hatten wir uns nicht mehr allzuhäufig gesehen. Es war ein toller Tag, wir trafen uns gleich am Morgen und fuhren raus in die Schorfheide. Es tut gut und kommt viel zu selten vor, daß man mal den ganzen Tag im Grünen verbringt und frische Luft atmet, daß man über Wiesen und Felder läuft und mal wieder richtige Tiere sieht, nicht immer nur die degenerierten Hunde Berlins. Der Ausflug fand statt in der Saison 03/04, als Bremen und Stuttgart sich über Wochen die ersten beiden Plätze in der Tabelle teilten und an diesem Sonntag aufeinandertrafen. Der eine oder andere wird sich vielleicht an dieses Spiel erinnern, es ging 4:4 aus und gilt vielen als eines der besten Bundesligaspiele der letzten zehn Jahre. Das zumindest las ich später in den Zeitungen. Denn ich habe das Spiel nicht gesehen. Annabella mag Fußball nicht, ich würde sogar so weit gehen und sagen, daß sie Fußball haßt. Das heißt, sie haßt es, daß Brian sich dafür interessiert. Als wir am späten Nachmittag einigermaßen geschafft zurück in die Stadt fuhren, begannen Brian und ich, uns richtig auf dieses Spiel zu freuen. Vorfreude ist bekanntlich die schönste Freude. In den meisten Fällen ist es ja so, daß die Erwartungen, die man an ein Spiel hat, nicht mal im Ansatz erfüllt werden. Die meisten Spiele sind sogar ziemlich durchschnittlicher Mist, im Grunde genommen eine Zumutung, und es würde genügen, sich die Ergebnisse im Radio anzuhören. Der allergrößte Teil aller jemals von mir gesehenen Spiele war schlicht enttäuschend. Aber: das wußte ich vorher nicht! Man weiß nie, was einen erwartet, und das ist eine der Besonderheiten dieses Sports. Es kann, aber es muß nicht sein, daß man ein Riesenspiel zu sehen bekommt. Dieses Unplanbare, dem so viel generalstabsmäßige Planung vorangeht, ist es, was den Reiz ausmacht. Ich glaube, Fanny und Annabella verstehen das nicht. Irgendwie wollen sie Sicherheit haben. Deswegen wollen sie auch ins Hotel und nicht auf einen Zeltplatz. Und deswegen wollen sie beim Skifahren auch nie die ausgeschriebenen Routen verlassen. Weil man ja nicht weiß, was einen erwartet. Aber genau das ist ja das Besondere. Manchmal passiert im Stadion neunzig Minuten lang nichts, und die Langeweile bringt dich beinahe um. Und dann bekommt man doch noch was geboten. Zum Beispiel wie seinerzeit beim Spiel Deutschland gegen Island, als der damalige Nationaltrainer Rudi Völler seine berühmte Weißbier-Scheißdreck-Rede hielt. Das war ein denkwürdiger Abend, der in die Annalen eingehen wird, und die Fragen, wo man war, als Kennedy starb und als die Twin Towers einbrachen, werden um diese eine erweitert werden müssen: *Wo warst du, als Rudi Völler seine Weißbier-Scheißdreck-Rede hielt?* Ich war zuhause, alleine auf unserem Sofa. Ich hatte gegen Fannys Willen durchgesetzt, daß die Kiste angeschaltet wird. Denn sie hatte eigentlich befunden, daß wir uns mal wieder darüber unterhalten müßten, daß wir uns zu wenig unterhalten.

»Baby. Erst das Spiel, dann das Gespräch.«

»Wie lang geht das?«

»Neunzig Minuten. Plus fünfzehn Minuten Pause.«

Da war der Fehler. Ich hätte die Analysen mit einrechnen müssen! Denn pünktlich nach neunzig plus fünfzehn Minuten kam Fanny rein. Rudi legte gerade los.

»Nicht jetzt, Baby!«

»Willst du mich verarschen?«

»Sei mal kurz still, bitte.«

»Ich will das Gegenteil von still sein, ich will reden!«

»Ruhe! Rudi spricht!«

Fanny sah auf den Bildschirm, wo Rudi zu den für ihn charakteristischen ausholenden Armbewegungen ansetzte und Waldi neben ihm auf bewundernswerte Weise Contenance bewahrte. Ich wäre niemals so ruhig geblieben wie Waldi.

»Spinnst du jetzt total?!?«

Ich wäre auch niemals so ausgeflippt wie Fanny, die die Tür zuknallte, daß es seine Bewandtnis hatte und die Möbel wackelten. Auf weitere Details verzichte ich hier. Das anschließende Gespräch brachte nichts ein:

»Mammamia, Fanny. Es ist doch nur Fußball.«

»Eben!«

Brian und ich wußten unausgesprochen, was wir zu tun hatten, als wir von unserer Landpartie nach Hause kamen. Er kochte erst mal Tee für alle und holte die Lasagne aus dem Kühlschrank, die er schon am Vormittag zubereitet hatte und die er später nur noch in den Ofen schieben mußte. Ich wusch den Salat und rührte die Soße dafür an. Dann deckte ich den Tisch, Brian entkorkte einen Bardolino und einen Chianti, auf daß die beiden schon mal atmen konnten. Fanny fühlte sich ein wenig angeschlagen und bat, sich ein bißchen hinlegen zu dürfen. Und was tat Annabella? Ich dachte, daß sie Oskar wickelt oder ins Bett bringt oder was sonst man mit einem Kind dieses Alters um diese Uhrzeit tut. Aber weit gefehlt. Kurz bevor die Übertragung losging – das Fernsehgerät war noch ausgeschaltet – begab sie sich mit dem Kleinen auf das Schafsfell, das direkt vor dem Fernsehgerät liegt. Dort begann sie, mit ihrem kleinen Sohn zu spielen. Brian und ich kamen ins Wohnzimmer und waren ... ergriffen. Was hätten wir auch sonst sein sollen? Es war ein wunderschönes Bild, weil Urmutter und Ursohn wie Maria und Jesus in einer sehr tiefen Vertrautheit miteinander verbunden waren und sich gegenseitig Bauklötze, Stofftiere und Matchboxautos zuschoben. So etwas sieht man ja selten genug. Und es war ein Bild, das man unmöglich durch das Einschalten des Fernsehers hätte stören können. Dadurch hätte man den kleinen Oskar in seiner Entwicklung hin zu einem Mann, der Vertrauen geben und annehmen kann, weit zurückgeworfen, wenn nicht sogar nachhaltig und für immer geschädigt. Aber es bedeutete eben auch, daß wir das Spiel nicht ansehen konnten! Annabella und Brian haben eine riesengroße Wohnung mit Dutzenden von Zimmern – einer der beiden hat irgendwie Geld geerbt –, Annabella hätte sich also was weiß ich wo hinsetzen können. Im Schlafzimmer, im Kinderzimmer I oder im Kinderzimmer II oder im Speise- oder im Berliner Zimmer. Aber nein, sie suchte sich das Lammfell vorm Fernsehgerät aus, ausgerechnet. Wieso tut jemand so was? Brian hielt die Klappe (der Kerl hält immer die Klappe, ich meine, er ist mein Freund und alles, aber manchmal ist es nicht zum Aushalten mit ihm). Der Maschinenbauer Dieter, der das Spiel aufgenommen hatte, bot am nächsten Tag an, mir die Videokassette auszuleihen. Aber gibt es was Langweiligeres als sich ein Spiel anzusehen, dessen Ergebnis man schon kennt? Während des Abendessens herrschte keine wirklich gute Stimmung mehr, und wir sind dann auch bald danach gegangen.

Und wie ich so auf unserem L-förmigen Sofa saß, vom Spanier trank und die Fotos betrachtete und an diesen Sonntag mit Annabella und Brian im Speziellen und an unsere Samstage im Allgemeinen dachte, fiel mir auf, daß die eineinhalb Stunden dauernde samstägliche Sportschau neben *La Ola* und ein paar wichtigen Champions-League-Spielen im Grunde genommen die einzige Sendung ist, die ich gerne sehe. Aber, dachte ich, normal ist das ja eigentlich nicht. Bin ich so desinteressiert? Oder so langweilig? Nein, es ist vielmehr so, daß es im Fernsehen nichts gibt, was mich anspricht. Es gibt keine Sendung, die mich, einen Mann Mitte Dreißig, zum Zielpublikum hat. Ich bezahle doch auch GEZ und Kabelgebühren, wieso tun die denn dann nichts für mich? Ich schaltete sofort das Gerät wieder an und zappte die Kanäle rauf und runter, um mich von meiner These zu überzeugen. Tatsächlich, es lief immer noch nichts, was mir gefiel. Ein Blick ins Fernsehprogramm verfestigte meinen Verdacht: Fernsehen ist ein Medium, das sich ausschließlich an Frauen wendet. Es gibt so gut wie keine männlichen Identifikationsfiguren. Die durchschnittliche Zuschauerin eines bedeutenden privaten Fernsehsenders, erklärte eine leitende Angestellte ebendieses bedeutenden privaten Fernsehsenders mal, sei die Frau zwischen dreißig und fünfzig, der abends die Beine weh tun, weil sie den ganzen Tag an der Wursttheke im Supermarkt gestanden hat. Und die wolle abends nur noch in die Glotze gucken, und das möglichst ohne allzugroße geistige Beanspruchung. Für diesen Typ Frau (der aller Wahrscheinlichkeit gar nicht weiß, daß er auf diese Art und Weise kategorisiert wird, was vielleicht auch besser so ist) laufen im deutschen Fernsehen schätzungsweise eine Million Filme und Serien pro Woche. Sie haben Frauen um die Dreißig und aufwärts zur Heldin, die Ally, Sabine, Carry, Amy, Sabrina, Rita und Nikola heißen. Sie sind allesamt sehr patent und meistern das Leben und die von ihm gestellten Aufgaben mal mit Humor, mal mit Verstand und mal mit Gefühl. Aber sie meistern sie. Und sie lernen von Folge zu Folge dazu. Sie dürfen sich mit all den Themen und Fragen auseinandersetzen, die im Leben relevant sind: Nachbarn und Vorgesetzte, Liebe und Partnerschaft, Singles und Freunde, Sex und Fremdgehen, Kinder und Eltern ... Das macht die eine Hälfte des Fernsehprogramms aus. Wenn ich mich darüber beschwere, wird mir gesagt, ich solle halt 3Sat oder Arte einschalten. (Die Themenabende seien wirklich großartig. Ich habe noch nie jemanden getroffen, der sich so einen Themenabend wirklich angesehen hat.) Aber im Ernst, gibt es eine Serie, die Norbert oder Sebastian oder Michael heißt? Gibt es Sendungen, in denen Männer die Hauptrolle spielen und sich mit Problemen und Sorgen herumschlagen müssen, die den meinigen entsprechen? Die Antwort ist nein. Es gibt sie nicht! Statt dessen muß ich mir mit ansehen, wie Nikola ihren beschränkten Chef in den Griff kriegt, mit Hilfe ihrer vorlauten Kinder und ihres überdrehten Arbeitskollegen, der schwul ist. Wie die überhaupt immer schwule Freunde haben. Welches Männerbild wird mir denn da Woche für Woche präsentiert? Adelheid ist umgeben von vier Obertrotteln, Ritas Ehemann ist ein Schwächling, Sabines Exfreund ein Idiot.

Das ist wie gesagt nur die eine Hälfte aller Sendungen. Die andere Hälfte ist für Schauspielerinnen höherer Semester reserviert. Reife Frauen, die noch patenter sind als ihre jüngeren Kolleginnen. Sie sind finanziell unabhängig und haben Männer mit silbernem Haar an der Seite, die ebenfalls im Geld schwimmen, Rotwein reichen und ihnen den Rücken stärken oder massieren oder beides. Also wieder nichts für mich.

Auch die tägliche Politikberichterstattung hat sich verändert. Wer mir bei Tagesschau und Tagesthemen die Nachrichten vorliest, ist ja einerlei. Mal macht es der eine, mal die andere. Politische Aufarbeitung aber, die Talkshows also, sind seit geraumer Zeit fest in weiblicher Hand. Warum eigentlich? Weil die Frauen die besseren Fragen stellen? Weil

Männer sich nicht mehr für Politik interessieren? Ich habe nichts dagegen, habe es aber auch nie wirklich kapiert.

Es gibt wahrlich Schöneres als den Abend vor dem Fernsehgerät zu verbringen. Was könnte man sonst tun? *Laß uns doch mal wieder was machen.* Mit diesem Satz beginnen Schätzungen zufolge zwei Drittel aller Feierabendvergnügungen, zu denen Paare sich hinreißen lassen. Untersuchungen haben ergeben, daß in neunzig Prozent dieser Fälle dieser Satz von der Frau kommt und vom Mann mit *Was denn?* beantwortet wird. Wenn es nicht so lustig wäre, könnte man ein bißchen darüber heulen. Dann zählt die Frau auf, was man alles unternehmen könnte – von Essen gehen (»Das ist mir im Moment echt zu teuer. Wir können doch hier was kochen.«) über Theater (»Ich kann mit diesen modernen Inszenierungen nichts anfangen. Und mit den angestaubten schon gar nicht.«) oder Oper (»Dieses Gejaule?«). Da in die Kneipe gehen und Bier trinken nicht dabei ist, einigt man sich schließlich auf Kino. Kino ist großartig. Für vergleichsweise günstiges Geld kommt man unter Leute und kriegt zwei Stunden lang jede Menge geboten, und mit ein bißchen Glück führt einen der Weg hinterher doch noch in eine Kneipe, um das eben Gesehene zu diskutieren. Die Zeit davor ist angefüllt mit der Frage, welchen Film man sich denn überhaupt ansehen soll. Zur Auswahl hat man einige wenige deutsche Filme (»ach nö«), einen Kinderfilm (»ein *Kinderfilm*?? Willst du mir irgendwas sagen?«), vielleicht was Dokumentarisches (»mühsam«) und Filme aus Hollywood. Man kann bei Hollywood aus zwei Arten von Filmen wählen, Schwarzeneggerfilme und Frauenfilme. In ersteren geht es um Gut gegen Böse, Kampf und Waffen, Totschlag und Krieg. Sylvester Stallone, Bruce Willis, James Bond, Vin Diesel, Tom Cruise, Arnold Schwarzenegger und wie sie alle heißen, schlagen sich hier für eine gute Sache gegenseitig die Köpfe ein. Es geht meistens darum, eine Stadt zu retten oder einen Staat oder gleich die ganze Welt. Irgendwie ist immer auch eine Liebesgeschichte eingewoben, aber die fällt nicht weiter ins Gewicht. Auch wenn mich diese Filme letztlich nicht beeindrucken, sehe ich sie mir trotzdem manchmal ganz gerne an. Aber ich sehe mir sowieso alles an. Fanny muß mich daher gar nicht lange bitten, ins Kino zu gehen. Es ist eher umgekehrt, daß ich sie auffordern muß, mitzukommen. Mit einem Schwarzeneggerfilm brauche ich ihr aber nicht zu kommen. Also einen Film aus der zweiten Kategorie. Für Frauenfilme ist Fanny immer zu haben. Fälschlicherweise gehen die meisten davon aus, daß Frauenfilme Filme sind, in denen Frauen die Hauptrollen spielen. Das stimmt nicht. Es gibt, wenn ich's recht bedenke, überhaupt sehr wenige Filme, in denen es ausdrücklich um Frauen geht. Nein, in den so genannten Frauenfilmen stehen Männer im Mittelpunkt. Natürlich sind diese Männer von Frauen umgeben, und meistens verlieben sich diese Männer auch in eine dieser Frauen. Aber während diese Frauen meist ziemlich patente Geschöpfe sind, sind die Männer irgendwie nichts weiter als charmante Mistkerle. Sie sind sympathisch oder nett oder witzig oder gutaussehend oder alles zusammen, aber trotz dieser vielen positiven Eigenschaften sind sie unfertig, noch nicht ganz, sagen wir mal, *ausentwickelt*. Und das nicht aus ihrem eigenen Blickwinkel, sondern aus dem der Frauen, die in diesen Filmen mitspielen. Und weil das Kino mit Identifikation arbeitet und sich das Publikum mit den Helden auf der Leinwand identifizieren soll, ist der Blickwinkel der Heldinnen auch der des weiblichen Publikums. Und weil diese Männer so sympathisch und gutaussehend und alles sind, sehen diese Frauen in diesen Männern eine Aufgabe. Nämlich die, sie zu der Art von Mann zu machen, die sie am liebsten mögen. Frauen lieben es, Männer umzukrempeln, und die Männer tappen alle und in schöner Regelmäßigkeit in diese Feminisierungsfalle.

In *Pretty Woman* beispielsweise spielt Richard Gere einen Geldhai, der sehr charmant ist und unfaßbar gut aussieht, aber keinerlei ethisches oder moralisches Gewissen hat. Durch die Liebe, die er durch Julia Roberts kennenlernt, ändert er sein Leben und verzichtet am Ende auf ein schweinöses Geschäft, das ihn zu einem superreichen Mann gemacht hätte.

In *Und täglich grüßt das Murmeltier* spielt Bill Murray einen zynischen, ein bißchen bösen und vor allem sehr lustigen Fernsehansager, der ein- und denselben Tag immer wieder erleben muß und erst aus dieser Zwangssituation befreit wird, als er zu lieben lernt und seinen Zynismus aufgibt. Und es ist tatsächlich so: Erst, als er ganz rein im Herzen ist und sich Andy MacDowell ohne Tricks und doppelten Boden nähert, läßt sie ihn ran.

Da geht es ihm nicht besser als Mel Gibson in *Was Frauen wollen*. Der Weiberheld und Macho wird durch einen Stromschlag in die Lage versetzt, die Gedanken von Frauen hören zu können. Zuerst dreht er beinahe durch, doch dann kapiert er, daß das ja eigentlich eine ganz wunderbare Sache ist. Und was tut er? Nutzt die Frauen aus. Denn er kann ja ihre Gedanken lesen und weiß, was sie wollen und dadurch, daß er ihnen genau das gibt, erobert er ihre Herzen oder ihre Hosen, je nachdem. Aber genau wie bei Bill Murray ist es falsch, denn es kommt nicht wirklich von Herzen. Und er kriegt auch nicht wirklich ihre Herzen. Denn er belügt die Frauen. Und sich. Er wählt das *richtige* Ziel, aber den *falschen* Weg. Erst am Ende, als er kapiert, daß man es so nicht macht, als er dazulernt und sich verwandelt, als er seine alte Haut abstreift und in eine neue schlüpft, in der er ein wirklich guter Mann ist, der sich von seinem Herzen leiten läßt, bekommt er, was er immer wollte: die Herzen der Frauen.

In *Tootsie* läuft Dustin Hoffman den größten Teil des Films in Frauenkleidern rum, weil er arbeitsloser Schauspieler ist und eine Rolle als Krankenhausleiterin angenommen hat. Er verliebt sich in seine Kollegin Jessica Lange, die nicht weiß, daß er ein Mann ist, und sich mit ihm anfreundet. Als er sich am Ende des Films live und vor den Augen der ganzen Fernsehnation demaskiert, ist sie diejenige, die am allermeisten erschrickt und ihm eine Ohrfeige gibt. Hoffman läßt eine Weile verstreichen, dann nimmt er wieder Kontakt zu ihr auf. In seinem Werben um sie bringt er es auf den Punkt: *»Du kennst mich nicht als Mann, aber ich war als Frau bei dir ein besserer Mann als ich es jemals in meinem Leben bei anderen Frauen als Mann war. Du weißt, was ich meine. Ich muß nur lernen, es ohne Kleid zu schaffen.«*

Die Liste der bekehrten Männer ließe sich endlos weiterführen: Gérard Depardieu in *Green Card*, Tom Cruise in *Jerry McGuire*, Richard Dreyfuss in *Tin Men*, Tom Hanks in *E-Mail für dich* und *Sleepless in Seattle*, Hugh Grant in *About a Boy*, Hugh Grant in *Vier Hochzeiten und ein Todesfall*, Hugh Grant in *Notting Hill*, Hugh Grant in *Tatsächlich Liebe*. Ich frage mich, ob die Frauen diese Männer auch nur mit dem Hintern angesehen hätten, wenn sie schon am Anfang derjenige gewesen wären, der sie am Ende sind. Ich glaube nicht. Dann wären es irgendwelche Langeweiler, die nicht fetzen und an denen es nichts zu formen gibt. Was waren das für Zeiten, als Federico Fellini Mastroianni in die *Stadt der Frauen* schickte, wo er mit Zigarre im Mund und einer Peitsche in der Hand regierte. Das Kino heute ist eine einzige große Bildungsanstalt, in die Männer von ihren Frauen geschickt werden, damit sie sich mal ansehen, wie sie auch sein könnten. Es kann schon mal vorkommen, daß Fanny mir nach dem Kino sagt, ich könnte mir von der Hauptfigur ruhig mal eine Scheibe abschneiden. Hugh Grant übrigens sagte mal in einem Interview, daß er für Rollen, in denen er ein Schwein spielt, doppelt so viele Fanzuschriften bekommt wie für seine anderen, zahmeren Rollen. Versteht einer die Frauen? Ich nicht.

Eine Ausnahme ist der Film *American Beauty*, der mit diversen Oscars ausgezeichnet wurde. Lester Burnham alias Kevin Spacey befreit sich darin aus der Lebens- und Feminisierungsfalle. Er schmeißt seinen Job hin und das Essen an die Wand, er baut sich ein Fitneßstudio in die Garage, kauft sich Dope vom Nachbarsjungen und einen roten Sportwagen, mit dem er durch die ewiggleichen Straßen des amerikanischen Vororts kreuzt, in dem er wohnt. Die scheußliche Kaufhausmusik, die seine Frau Annette Bening allabendlich durchs Haus trällern läßt, verbietet er und hört statt dessen ein Lied der kanadischen Rockband Guess Who:

American woman gonna mess your mind
American woman, stay away from me
American woman, mama let me be
Don't come hangin' around my door
I don't wanna see your face no more
I got more important things to do
Than spend my time growin' old with you

Dieser Kerl versetzt sich in den beneidenswerten Zustand, sich nur noch um sich selbst und seine Bedürfnisse zu kümmern, und dabei fühlt er sich augenscheinlich ganz ausgezeichnet. Mich beeindruckte der Film damals sehr, und das tut er noch heute. Meistens enden Filme, die vom Ausbruch aus der Konvention erzählen, in sturzlangweiligen Road Movies. In American Beauty dagegen wird die etablierte Welt nicht verlassen, sondern es wird konsequent bis zum Schluß durchexerziert, was passiert, wenn ein Mann sich befreit. Fanny allerdings fand ihn blöd.

»Warum tut der Kerl das? Er könnte doch auch mit seiner Frau reden anstatt auf eigene Faust alles umzukrempeln!«

»Manchmal bringt reden eben nichts mehr.«

»Der Scheißtyp hat dieses Ende wirklich verdient.«

Lester Burnham bezahlt seinen Ausbruch nämlich mit dem Tod. Eigentlich hat seine Frau vor, ihn niederzustrecken, aber der schwule Nachbar kommt ihr zuvor. Es geht schließlich nicht, daß einer sich einfach so von allen Übeln seines Lebens befreit und alles hinschmeißt, was in vielen Jahren mühsam aufgebaut und erarbeitet und neu bezogen wurde. Der Mann stirbt – mit einem Lächeln im Gesicht. Schrecklich. Schrecklich, daß das Kino ein genauso frauenaffines, männermißachtendes Medium ist wie das Fernsehen.

Ich wäre am liebsten sofort aufgesprungen und zu Fanny gelaufen, um ihr die Ergebnisse meiner Nachdenkarbeit mitzuteilen.

»Fanny.«

Keine Antwort.

»Fanny?«

Immer noch nicht.

»Fanny, weißt du, was ich gerade rausgefunden habe? Das ist *echt* der Hammer!«

Ich stürmte in ihr Arbeitszimmer und wiederholte – in Kurzform – all das, was ich gerade aufgelistet habe. Sie sah mich entgeistert an.

»Und dafür hast zwei Stunden nachdenken müssen?«

»Na hör mal. Da werden Köpfe rollen, wenn das publik wird. Das Fernsehen wird schon bald männlich sein. Ich frage mich, was du dann Abend für Abend tun wirst?«

Fanny verzog keine Miene.

»Kannst du mich alleine lassen? Ich muß mich auf morgen vorbereiten.«

Es ist wie es ist. Fanny hat einfach keinen Sinn für das Große, das Ganze, das Übergeordnete. Ich ging zurück aufs Sofa. Das einzige, was mich beruhigte, war die Tatsache, daß sie, wenn die Fernsehrevolution erst mal da ist und nur noch

Männerprogramme laufen, angekrochen kommen und mich anflehen wird, ich solle ihr bitte bitte bitte einen Frauenfilm überlassen, von denen ich verbotenerweise ein paar im Keller versteckt haben werde. Raubkopien alter Streifen, von denen die neuen Machthaber glauben, sie hätten sie allesamt eingezogen. Von wegen. Ich goß mir noch mal Rotwein nach und sah auf die Uhr. Es war noch nicht mal halb elf. Ich hatte also noch mindestens zwei Stunden Zeit, um mir zu überlegen, was ich Fanny wohl dafür abknöpfen werde.

Mannheim oder Memmingen

Alle wissen, daß seelische und globale Zerstörung droht, wenn es uns nicht gelingt, weibliche Werte zu verwirklichen
Wilfried Wieck

Er heißt Manfred und ich nenne ihn Manfredo. Er ist acht Jahre alt, und ich würde sagen, daß er eher ein komischer Kauz denn ein Vorzeigekind ist. Neulich war er mal wieder bei uns, zusammen mit Barbara. Barbara ist seine Mutter und Fannys beste Freundin. Barbara hat bis vor einem halben Jahr in Lübeck gelebt. In ihrem Wunsch, ihr Leben zu ändern und in die Hauptstadt zu ziehen, hat sie von Fanny viel Unterstützung erfahren. Viel mehr als ich, denke ich manchmal. Na ja, ich wohne ja schon hier, da brauche ich sie ja nicht. Aber trotzdem. Es war Sonntag, und Fanny hatte Barbara und Manfred zum Kaffee eingeladen. Das arme Kerlchen stand in der Wohnung herum, und es gab nichts, womit er hätte spielen können. Kein Spielzeug, keine Gesellschaftsspiele, keine Malbücher. Es gab auch keine anderen Kinder. Entsprechend gelangweilt saß er am Tisch der Erwachsenen und starrte entweder aus dem Fenster oder spielte mit dem Kerzenwachs, was ihm seine Mutter in regelmäßigen Abständen in strengem Ton verbot.

»Mir ist langweilig«, sagte er.

Er sprach mir aus der Seele.

»Ich hab dir gesagt, daß du dein Buch mitnehmen sollst. Aber du wolltest ja nicht«, sagte Barbara.

Manfred legte seinen Ellbogen auf den Tisch und seinen Kopf hinein.

»Nimm bitte den Arm vom Tisch«, zischte Barbara.

Eine Stimmung herrschte an meinem eigenen Tisch, es war nicht zu fassen. Ich mußte irgendwas unternehmen.

»Kennst du eigentlich Tony Hawk?«

»Nö.«

»Also, den mußt du unbedingt kennenlernen.«

Tony Hawk ist ein Skateboarder und der Held des Computerspiels, das mit meinem Computer mitgeliefert wurde. Er ist nicht schlecht. Auch wenn ich kein wirklicher Computerspielfachmann bin. Vielleicht würde er Manfred gefallen.

»Tony ist der coolste Typ in ganz Amerika. Er fährt Skateboard und das wie der Teufel. Ganz egal, auf welcher Strecke.«

Manfred sah mich an. Und sagte gar nichts.

»Hast du Lust?«

Manfredo sah zu seiner Mutter. Die nickte ihm lächelnd zu. Manfred schob sich von seinem Stuhl, und auch ich stand auf. Wir gingen rüber in Richtung meines Arbeitszimmers, wo der Computer steht. Noch war Manfredo zögerlich, aber das legte sich, als wir die Tür aufmachten.

»Wer ist denn dieser Tony?« fragte er.

»Ein Computerspiel.«

»Au, *geil*!«

Aber Manfredos Mama mag es nicht, wenn ihr Sohn Computer spielt. Deshalb pfiff sie uns zurück. Sie findet nämlich, daß Computer was Schreckliches sind und die Phantasie kleiner Jungen nachhaltig zerstören. Und daß Bilderbücher und Wasserfarben und Bauklötze aus Holz viel besser für ihn sind. Aber was soll ein kleiner Junge von acht Jahren, der von seiner Mutter großgezogen wird und keine Geschwister hat, mit Bauklötzen? Da gibt es doch gar keinen Kopf, an den er sie donnern kann!? Ich drehte mich um. Ich setzte das Lächeln auf, mit dem es mir meistens gelingt, daß andere fünfe auch mal gerade sein lassen. Ich würde uns den Weg zum Computer schon frei lächeln, Manfredo und mir. Denn Sonntagnachmittag ist Sonntagnachmittag, und da sollten nicht die gleichen Regeln gelten wie an einem Montag oder Mittwoch. Es ist doch schrecklich, wenn immer alles so sicher ist, wie das Amen in der Kirche, vor allen Dingen das Schlechte im Leben. Aber es klappte nicht. Vier Augen sehen mehr als zwei. Fanny zwei und Barbara zwei. Macht vier. Das sind immer zwei mehr als ich habe.

Ich liebe Fanny und ich mag Barbara, aber zusammen sind sie manchmal unerträglich. Wie sie da saßen in ihrer Zweieinigkeit und mich spüren ließen, daß kein Keil der Welt sie jemals auseinanderbringen würde. Das kenne ich schon. Fanny holt sich oft genug Flankenschutz bei Barbara. Einmal hatten wir zwei Tage lang miese Stimmung deswegen. Es ging um mein schändliches Verhalten auf einer Party, wo ich sie angeblich den halben Abend links liegengelassen und nicht beachtet hatte. Das war nun wirklich völliger Oberquatsch. Es kann ja sein, daß ich mich ab und zu mit jemandem unterhalte, den Fanny nicht kennt. Aber ich gehe doch auch nicht auf eine Party, um dann den ganzen Abend mit meiner Freundin im Eck zu stehen.

»Barbara sagt auch, daß das eine absolute Unsitte ist.«

Da wurde ich echt sauer. Erst mal daß sie sich überhaupt Verstärkung holte. Und zweitens ausgerechnet von Barbara. Die würde blind alles unterschreiben, was Fanny an mir auszusetzen hat. Sie ist schließlich Fannys beste Freundin. Ich meine, ich mag Barbara, das ist es nicht. Darin unterscheidet sie sich von vielen anderen besten Freundinnen, die mir begegnet sind. Denn es ist so eine Sache: die wenigsten konnte ich leiden. Was irgendwie immer auf Gegenseitigkeit beruhte. Meine erste Freundin hieß Hanna, ihre beste Freundin Dorle, und ich mußte viele Sonntagnachmittage mit den beiden verbringen. Wir saßen in Hannas Zimmer rum und tranken Tee, und wenn Hanna rausging und Dorle und mich alleine ließ, wurde es noch ungemütlicher, als es sowieso schon war. Es gab einfach nichts zu reden. Wir schwiegen uns an und hofften inständig, Hanna möge so schnell wie möglich zurückkommen und uns erlösen. Wenn Dorle und ich uns zufällig auf der Straße oder in der Schule begegneten und Hanna war nicht dabei, schafften wir es gerade mal, uns zu grüßen. Manchmal wechselten wir einfach die Straßenseite. Sagen durfte ich nichts über Dorle, das ließ Hanna nicht zu. Und wenn wir Streit hatten, wurde Dorle von Hanna konsultiert und anschließend ständig zitiert.

Genau wie Barbara von Fanny.

Ich empörte mich: »Du spinnst doch wohl.«

»Wieso?«

»Weil deine Meinung nicht mehr Gewicht hat, nur weil deine beste Freundin derselben ist!«

»Ach, und wieso nicht?«

»Weil Barbaras Meinung keinerlei Relevanz hat.«

»Für mich ist aber wichtig, was sie denkt!«

»Jeder meiner Freunde würde sagen, daß *ich* recht habe! Wir sind doch nicht im Kindergarten!«

Frauen. Wie kann man so an ein Thema rangehen? Wie kann man glauben, daß man recht hat, wenn einem die beste Freundin recht gibt? Was ist das denn überhaupt für eine beste Freundin, die den Wind nicht aus den Segeln nimmt, sondern noch mehr Öl ins Feuer gießt? Manchmal habe ich große Lust, Barbara Hausverbot zu erteilen. Aber sie würde nicht nur Fanny fehlen. Sondern auch mir. Sie kann zwar ganz schön anstrengend sein mit ihrer überdrehten Art. Aber ich muß zugeben, man hat auch jede Menge Spaß mit ihr. Sie ist witzig und nimmt kein Blatt vor den Mund. Gespräche mit ihr mutieren oft zu Duellen um die schärfste Pointe. Dabei kennt sie keine Grenzen. Das gefällt mir. Wenn du zum Abendessen lädst und Barbara auch kommt, kannst du sicher sein, daß keine Langeweile aufkommt. Öde Begegnungen wie die mit Dieter und Inge, dem Maschinenbauerpaar aus unserem Haus, könnten mit Barbara niemals passieren. Während mich meine gute Erziehung artig nach Beruf und Hobbys fragen und Langeweile erdulden läßt, platzt Barbara schon nach zehn Minuten der Kragen, und sie drängt ihren Nachbarn mit der Frage nach dem Verhältnis zu seiner Mutter in die Enge. Oder sie will wissen, wer letzte Nacht einen Orgasmus hatte und wer nicht. Das erschreckt zwar die meisten, aber nach einer kurzen Irritation geht ein Ruck durch die lahme Gesellschaft, und es entwickelt sich manches hochinteressante Gespräch. Das ist dem ein oder anderen dann am nächsten Tag zwar peinlich, aber es ist wenigstens was passiert. Leider ist es allerdings so, daß die Männer sich nicht in Barbara verlieben mögen. Es liegt nicht nur am Aussehen, irgendwie glaube ich, ist ihr Verstand zu scharf und ihr Humor zu unerbittlich. Man muß immer auf der Hut bei ihr sein, und das ist nicht immer einfach. Ich bin fein raus, ich habe ja meine Fanny. Aber ich kann meine Geschlechtsgenossen auch verstehen. Für die Liebe ist Barbara einfach zu anstrengend. Nur Fanny wird nie ihr Opfer. Weil sie ihre beste Freundin ist, nehme ich an. Ich sag's, wie's ist: Frauenfreundschaften habe ich nie verstanden. Manchmal denke ich, daß Frauen gar keine richtigen Freundschaften zu Frauen aufbauen und empfinden können. Die vertrauen sich nicht, die belauern sich gegenseitig. Mit Alfons bin ich seit mehr als zwanzig Jahren befreundet, mit Brian seit fünfzehn und mit Jürgen seit zwölf. Wir können alles miteinander machen. Wir haben Spaß und können ernst sein und schweigen und rumsitzen und verreisen und saufen. Sicher gab es da immer mal die eine oder andere Reiberei. Selbst wenn der Streit um elementare Dinge wie eine Frau ging, haben wir uns immer wieder zusammengerauft. Weil uns unsere Freundschaft wichtiger ist als Eitelkeiten. Viele Frauen, die ich kenne, sind zu sehr Einzelkämpferinnen, als daß sie sich emotionales Erleben mit anderen Frauen teilen können. Die wechseln ihre Freundinnen alle paar Jahre, so wie sie ihre Lebenspartner wechseln. Wenn da mal was vorgefallen ist, ist die andere für sie gestorben, und zwar für immer. Abgesehen davon, daß vor dieser Trennung meist ein großes Ungleichgewicht herrscht. Die beste Freundin der Hübschen ist die nicht so hübsche. Die beste Freundin der Energiegeladenen ist die lethargische. Die beste Freundin der Erfolgreichen ist die erfolglose. Die Dicke ist die beste Freundin der dünnen. Es kommt mir manchmal vor, als brauchten alle Frauen diese zweite Frau an ihrer Seite, um selbst heller zu strahlen. Die Frage ist dann natürlich, wen die, die im Schatten stehen, an ihre Seiten holen, um ihrerseits ein bißchen im Licht zu stehen ...

Diese beste Freundin wird dann immer Wunder wer weiß wie angepriesen. Fanny war, als Barbara uns das erste Mal besuchte, ganz außer sich.

»Jetzt kommt gleich eine der attraktivsten Frauen, die ich kenne.«

»Noch attraktiver als du?«

Das waren nicht die schlechtesten Aussichten. Wer sitzt nicht gern mit zwei echten Schönheiten am Tisch? Als Barbara in der Tür stand, hielt ich sie für die Vorhut. Vor mir stand ein blasses Wesen mit einem offensichtlichen Gewichtsproblem, einer auswachsenden Dauerwelle und Hakennase. Das konnte nicht die Frau sein, von der Fanny gesprochen hatte. Ich dachte, da sammle jemand Geld fürs Deutsche Jugendherbergswerk oder so was.

»Was wünschen Sie?«

»Ist Fanny da?«

Ich blieb in der Tür stehen und rief nach hinten.

»Fanny! Da ist jemand für dich!«

Wie erschrak ich, als Fanny kam und dieser wildfremden Person um den Hals fiel.

»Darf ich vorstellen? Barbara. Meine beste Freundin!«

»Ach so, und ich dachte ...«

Ich verzichtete auf weitere Erklärungen und zog mich zur Erholung in die Küche zurück.

»Da muß wohl einer nach seinem Braten sehen, was?«

Das war Barbara. Sie hatte recht.

Mit Desinteresse darf man diesen anderen Frauen aber auch nicht begegnen. Jede Frau besteht darauf, daß man sich für ihre Freundinnen interessiert. Und wenn du einen Freund hast, der solo ist, will deine Angebetete den gern mal mit ihrer besten Freundin verkuppeln. Die ist nämlich auch oft solo. In Zeiten meiner Junggeselligkeit war ich manches Mal dieser Freund, der nicht länger allein sein sollte. Ganz abgesehen davon, daß ich nicht glaube, Kuppelei funktioniert, wenn man sie vorher publik macht, bin ich jedesmal erschrocken, welche Schlaftabletten da für mich ausgesucht wurden. Kennen die mich so wenig? Oder wirke ich wirklich so leidenschaftslos? Letzten Herbst waren Fanny und ich auf einer Hochzeitsfeier. Jürgen, der seit langem allein durchs Leben stromert, war auch dabei. Wir standen ein wenig abseits der Verwandten und nippten am Sekt, als zwei Frauen reinkamen, denen man hundert Meter gegen den Wind ansah, daß sie Singles waren. Etwas verloren standen sie da, wie zwei Schafe, Schulter an Schulter miteinander tuschelnd und darauf wartend, daß sie jemand abholt. Und weil ich das Bedürfnis der Braut kannte, die Menschen glücklich zu machen, Glück aber in ihren Augen nur zu zweit zu erleben ist, ahnte ich sofort, daß Jürgens Singledasein mal wieder ein Ende bereitet werden sollte. Ich hätte wetten können, daß seine und die Platzkarten der Damen auf einem Tisch standen, und so kam es dann auch. Aber Jürgen ist und bleibt ein überdrehter Spinner, der jede Menge Macken hat und einen großen Teil seiner Zeit ganz gern alleine verbringt. Ich glaube, dann erholt er sich von all dem Unfug, den er den lieben langen Tag anstellt und redet. Diese beiden Frauen paßten überhaupt nicht zu ihm. Sie schienen Probanden einer Art Wach-Schlaf-Therapie zu sein, so gelangweilt sahen sie den ganzen Abend drein. Erschwerend kam hinzu, daß auf der einen Stirn *Suche Mann fürs Leben, es ist mehr oder weniger egal wen, er soll mir nur schon bald ein Kind machen, denn die biologische Uhr tickt auch in mir* stand und auf der anderen *Ich habe so viel Liebe zu geben.* Wenn ich einen Edding dabei gehabt hätte, hätte ich *Ich bin nur ein bißchen langweilig* dazu gekritzelt. Später lief ich auf dem Weg zum Klo der Braut in die Arme.

»Sag mal, hattest du bei der Sitzverteilung irgendwelche Hintergedanken?«

Ich sah ihr an, daß ich richtig lag. Ihr Grinsen war beseelt, was sicher der Raffinesse ihres Planes zu verdanken war. Oder der Tatsache, daß sie jetzt eine verheiratete Frau war. Wahrscheinlich beidem.

»Du glaubst aber nicht ernsthaft, daß daraus was wird?«

»Wieso? Die sind doch total nett!«

»Eben.«

Wir mögen vielleicht unsere Macken haben und sind unnötig kompliziert. Wir mögen Waschlappen sein und Kauze und Weicheier, meilenweit davon entfernt, dem Traum unserer Frauen, einen Cowboy zum Mann zu haben, erfüllen zu können. Meinetwegen. Vielleicht sind wir sogar nett. Aber wir sind definitiv keine Männer für Frauen, die *total nett* sind! Nicht mal, wenn es uns auf eine einsame Insel verschlagen würde. Dann noch eher mit Barbara auf die Insel. Wer weiß, vielleicht täte ihr diese Abgeschiedenheit sogar gut und sie käme ein bißchen auf den Boden. Wenn ihr nichts anderes übrig bleiben würde, als das Leben, das ihr gegeben ist, anzunehmen.

Denn Barbara ist mit dem, was sie hat, nie wirklich zufrieden. Sie weiß immer noch nicht, was sie mit ihrem Leben anfangen soll. Beruflich, meine ich. Dabei hat sie einen Job. Und zwar einen, um den sie viele alleinerziehende Mütter beneiden. Sie arbeitet halbtags in einer Eventagentur, kriegt anständiges Geld und hat Chefs, die kein Problem damit haben, wenn Barbara am Morgen anruft und sagt, daß sie nicht kommen kann, weil Manfred die halbe Nacht durchgekotzt hat. Was genau sie da macht, habe ich nie ganz verstanden. Ich weiß nur, daß sie uns alle nasenlang Freikarten für irgendwelche Premierenfeiern und Eröffnungsveranstaltungen schenkt.

»Aber«, sagt Barbara mit schöner Regelmäßigkeit, »der Beruf füllt mich nicht aus.«

Ständig ist Barbara auf der Suche nach dem Superjob. Daß hier kein falscher Eindruck entsteht, ich habe überhaupt keine Probleme damit, wenn jemand nicht diesen inneren Drang verspürt, sechsmal die Tour zu gewinnen. Es gibt nun mal nur einen Lance Armstrong. Es gibt Jan Ullrich und ein paar andere Verfolger, es gibt ein großes Hauptfeld, und es gibt die Millionen am Streckenrand und zuhause vor den Bildschirmen. Die stellen das Gros der Menschheit. Interessiert schon, ja, aber sich mit Haut und Haaren einer einzigen Sache verschreiben, Freude haben und Qualen leiden, nein danke. Diesen Drang habe ich auch nicht. Aber ich habe mich damit abgefunden. Ich weiß, daß die Prioritäten meines Lebens woanders liegen als in einem Büro, in dem ich täglich fünfzehn und mehr Stunden verbringe. Deswegen präsentiere ich aber noch lange nicht alle paar Wochen eins meiner Hobbys als neuen Berufswunsch. Ich hatte schon allerheftigste Auseinandersetzungen mit Frauen, weil ich mich weigerte, einen von ihnen verfaßten Romananfang als etwas anderes zu interpretieren als das, was es war: fünfzehn Seiten beschriebenes Papier, die in einer Schublade lagen. Auch sehr beliebt: ein Kinderbuch. Darf man von einem Menschen, der schnurstracks auf Mitte Dreißig zugeht, erwarten, daß er ein paar entscheidende Fragen für sich geklärt hat? Daß er weiß, daß er keine solche Ambitionen hat wie Lance, wenn es denn so ist? Ich habe auch mal davon geträumt, als Fußballer viel Geld zu verdienen und in den wichtigsten Stadien der Welt zu spielen. Aber wenn man schon in der D-Jugend die Hälfte der Saison nur eingewechselt wird und die andere ganz auf der Ersatzbank zubringt, merkt man schon, daß das irgendwie unrealistisch ist. Wenn Barbara nur wüßte, welche Passion in ihr schlummert, sie würde sich ihr mit Haut und Haaren verschreiben. Aber sie wird sie niemals in sich finden. Denn sie hat sie nicht. Also sucht sie draußen. Das ist, wie wenn man auf dem Flohmarkt einen alten Hut entdeckt und denkt, jetzt wird man Hutsammler. Endlich ein schönes Hobby. Barbara mißbraucht Selbstfindungs-, Astrologie-, Therapie- und Literaturseminare, die massenweise angeboten werden und von denen sie Dutzende besucht hat, als Jobbörse. Auf der Suche nach der Erfüllung im Leben rennt Barbara von Kurs zu Kurs, ist drei Tage lang tief ergriffen und sitzt am vierten an unserem Küchentisch und erzählt, daß sie jetzt weiß, was ihre wahre berufliche Leidenschaft ist. Dann will sie Gagschreiberin für Comedyshows werden oder, das ist der letzte Schrei, Familienaufstellerin. Die meisten der Berufe scheiden bald wieder aus, weil sie ein abgeschlossenes Studium erfordern, das »die Arschlöcher vom Arbeitsamt nicht finanzieren wollen!«

Deswegen ist aus Barbara keine Raumplanerin Schrägstrich Städtebauerin geworden, auch wenn sie eine Woche lang wußte, daß sie Berlin einen neuen Ton verpassen würde, der viel freundlicher und besser wäre als alles, was uns bis jetzt zugemutet wurde. Wenn man Barbara nicht kennt, könnte einem angst und bange werden angesichts so viel Zielstrebigkeit im Leben. Als sie beispielsweise von diesem Comedyworkshop wiederkam, legte sie zwei Bücher, stapelweise Kopien und noch viel mehr Notizen, die sie während der Vorlesungen gemacht hatte, vor uns auf den Tisch. Die Bücher waren noch eingeschweißt. Es war eines dieser Seminare, die drei oder vier Tage gehen und meistens von angloamerikanischen Dozenten geleitet werden, die, weil sie es in der Heimat nicht geschafft hatten, im alten Europa mit Kursen gutes Geld verdienen. Barbara war ganz begeistert und erzählte in aller Ausführlichkeit, wie man einen Gag baut und was einen guten von einem sehr guten unterscheidet. Das Beste aber war, daß der Dozent, an dessen Namen ich mich nicht mehr erinnern kann – er hieß Joe. Oder Jack? – Barbaras Arbeiten lobte.

»Joe (oder Jack) sagt, daß mir nur das Handwerkszeug gefehlt hat.«

»Das ist ja super!«

Fanny gefiel die Tatsache, daß Barbaras Zukunft nun gesichert war. Ich dagegen wollte ein bißchen mehr über das Handwerkszeug wissen:

»Das ist ja superinteressant!«

»Es geht vor allem darum, wie man eine Geschichte aufbaut, daß sie lustig ist und die Zuhörer auch bis zum Schluß zuhören.«

Das hätten meine Worte sein können. Auch Fanny hat da noch Bedarf, fand ich. Irgendwie kriegt sie es nie hin, eine lustige Geschichte wirklich lustig zu erzählen. Ich weiß auch nicht, woran das liegt. Meine Cousine Deborah ist der felsenfesten Überzeugung, Frauen seien nicht witzig. Mit dieser These hat sie sich unsere gesamte weibliche Verwandtschaft zur Feindin gemacht.

»Es läuft doch jetzt zunehmend Frauen-Comedy im Fernsehen. Für die kannst du doch arbeiten«, sagte Fanny.

»Die sind aber selten witzig«, fügte ich hinzu.

»Würden es Männer sein, würdest du lachen!« sagte Barbara.

»Falsch. Ich würde lachen, wenn es zum Lachen wäre!«

»Weil du Frauen nicht lustig finden *willst*!«

»Du meinst also, daß ich tief in mir drin sterbe vor Lachen, aber weil es nun mal Frauen sind, verkneife ich mir das?«

»So in etwa.«

»In England gibt es eine einzige Regel«, sagte ich.

»Und die wäre?«

»If they don't laugh, it wasn't funny.«

If they don't laugh, it was Fanny, dachte ich bei mir und lachte laut los. Das machte Barbara wütend.

»Du hältst es nur nicht aus, daß diese Frauen Erfolg haben, Kinder großziehen und trotzdem viel mehr verdienen als du!«

Manchmal spinnt Barbara ein bißchen.

»Was hat das denn damit zu tun?« fragte ich.

»Wenn Frauen eine Annonce aufgeben, wollen sie immer einen Mann mit Humor. Umgekehrt nie«, sagte sie. Sie mußte es ja wissen.

»Weil es keine witzigen Frauen gibt!« schnaubte ich.

»Männer wollen nur brave Frauen, die nett sind und interessiert nachfragen und alles abnicken.«

»Redet ihr nicht mehr über Fernsehkomikerinnen?« fragte Fanny, die vom Klo zurückkam.

»Auf jeden Fall muß eine Frau, egal was sie macht, viel besser sein, um genauso ernst genommen zu werden wie die Männer«, sagte Barbara.

»Vielleicht können sich die TV-Komikerinnen ja kollektiv geschlechtsumwandeln lassen!« rief Fanny und prustete los. Meine Fanny. Vielleicht schenke ich ihr auch mal einen dieser Comedykurse. Darüber würde sie sich bestimmt freuen. Ich wollte erst mal abwarten, wie sich das mit Barbara entwickelt.

»Und wenn man mal keinen Bock auf Fernsehen hat«, führte diese weiter aus, »schreibt man halt ein bißchen was für ein Magazin oder so.«

Endlich mal jemand, der weiß, wie man sein Leben anpackt! Beneidenswert. Vielleicht sollte ich nicht Fanny, sondern mich selbst zum nächsten Kurs anmelden? Ich nahm Barbaras Plan also ernst und war gespannt, wann ich ihren Namen im Abspann von einer dieser vielen lustigen Fernsehshows lesen würde, bei denen ich nie lachen kann. Aber irgendwie passierte das nicht. Klar, so was geht nicht von heute auf morgen. Aber übermorgen und überübermorgen passierte auch nichts, und als ich Barbara irgendwann nach dem Entwicklungsstand fragen wollte, trat Fanny mich unter dem Tisch. Zu spät. Doch Barbara fand eine gute Erklärung, warum sie sich schon längst wieder von dieser Branche verabschiedet hatte. Weil die Männer sie nicht reingelassen hatten nämlich.

»Das ist eine ganz chauvinistische Kiste, sag ich dir.«

Ich glaube, sie war froh, daß sie es auf die Männer schieben konnte.

Als ich ihr ein paar Wochen später half, einen neuen Kühlschrank nach oben zu tragen, sah ich, daß die knallgelbe Tüte an der Garderobe hing. Ich warf vorsichtig einen Blick hinein. Es war alles drin, was sie damals reingeschoben hatte. Die beiden Bücher waren immer noch eingeschweißt.

Vier Monate später machte sie eine Familienaufstellung. Das heißt, sie besuchte keinen Kurs, sondern sie ließ eine machen. Denn sie wollte endlich Klarheit in ihr Verhältnis zu ihren Eltern bringen. Die Aufstellung ging einen ganzen Tag, und am Abend wußte Barbara, was sie werden wollte: Familienaufstellerin! Um ihr wirkliches Interesse zu untermauern, fing sie gleich schon mal in unserer Küche damit an, ihr erlerntes Wissen an uns anzuwenden.

»Es geht darum, sich an eine ganz spezielle Situation aus der Kindheit zu erinnern, irgendeine, völlig egal, Hauptsache, man hat sich in ihr unwohl gefühlt und sie ist immer noch ungeklärt.«

»Wirklich sehr interessant.«

»Das ist das tolle an der Familienaufstellung, durch das Verschieben von Menschen im Raum, die stellvertretend für Vater und Mutter, für Geschwister und alle anderen Verwandten stehen, kann man diese Situationen herbei inszenieren. Sie mit Hilfe der Medien noch mal spüren und schließlich auflösen.«

Es dauerte eine ganze Weile, ehe ich kapierte, daß es nicht um die Mitspieler – also um mich –, sondern um den, der da Menschen hin und her bewegt, geht. Ich ließ mich nämlich dazu hinreißen, für Barbara *einzustehen*. Es ging um eine Situation, in der sie als zehnjähriges Mädchen in die dunkle Dusche gesperrt worden war, weil sie eine schlechte Schulnote nach Hause gebracht hatte. Damals lebte ihre Großmutter noch bei ihnen, und ihr Vater war immer auf Montage. Fanny spielte ihre Mutter und ich in Ermangelung anderer Frauen ihre Großmutter. Aber daß das meine Rolle war, erfuhr ich erst hinterher. Es gibt nämlich die offene Aufstellung, in der jeder weiß, wer er ist. Und es gibt die verdeckte, in der keiner gesagt bekommt, für wen er steht und um welche Situation es sich handelt. Barbara entschied sich für letzteres und stellte uns in die Mitte des Berliner Zimmers. Sie forderte mich auf, die Augen zu schließen, und dann berührten ihre Hände mich an den Schultern und schoben mich millimeterweise Richtung Fanny. Nach einer Minute bat sie mich, die Augen zu öffnen und zu sagen, was ich fühle.

»Wie meinst du das, *was ich fühle*?«

»Ist es angenehm oder unangenehm? Bedroht es dich oder bist du entspannt? Geht es dir gut oder eher schlecht?«

Wieso sollte es mir schlecht gehen? Ich war zuhause, meine Freundin war da, und bald würden wir Rosmarinhähnchen essen, das ich vor einer halben Stunde in den Ofen geschoben hatte. Das einzige, was unangenehm war, war Barbaras Frage. Aber ob sie das hören wollte?

»Ich fühle mich ganz normal.«

»Geht es etwas genauer, bitte?«

»Normal eben. Abgesehen davon, daß ich lieber sitzen als stehen würde.«

Barbara verdrehte die Augen und wandte sich an Fanny.

»Und du?«

»Am Anfang fand ich es ganz gemütlich. Ich hatte Platz und konnte alles schön beobachten.«

»Und dann?«

»Dann schobst du ihn immer näher zu mir, und dann habe ich gemerkt, daß es irgendwie bedrohlich wird.«

»Ist es jetzt auch noch bedrohlich?«

»Mhm, ja.«

»Was bedroht dich?«

»Diese Enge hier. Ich komm ja gar nicht mehr zum Atmen.«

»Aha!«

So ging das eine geschlagene halbe Stunde hin und her, Barbara schob mich mal weg, dann wieder hin, dann drehte sie Fanny so, daß ich nur noch ihren Hinterkopf und dann so, daß ich nur noch ihre Augen sah. Dann war Barbara an der Reihe, zu überprüfen, was sie spürte. Wie eine Indianerin umrundete sie uns mit langsamen Schritten. Fanny war echt gut darin, mir minutenlang in die Augen zu schauen, ohne nervös dabei zu werden. Ob sie auch an den Abend dachte, an dem wir uns zum allerersten Mal so nahe waren wie jetzt? Das, was wir damals taten, hätte ich jetzt auch gern getan. Daß das Inzest gewesen wäre, da ich die Großmutter war und Fanny meine Tochter, wußte ich ja nicht. Barbara auf jeden Fall war sich ganz sicher, daß Familienaufstellerin ihre *Berufung* war.

»Ich weiß, daß ich das *total gut* machen werde!«

Fanny fand das toll. Wie immer. Sie kannte Barbara doch nun auch schon seit vielen Jahren, wie konnte sie da nur immer wieder so begeistert sein? Ich hielt mich zurück. Auch wie immer. Barbara soll so viele Kurse besuchen und Ideen haben wie sie will – aber muß sie jedesmal so tun, als habe sie eine Erleuchtung gehabt? Aber wehe ich widerspreche oder wage zu sagen, daß sie sich doch erst mal ein bißchen mehr damit beschäftigen soll. Daß sie ihren persönlichen therapeutischen Erfolg nicht mit Beruf verwechseln soll. Daß das ja auch nur eine Mode sein kann, die in wenigen Jahren schon wieder vergessen ist. Wer redet denn heute noch von Feng Shui? Oder von NLP? Es sind oft Disziplinen, die mit einem Heilsversprechen verbunden sind, auf die Barbara so stark reagiert. Schieb den Tisch andersrum, und dir wird alle Schreibtischarbeit leichtfallen. Programmiere dich durch positive Erinnerung so, daß du ab sofort in jeder Streßsituation fröhlich bist. Stell deine Familie auf, und alle deine Probleme lösen sich in Wohlgefallen auf. Hilf dir selbst, dann hilft dir Gott.

Wenn ein kleiner und ein großer Mann im Weg sind, schick sie vor die Tür. Das tat Fanny. Sie sagte: »Ihr könnt doch nach draußen gehen, Manfred und du.«

Ich dachte, ich höre nicht richtig. Zwei Frauen trinken Kaffee und schicken ihre störenden Kinder vor die Tür. Ich ließ es auf keinen Streit ankommen. Wozu auch. Ich hatte sowieso keine Lust mehr auf diese Gespräche. Es war gerade mal halb zwei, die würden hier noch Stunden sitzen und quatschen.

Ich hielt Manfredo meinen Fußball hin.

»Sollen wir den mitnehmen?«

Er schüttelte den Kopf.

Draußen standen wir ein bißchen verloren rum. Was tut man mit einem kleinen Jungen, der von seiner Mutter allein erzogen wird und dem es mal ganz gut täte, ein bißchen was von einem echten Mann mitzubekommen, und sei es nur einen Sonntagnachmittag lang? Ein Junge, der leider wenig begeisterungsfähig ist und nicht sonderlich viele Worte verliert? Der ein bißchen zu klein für sein Alter ist und im Grunde genommen auch ein bißchen häßlich? Was unternahm wohl Barbara, wenn sie mit ihm allein war? Das fragte ich ihn lieber nicht. Nachher kam er noch auf die Idee, auf den Spielplatz zu gehen und zu wippen oder zu schaukeln. Wenn er schon mal Zeit mit einem Mann verbrachte, sollte er auch das tun, was Jungs in ihrer Freizeit gerne tun. Die Gesellschaft hatte mir in den letzten zwanzig Jahren so viel gegeben, es war an der Zeit, ihr endlich mal was zurückzugeben. Wieso sollte nicht Manfredo derjenige sein, der in den Genuß kam?

»Na, was sollen wir Männer denn mal unternehmen?«

»Weiß nicht.«

»Auf was hast du denn Lust?«

»Weiß nicht.«

»Wollen wir in den Park gehen?«

»Mir egal.«

»Wir könnten Enten jagen. Im Park ist ein kleiner Fluß.«

»Ich hätte Lust auf Kicken.«

Ich sah ihn überrascht an.

»Sagtest du nicht gerade eben, du willst nicht?«

»Jetzt schon.«

»Den Ball haben wir oben gelassen, falls du dich erinnerst.«

Ach, was soll's, lief ich halt noch mal die vier Stockwerke hoch und holte meinen WM-Ball. In dem schönen Park hier um die Ecke gibt es außer vielen Bäumen und Spielplätzen und dem Fluß auch einen kleinen Bolzplatz. Auf dem standen wir dann zwei Stunden lang, Manfredo und ich, und schoben uns die Bälle zu. Unterwegs hatte ich schon gemerkt, daß er nicht der allerbeste Spieler war. Er bestand darauf, daß ich Torwart sein sollte und er Stürmer. Also stellte ich mich zwischen die Pfosten und hielt, was es zu halten gab. Viel war das nicht. Denn Manfredos Zielgenauigkeit ließ sehr zu wünschen übrig, so daß ich die meiste Zeit damit zubrachte, verschossene Bälle aus den Büschen links und rechts zu klauben. Ich wollte ihm ja sein Erfolgserlebnis gönnen, aber er traf einfach nicht. Und wenn dann doch mal einer aufs Tor kam, mußte ich mich so saumäßig verrenken, um ihn reinzulassen, daß er es bestimmt bemerkte. Nach einer Stunde nahm er den Ball in die Hände. Aber nicht etwa, um aufzuhören und nach Hause zu gehen. Sondern um Plätze zu tauschen. Jetzt stand er im Tor, und ich schoß. Und ich muß sagen, er war echt nicht schlecht.

»Super!« rief ich und

»Klasse!« und

»Bravo! Du bist echt gut im Tor.«

Aber das bedeutete ihm nichts.

»Torwart sein ist Scheiße.«

»Wieso?«

»Weil auf dem Schulhof immer die ins Tor müssen, die am schlechtesten sind.«

»Du bist doch nicht der Schlechteste!« sagte ich, aber ehrlich gesagt konnte ich es mir schon vorstellen. Ich gehörte meinerzeit irgendwo ins untere Ende des oberen Drittels. Gott sei Dank, denn die, die schlechter waren, hatten wirklich nichts zu lachen. Es gab natürlich auch ein paar, die *grotten*schlecht waren. An denen konnte man sich aber nicht aufrichten, denn die durften gar nicht erst mitspielen. Aber die hatten sowieso meist was Besseres zu tun. Die lasen ein Buch. Oder spielten mit den Mädchen Hüpfseil. Die, die zwar schlecht waren, aber trotzdem mitspielen durften (und mußten, denn sonst wären wir ja nicht genügend Spieler gewesen), mußten jede Pause Schimpf und Schande über sich ergehen lassen. Wir waren fies und ungerecht und gemein zueinander. Ich kenne zwar den aktuellen Zustand des zeitgenössischen Kindseins nicht, aber ich kann mir nicht vorstellen, daß sich an diesem Verhalten Wesentliches geändert hat. Deshalb fand ich auch Grönemeyers musikalische Aufforderung »Gebt den Kindern das Kommando« immer so beknackt, in der er behauptete, Kinder kennen kein Gut, kein Böse. Schwachsinn. Kinder kennen *nur* Gut und Böse. In ihrem Weltbild ist gar kein Platz für Zwischentöne, für ein gepflegtes Einerseits-andererseits. Das macht ja auch ihre Erziehung so schwer. Weil man ihnen ständig was von Kompromissen und Abwägen erzählen muß. Dabei würde man selber gern mal dem ein oder anderen was aufs Maul geben. Oder ihm wenigstens ordentlich die Meinung geigen. Einem gewissen Sportverkäufer im Kaufhof, zum Beispiel, der es nicht erträgt, wenn man nach seiner Freundin ruft. Aber das darf man als erwachsener Mann nicht. Nur als Kind. Und diese Eigenschaft muß man ihnen im Lauf der Jahre austreiben. Die Vorstellung, daß Manfredo also einer derjenigen ist, denen es im Schulhof an den Kragen geht, gefiel mir nicht. So kauzig er auch war, irgendwie mochte ich ihn doch.

»Mal abgesehen davon, daß du wirklich gut im Tor bist – was machst du, wenn du auf dem Schulhof nicht rein willst?«

»Dann darf ich nicht mitspielen.«

»Das ist ja die Höhe! Wer entscheidet das denn?«

»Max und Frank und Pablo – die anderen halt.«

»Und ... und was sagt deine Mutter dazu?«

Was für eine blöde Frage. Wenn du dich nicht wehren kannst, lauf zu Mama?

»Die weiß davon nichts.«

»Ist vielleicht auch besser so.«

Wer weiß, zu welcher Kinderpsychologin Barbara ihn schleppen würde, wenn sie davon erführe? Oder sie würde ihn gleich selbst überreden, sich vor die Klasse zu stellen und über diese Mißstände zu *reden*. Ich ließ ihn erst mal weiter hin und her hechten. Irgendeine Lösung würde mir schon einfallen. Manfredo fischte einen Ball nach dem anderen raus. Ich erhöhte Druck und Tempo, er hielt tapfer mit. Es tat gut, ihn so leidenschaftlich springen zu sehen. Aber der Spaß hatte schon bald ein Ende. Ein scharf geschnittener Ball flog über ihn drüber und donnerte ans Lattenkreuz. Manfredo konnte dem Schauspiel nur regungslos zusehen. Der Ball sprang im hohen Bogen zurück ins Spielfeld, landete in einer kleiner Sandkuhle, die seinen Drall bremste, und rollte zurück in meine Richtung. Ich trabte ihm entgegen. Manfredo hielt es nicht in seinem Kasten. Er sprang dem Ball hinterher und ich dachte, okay, neue Übung, Mann gegen Mann. Ich war ein paar Schritte vor Manfredo am Ball und tat, was man beim Fußball niemals tun soll: ich überlegte. Ich entschied mich dafür, ihn auszuspielen, entschloß mich dann aber kurzfristig um und hob den Ball über ihn drüber. Das heißt, ich versuchte es. Denn ich bekam meinen Fuß nicht richtig unter den Ball, so daß ich ihn spitz erwischte, was ihm keine Höhe, sondern nur Tempo einbrachte. Tempo, das er dazu nutzte, mit ziemlichem Karacho mitten in das Gesicht des ihm entgegenspringenden Spielers zu landen. Und das war nun mal Manfredo. Das ging alles so schnell, er hatte überhaupt keine Chance. Ich mußte lachen, erst mal, weil meine Aktion so peinlich war, und dann, weil es so lustig aussah, wie sich Kopf und Ball begegneten. Aber das Lachen verging mir in der nächsten Sekunde. Denn der hochrote Kopf des Kindes wurde noch röter. Aus seiner Nase schoß Blut. Bisher hatte er nur gewimmert, aber als er das Blut sah, begann er zu kreischen. Massenweise Blut. Ich knödelte mein Taschentuch aus der Hose und drückte es ihm auf die Nase. Was macht man denn in so einer Situation? Kopf hoch halten, wie früher immer? Oder Kopf nach unten, damit es rauslaufen kann? Einen Jungen in seiner Mannwerdung unterstützen, kann mitunter ganz schön schwer sein. Das hatte ich wirklich nicht gewollt. Manfredo wollte mein Taschentuch nicht in seinem Gesicht haben, er zog es weg und warf es auf den Boden. Er verlor den Kampf mit den Tränen. Manfredo stapfte in großen Schritten davon.

»Du Schwein!«

»He, he, he, das war doch keine Absicht.«

»Doch, das hast du mit Absicht gemacht!«

»Hab ich nicht!«

»Hast du doch!«

»Hab ich nicht!«

»Hast du doch!«

Er war überhaupt nicht zu beruhigen. Hoffentlich kam jetzt keiner vorbei und hörte mit an, welche Scharmützel ich mir hier mit einem kleinen Kind lieferte. Manfredo rannte quer über den Platz rüber zum Spielplatz. Ich folgte ihm in sicherem Abstand, so wie man einem entlaufenen Tier folgt, das man einfangen will.

»Es tut mir leid.«

Keine Reaktion. Ich ließ ihn ein bißchen in Ruhe. Irgendwann würde er sich schon wieder beruhigen. Aber was, wenn nicht? Was würde Barbara sagen, wenn er in diesem Zustand nach Hause käme? Und was würde erst Fanny sagen? Die würde sicher auch ausflippen. Ich mußte ihn beruhigen, koste es was es wolle. Keine Frage, ich hatte meine Aufsichtspflicht verletzt. Andererseits, wie oft war ich in meinem Leben schon gefoult, umgeschossen und angespuckt worden? Wie oft hab ich einen Ball in die Fresse bekommen? Und nicht nur das. Mein Schädel war jahrelang Ziel von Bällen, Tannenzapfen, Dreck, Steinen und einmal sogar von einem Wespenschwarm, durch dessen Nest ich mit dem Fahrrad gefahren war. Gehört das nicht irgendwie dazu, wenn man ein Junge ist?

»Willst du was Süßes?«

Keine Reaktion.

»Eine Cola?«

Keine Reaktion.

»Pommes frites?«

Nichts.

»Einen Tritt in den Arsch?«

Keine Reaktion. Wie denn auch, das sagte ich ja nicht wirklich, sondern bloß in meiner Phantasie.

Wie wir da nebeneinander herlatschten, gaben wir sicher ein Trugbild ab. Nämlich das vom Vater und seinem Sohn, die gerade von gemeinsamen Abenteuern zurückkehren. Von wegen. Er ging mir auf die Nerven und ich ihm. Wir konnten es beide kaum erwarten, uns voneinander zu verabschieden.

»Was würdest du denn jetzt tun, wenn du alleine wärst?«

»Heimgehen.«

»Und was würdest du zuhause tun?«

»Mit Mama spielen.«

»Was spielt ihr denn immer so?«

»Wir malen, basteln, spielen Puppentheater. Oder wir schrauben Regale an ... «

Typisch Barbara. Fanny könnte so was nicht.

»Oder wir raufen. Aber immer nur kurz.«

»Wieso?«

»Weil es nicht lange dauert, bis Mama schimpft, ich sei zu grob.«

»Bist du das?«

»Weiß nicht.«

Manfredo war definitiv viel zu selten unter Männern. Klar, in der Schule und im Hort gab es andere Jungs. Diesen Pablo zum Beispiel, der ihn immer ins Tor schickt. Aber ansonsten war er doch nur von Frauen umgeben. Neben seiner Mutter waren da haufenweise Erzieherinnen, Omas, Kindergärtnerinnen, Lehrerinnen, Horterzieherinnen, später dann, wenn er wegen diesem Frauenüberhang seine ersten kindlichen Neurosen entwickelt, wird er einer Sozialpädagogin vom

Jugendamt gegenübersitzen, die ihn zu einer Kinderpsychologin schickt. Ein Freund von mir mußte als Kind mal bei einer dieser Frauen seine Familie als Tiere malen. Seine Mutter hatte ihn dort hingeschickt, weil sie fand, daß er viel zu hibbelig war. In die Mitte des Bildes malte er einen Löwen, das war sein Vater, und daneben einen gleich großen Hund, das war er selbst. Und ganz an den äußersten Bildrand malte er eine lange, dünne Giraffe. Das war seine Mutter. Und was tat diese Giraffe? Seine Mutter, meine ich? Sie flippte aus. Weinte, weil er ihr nur diese Randexistenz zugestand. Und was tat er? Hatte ein schlechtes Gewissen. Der Junge soll zur Kinderpsychologin, unbedingt, aber er hat gefälligst mit Ergebnissen nach Hause zu kommen, die Frau Mama genehm sind.

All die Frauen in Manfredos Leben haben bestimmt auch konkrete Vorstellungen davon, wie der Junge sich zu verhalten hat und wie er erzogen werden soll. Aber er wird seine Mutter und die anderen Frauen, die an ihm herumerziehen, alle enttäuschen und doch wieder nur ein Mann werden. Auch ohne daß da über Jahre ein einziger Mann auftaucht, von dem er was lernen könnte.

Ich bin 1968 geboren, am äußersten Rand der Achtundsechziger, sowohl zeitlich als auch geographisch. Nach den ersten sechs Jahren in der Obhut meiner Mutter kam ich 1974 in die Schule. Unsere Lehrerin hieß Frau Katzenmeier, war eine alternde Jungfer aus Siebenbürgen und der Meinung, daß die Mädchen, die brav waren, die *normalen* Kinder waren, und wir Jungs die a*normalen*. Denn wir ärgerten und prügelten uns, machten uns die Stifte kaputt und schmissen die Pausenbrote in den Dreck. Wir zogen die Mädchen an den Haaren, machten Witze und sangen mit krummer Stimme schmutzige Lieder, deren Worte wir gar nicht verstanden. Bei alldem hatten wir einen Riesenspaß. Mit anderen Worten: wir waren Jungs. Aber für Frau Katzenmeier waren wir Monster, die es zu züchtigen und zurück auf den Pfad der Tugend zu prügeln galt, auf dem die Mädchen immerzu lustwandelten. Es ist verrückt, aber so wuchs man als Junge in diesem Land heran. Ständig eckte man an, weil man so war, wie man war. Ständig wurde man von irgendeiner Frau – die Väter waren ja mehr oder weniger abwesend – gemaßregelt und bestraft. Daran hat sich bis heute nur wenig geändert. Deswegen darf Manfredo zwar raufen. Aber eben nicht so, wie er will. Sondern nach den Regeln seiner Mutter. Es darf auf gar keinen Fall weh tun. Im Gegenteil, es soll zärtlich sein, so eine Art Tantrarangeln, nur ohne Sex. Wie wenn man im Zoo die tollen Löwen und Tiger links liegenläßt und direkt in den Streichelzoo zu den kleinen Enten und Ziegen geht.

Später, auf dem Gymnasium, stand ein paar wenigen Altphilologen eine Heerschar von Junglehrern gegenüber, die alle in den späten Sechzigern und frühen Siebzigern ausgebildet worden waren und das neue Gedankengut der Gleichberechtigung in unser Klassenzimmer trugen. Unentwegt wurde das Fehlverhalten der Männer aufgelistet. Männer wurden aufgrund ihres Mannseins für das meiste Unglück in der Welt verantwortlich gemacht. Und die Lehrer hatten es sich zur (historischen) Aufgabe gemacht, die erste Generation von Menschen heranzuziehen, die frei von diesem Übel ist. In zahllosen Gruppengesprächen mußten wir gestehen, daß unsere Väter zu Hause nichts anderes taten, als faul auf dem Sofa herumzuliegen, während unsere Mütter gleichzeitig Kohlen schleppten, das Bad putzten und das Abendessen kochten. Wir sollten lernen, über uns und unsere Gefühle zu sprechen. Einmal fuhren wir sogar extra für ein Wochenende in ein Kloster mit angeschlossener pädagogischer Hochschule, um unsere Klassendynamik zu erörtern. Wer mag wen, wer wird von wem geärgert, wie sind die Jungs, wie verhalten sich die Mädchen. Wir waren die Versuchskaninchen zweier Sozialpädagogikstudenten, die ihre Abschlußarbeit über uns schreiben wollten. Das Problem war, daß der Mann als Typ nur wenig hermachte. Er hieß Georg und sah aus wie eine zu männlich geratene Frau. Als Role Model taugte er rein gar nichts. Mit seinem ganzen sozialpädagogischen Aussehen und Verhalten führte er uns vor Augen, wo wir landen würden, wenn wir seine Ratschläge befolgen würden. Anders war es bei der Frau, die Regina hieß. Sie war schön, und ich denke, daß ich nicht der einzige war, der sich ad hoc in sie verliebte. Aber auch sie wollte immerzu, daß wir reden. Um ihretwillen taten wir es, in der leisen Hoffnung, sie würde uns erhören und in der Nacht empfangen. Die Mädchen, die von Geburt an ständig miteinander über alles mögliche gequatscht hatten, waren in diesen Gesprächsrunden schon wieder im Vorteil. Das ließen sie uns auch spüren. Wenn sich einer von uns abmühte, mit dem ihm angeborenen reduzierten Wortschatz sein Innerstes nach Außen zu kehren, mußten wir schmerzlich erfahren, daß Sprache von Frauen beherrscht und als Machtmittel eingesetzt wird. Wir mühten uns redlich, aber es kam immer nur unverständliches Zeugs raus, was die Mädchen ständig aufstöhnen ließ. Wem es aber gelang, in drei halbwegs zusammenhängenden Sätzen das Wort Gefühl unterzubringen, der bekam von Regina ein aufmunterndes Lächeln geschenkt.

Es stimmte also überhaupt nicht, wenn seinerzeit eine Menge Schriftstellerinnen behaupteten, daß Sprache als solche chauvinistisch und frauenunterdrückend sei. Alles, was wir hörten, war: Wenn du was sagen willst, das wir verstehen sollen, dann wähle auch bitte die Worte, die wir verstehen. Also *unsere* Worte. Das hat sich ja bis heute gehalten. Immer wieder kommt es vor, daß Fanny sich beschwert, sie würde nicht verstehen, was ich sage, meine, denke, fühle. Madre mio, wenn das Gespräch schon so losgeht, habe ich schon keine Lust mehr, auch nur ein weiteres Wort zu verlieren. Sie will und kann nicht akzeptieren, daß ich in bestimmten Dingen nicht so bin wie sie. Sondern anders. Daß ich zu bestimmten Themen was anderes sage und das auch anders sage oder gar nicht. Immer muß es so sein, daß sie es versteht. Außer, ja außer, ich mache ihr Komplimente. Das gefiel ihnen allen schon damals. Da konnten sie stundenlang zuhören. Sie winkten zwar immer ab und verwarfen alles. Aber wenn ich damit aufhörte, beschwerten sie sich bitterlich. Diese Sprache verstanden sie plötzlich, obwohl es nicht ihre eigene war. Sonst hätte mir doch mal irgendeine Frau ein paar Stunden lang was ins Ohr gesäuselt.

Manfredo meldete sich wieder zu Wort.

»Ich hätte gern ein Eis.«

Der sprach wenigstens eine eindeutige Sprache.

»Hättest du das nicht früher sagen können? Die Eisdiele ist auf der anderen Seite des Parks!«

Also trotteten wir zurück. Einen kleinen Jungen einen ganzen Sonntagnachmittag lang zu beschäftigen, kann ganz schön anstrengend sein. Als ich auf die Uhr sah, erschrak ich. Es war gerade mal zwanzig nach zwei. Wir waren noch nicht mal zwei Stunden draußen! Ich hätte geschworen, daß wir uns seit sechs oder acht Stunden miteinander herumplagten. Wir schwiegen wieder. Mal angenommen, dachte ich, dieser kauzige Knirps neben mir wäre nicht irgendein Junge, der hier mehr oder weniger zufällig neben mit herdackelt. Sondern es wäre mein Sohn. Und der von Fanny natürlich. Was von dem, was so ein Junge braucht, könnte ich ihm denn bieten? Eine eigene Werkstatt habe ich nicht. Mit einer großen Werkbank, an der ich mit ihm stehen und arbeiten könnte. Während ich an einem kleinen Regal für das Bad arbeite oder die hinteren Ritzel von Fannys Fahrrad reinige, schnitzt er an einem Stück Holz herum, damit daraus ein Indianerpfeil wird. Wenn er nicht weiterkommt, bittet er mich um Hilfe, und ich gebe sie ihm. Ansonsten greife ich nicht weiter ein, denn er soll seine eigenen Erfahrungen machen und lernen, mit seinen Händen und dem Werkzeug zu arbeiten. Wir sind beide vertieft in unsere jeweilige Arbeit und sind, ohne daß wir miteinander sprechen, auf eine ganz eigentümliche Art miteinander verbunden, wie wir es sonst nur selten sind. So wäre es, wenn es gut wäre. Aber wer weiß, ob auch der Rest der Welt das gut fände. Denn als Vater kann man unfaßbar viel falsch machen. Ärger ist irgendwie vorprogrammiert. In den seltenen Fällen, in denen Mami und Papi sich nicht überworfen haben und noch zusammen sind, wird auch falsch gemacht, was falsch zu machen ist. Weil man jetzt festgestellt hat, daß die sogenannten neuen Väter Weicheier sind, die auf ganzer Linie versagen. Wie sollen sie auch anders? Männer können es als Vater immer nur falsch machen. Erst gab's den, der Nazi war. Schlimm. Dann den, der immer im Büro war und die Erziehung der Kinder der Frau überließ. Furchtbar. Dann kam der neue Vater, der der vaterlosen Gesellschaft ein Ende bereitete, sich voll einbrachte und auf Spielplätzen zu sehen war und zugab, daß sein Lebensmittelpunkt nicht die Arbeit, sondern die Familie ist. Der macht auch schon wieder alles falsch. Scheitert an der Vorgabe, eine Art bessere Mutter zu sein. Diejenigen, die den Haschischkonsum der Söhne und Töchter lustig finden, haben ebenfalls schon wieder ausgedient. Psychologen werfen den neuen Vätern vor, durch ihre verweichlichte Art eine Heerschar von aggressiven, egozentrischen, antisozialen Kindern heranzuziehen, durch die Bank garantiert spätere Klienten für Therapeuten aller Art. Weil der Papa keine Regeln fürs Leben beibringt, keine Grenzen setzt und auch sonst nicht weiß, wie er seine Rolle ausfüllen soll. So wie man früher nach Arbeitskräften rief und Menschen kamen, ruft man heute nach Männern, und es kommen Memmen. Mannheim oder Memmingen. Es geht hier nicht darum, welche Erziehungsform die bessere ist. Sondern darum, daß Männer und Väter in dieser Gesellschaft es niemals werden recht machen können. Sind sie weg, sind sie Schweine, sind sie da, sind sie es auch.

Die Tage des Mannes

Most important decisions in life
are made between two people in bed.
Billy Bragg

Ich sollte besser mitzählen. Schon seit zwei Tagen war Fanny irgendwie gereizt. Sie war nicht wirklich aggressiv oder so, aber sie mäkelte ständig ein bißchen an sich, ihrem Leben und an mir herum. Ich hatte wirklich keine Ahnung, was nun schon wieder los war. Es war doch in den letzten Tagen und sogar Wochen alles zu ihrer Zufriedenheit verlaufen. Was ich sagen will, ist, daß es keinen erkennbaren Grund für schlechte Laune gab. Und trotzdem herrscht welche. Wahrscheinlich hatte Fanny Streß in der Arbeit. Ärger mit dem Chef oder einem Kunden. Ich beschloß, noch mal ein bißchen nach draußen zu gehen und ein paar Besorgungen zu machen. Vom Bier war kaum noch was da und auch nicht mehr genügend Parmesan. Ich ging ins Bad, um mir die Hände zu waschen, da entdeckte ich auf dem Boden eine kleine Zellophanhülle. Und mir wurde schlagartig klar, daß Fanny im Begriff war, ihre Tage zu kriegen! Mal wieder. Bis jetzt hat noch jede Frau, die ich kenne, unter Stimmungsschwankungen vor der Menstruation gelitten. Und bis jetzt hat das noch jede abgestritten. Man könnte meinen, ich hätte mich im Lauf der Jahre daran gewöhnt. Habe ich aber nicht. Alle achtundzwanzig Tage fühle ich mich wie ein kleiner Schuljunge im Schwimmunterricht, der nicht versteht, wieso manche Mädchen in Straßenkleidern am Beckenrand sitzen bleiben, während wir anderen im Becken herumplantschen. Die Mädchen erzählten, daß es kinderleicht sei, sich wegen Menstruationsbeschwerden zu entschuldigen. Sie mußten nur mit ernster Miene sagen, sie hätten solche Schmerzen wegen ihrer Regel, dann wurden sie, ohne noch mal angesehen zu werden, nach Hause geschickt. Ich habe auch mal versucht, diesen Trick anzuwenden. Als ich mich mal zwei Nachmittage lang nicht aufraffen konnte, das Freibad zu verlassen und in den Mathematikunterricht zu gehen, wurde ich aufgefordert, eine Entschuldigung abzugeben. Da ich volljährig war, mußte ich nicht meine Eltern bemühen. Ich schrieb *Ich konnte nicht am Unterricht teilnehmen, weil ich Menstruationsbeschwerden hatte.* Aber glaube keiner, daß ich damit durchkam. Im Gegenteil, ich bekam einen Vermerk, *Unentschuldigt vom Unterricht ferngeblieben.* Und da das nicht der erste Vermerk war, bekam ich einen blauen Brief nach Hause geschickt. An mich adressiert. Wahrscheinlich in der Hoffnung, meine Eltern würden ihn öffnen. Was diese auch taten. Nach dem Streß zu urteilen, den meine Mutter mir machte, litt auch sie gerade unter Menstruationsbeschwerden.

Wenn's dann losgeht, ist das Schlimmste mit Fanny meist überstanden. Ich habe dann zwar erst mal keine große Lust, mit ihr zu schlafen. Aber wenn wir mal auf die Hygiene pfeifen, hat der Sex auch was. Er ist dann sehr ursprünglich und ungezähmt, so wie im Dschungel. Und wir müssen nicht verhüten. Und wenn ihre Regel trotzdem mal ausbliebe? Manchmal frage ich mich, ob ich davon überhaupt etwas mitbekommen würde. Ob Fanny mir das sagen würde. Oder ob sie dann nicht eher mit ihrer besten Freundin vor einem B-Test sitzen, dem Ergebnis entgegenfiebern und darüber diskutieren würde, ob sie abtreiben soll oder nicht. Ich würde erst mal gar nicht gefragt. Mein Bauch gehört mir.

»Aber, das, was darin heranwachsen würde, gehörte auch *mir*!«

Diese Diskussion haben wir nämlich schon ein paarmal geführt. Nachwuchs ist für Fanny ein wichtiges Thema. Sie ist dreiunddreißig Jahre alt und steht vor dem Problem, vor dem alle Frauen ihres Alters stehen.

»Irgendwann bin ich zu alt, um noch Kinder zu bekommen!«

»Hör auf.«

»Willst du denn keine?«

»Doch. Nein. Weiß nicht.«

»Ihr Männer habt es gut. Ihr könnt bis zum Sankt-Nimmerleins-Tag damit warten und noch mit fünfzig oder sechzig Vater werden.«

Das stimmt. Aber warum klingt dieser Satz aus dem Mund einer jeden Frau *immer* wie ein Vorwurf? Es gibt Gesetze der Natur, gegen die können wir nichts ausrichten. Männern wachsen Haare im Gesicht. Frauen kriegen einmal pro Monat ihre Tage. Männer verlieren ihr Haar. Frauen die Spannkraft im Busen. Das ist eben so. Da kann keiner was dafür. Da kann auch keiner was dagegen tun. Das heißt, so ist es nicht. Es wird natürlich immer und überall etwas gegen den Kreislauf der Natur getan und in das Wesen des menschlichen Körpers eingegriffen. Wogegen man aber nichts tun kann, ist die Tatsache, daß die Empfängnisfähigkeit bei Frauen sehr viel früher aufhört als bei Männern. Auch wenn man das niemals laut sagen sollte. Fanny kann dieses Thema nicht rational besprechen. Sie fühlt sich von dieser biologischen Tatsache persönlich angegriffen. Und weil die Natur und die Biologie als Gegner zu groß und zu ungreifbar sind, personalisiert sie sie und macht mich zum Buhmann. Und mit ihr tun das alle ihre Freundinnen. Und alle meine Freundinnen. Und alle meine Ex-Freundinnen. Wer noch?

»Kann ich irgendwas dafür, daß das so ist?«

»Natürlich nicht.«

»Und wieso wirfst du es dann mir vor?«

»Jetzt willst du kein Kind. Und später, wenn du es dir anders überlegt hast, kann ich keins mehr kriegen.«

Sie war eingeschnappt.

»Fanny! Du bist dreiunddreißig. Nicht dreiundvierzig!«

»Und dann nimmst du dir eine Jüngere, die du bumsen und schwängern kannst!«

Diese Empörung! Diese Entrüstung! Dieses blanke Entsetzen!

»Habe ich irgendwas getan, daß darauf schließen ließe, daß es genau so kommen wird?«

»Ja.«

»Was denn?«

»Du willst kein Kind.«

»Ich will ja. Aber noch nicht jetzt!«

»Sondern wenn du fünfzig bist.«

»Irgendwann läßt auch meine Manneskraft nach.«

»Dann nimmst du eben Viagra.«

»Wie kannst du mich eines Verhaltens anklagen, das in der fernen Zukunft liegt?«

Wobei ich sagen muß, daß die Tatsache, daß diese Art Medikamente seit ein paar Jahren auf dem Markt sind, schon etwas sehr Beruhigendes hat. Nicht daß der falsche Eindruck entsteht, ich bräuchte das jetzt schon. Fanny kann bezeugen, daß das genaue Gegenteil der Fall ist! Aber es ist wie mit der Bundeswehr. Man denkt nie über sie nach, aber irgendwie hat man immer im Hinterkopf, daß sie, wenn es nötig sein sollte, da sein und einen im Angriffsfalle verteidigen wird. Viagra und Co. werden da sein, wenn es soweit ist. Ich brauche mir keine Gedanken mehr darüber zu machen, ob ich bis zum natürlichen Ende meiner Potenz alles getan haben werde, was ich tun wollte und so oft ich es tun wollte. *Das* ist das wahre Ende der Geschichte, nicht der Untergang von Sozialismus und Kommunismus. Man muß sich einfach nicht mehr so beeilen. Man ist seine eigene Flasche Rotwein, die man zum Reifen für die nächsten zwanzig Jahre in den Keller legen kann.

»Das passiert doch alles nur in deiner Phantasie«, erklärte ich.

»Aber ihr Männer seid nun mal so!«

Sprachlosigkeit ist nicht meine Stärke. Hier war sie es.

»Nenn mir drei Männer, die das so gemacht haben!«

»Charlie Chaplin.«

»Eins.«

»Dieser Politiker, wie heißt der doch gleich?«

»Ich weiß nicht, wen du meinst.«

»Irgendeiner von denen halt.«

»Eineinhalb.«

»Und dann noch ... «

Sie überlegte fieberhaft, aber es fiel ihr niemand mehr ein.

»Siehst du, du bringst nicht mal drei zusammen. Und die eineinhalb anderen haben schon in jungen Jahren ihre ersten Kinder bekommen.«

»Das hat doch gar nichts zu sagen.«

»Oh doch. Ich meine, wer weiß, ob ich, wenn ich irgendwann mal Kinder bekommen möchte, überhaupt welche kriegen kann?«

Eine wichtige Frage. Egal, ob in einem Jahr oder in zwanzig? Vielleicht bin ich ja gar nicht zeugungsfähig? Alfons hat es da gut. Er kann sich darauf verlassen, daß bei ihm alles in Ordnung ist. Er hat schon drei Abtreibungen hinter sich. Das heißt, natürlich nicht er, sondern drei Frauen, mit denen er geschlafen hat. Ich glaube ja, daß es vier Abtreibungen waren und er uns eine verschweigt. Weil dann nämlich rauskäme, daß er doch was mit Margitta hatte, als deren Ehemann für ein halbes Jahr auf Montage in Neuseeland war. Ich kann verstehen, daß er das für sich behält, denn dieser Ehemann, der

Starkstromelektriker ist und auf den Strommasten dieser Welt herumklettert, ist weder schwach noch zimperlich. Ich kann mir gut vorstellen, daß dem das überhaupt nicht gefallen würde, wenn er erführe, daß Margitta mit Alfons ... und daß da sogar ein Kind ... Nein, nein, Alfons soll die Sache für sich behalten. Und im stillen genießen, daß er weiß, daß er, wenn's drauf ankommt, für Nachwuchs sorgen kann. Bei mir wachsen nur die Sorgen nach. Nämlich die, daß ich vielleicht gar keine Kinder bekommen kann. Dann stände ich ja ganz schön blöd da, mit fünfzig, wenn ich mich endlich dazu durchgerungen habe, um dann zu merken, daß es gar nicht geht.

Ich habe schließlich meine Erfahrungen gemacht. Denn wir waren schon mal so weit, daß wir es ernsthaft darauf anlegten, daß es klappt mit den Kindern, Fanny und ich. Angefangen hatte alles damit, daß wir Silvester bei Jürgen feierten und die Party ausgesprochen wild und ausgelassen war. Die ganze Gesellschaft wuchs über sich hinaus und war wie entfesselt. Wir tanzten, wir brüllten, wir tranken und waren alle ganz beseelt von der Tatsache, daß wir zu so was überhaupt noch fähig sind. Üblicherweise verlaufen Feten ja nicht mehr so wie früher, als wir jung waren und keine Grenzen kannten. Meistens finden ja überhaupt gar keine Feten mehr statt. Wer Geburtstag hat, lädt in eine Kneipe ein, damit er zuhause keinen Dreck hat. Und an Silvester treffen wir uns bei irgendwem und essen ausgiebig zu Abend. Auch schön. Aber wir sind die Summe unserer Erfahrungen und Erinnerungen, und dementsprechend kann sich an diesen Abenden jeder von uns daran erinnern, wie wild wir früher manchmal waren. Nicht, daß wir wieder so sein wollen, aber manchmal werden wir ein bißchen wehmütig. Da kann man noch so oft betonen, daß man das alles hinter sich hat und nicht mehr braucht. Silvester bei Jürgen fing auch als eins dieser harmlosen und kultivierten Abendessen an. Wir waren fünfzehn Leute. Jeder bringt was mit, man ißt und unterhält sich, und wenn man nicht auf Mitternacht warten würde, ginge der erste wahrscheinlich gegen elf nach Hause. Aber es blieben alle, denn es war nun mal Silvester. Und dann trudelten plötzlich noch fünfzehn Gäste ein und dann noch mal zehn, die bei irgendwelchen anderen Abendessen gesessen und diese verlassen hatten, und irgendwie kam es, daß die Stimmung lockerer wurde und uns ohne daß wir uns absprechen mußten, eine kollektive Fröhlichkeit erfaßte. Wir schoben den Tisch zur Seite und den Lautstärkeregler der Stereoanlage bis zum Anschlag. Hinterher weiß man nie, woran es gelegen hat, daß es nun ausgerechnet an diesem Abend knallte und wer den Anfang machte, aber das ist ja letztlich auch egal. Vielleicht ist es doch dieses Ding mit Silvester. Ein besonderer Tag, eine besondere Nacht. Zumindest bildet man sich das ein. Ich jedenfalls wußte in dieser Nacht mal wieder, wieso ich mich in Fanny verliebt habe und wieso ich sie liebe und daß ich auf immer und ewig mit ihr zusammen bleiben will. Wieso, weiß ich nicht. Ich wußte es einfach. Und Fanny? Die schrie es mir ins Ohr. Schreien mußte sie, weil wir direkt vor einer von Jürgens großen High Tech-Boxen standen, aus denen Hot Hot Heat dröhnte, diese viel zu unbekannte Band aus Kanada, *don't worry now cuz it's all under control*. Alle tanzten dazu, ich küßte Fanny und sie küßte mich und irgendwann sahen wir uns nur noch an. Ich nahm sie an der Hand und zog sie in die Speisekammer, die an die Küche angeschlossen ist. Es war zwei Uhr morgens, als wir dort miteinander schliefen, uns nicht sorgten, alles unter Kontrolle hatten und mit bestem Wissen und Gewissen auf die Verhütung pfiffen. Es war zwar ein wenig ungemütlich, weil eng, aber trotzdem toll. Danach gingen wir wieder raus und tanzten bis in die Morgenstunden und dann fuhren wir im Taxi nach Hause, wo wir das ganze im Hausflur und dann noch mal im Bett wiederholten. Und dann? Hatten wir am nächsten Tag nur ein bißchen Kopfschmerzen. Aber die Nacht war es wert. Und dann? Bekam Fanny zehn Tage später ihre Regel. Und dann? Fand sie, daß wir das, was wir da in enthemmten Zustand getan hatten, ja auch gezielt machen könnten. Nämlich unverhütet miteinander schlafen. Ein Kind bekommen. Und dann? Taten wir das. Unverhütet miteinander schlafen. Herrlich war das. Es war Januar und es war kalt, und jeden Abend freute ich mich aufs nach Hause kommen. Und dann? Wurde es Februar und dann März und dann April. Monat für Monat bekam Fanny ihre Tage, so daß die Frage aufkam, woran es liegen könnte und daß es vielleicht Sinn machen könnte, daß wir uns mal untersuchen lassen. Vielleicht kann einer von uns beiden ja nicht? Fanny konnte es nicht sein, denn sie hatte sich längst bei irgendeinem ihrer regelmäßigen Termine auf alles abklopfen lassen. Ihre Ärztin hatte ihr bestätigt, daß bei ihr alles in Ordnung ist. Also lag es vielleicht an mir?

Der Herr Doktor hörte sich schweigend meine Ausführungen an.

»Und Ihre Frau?«

»Bei meiner *Freundin* ist alles in Ordnung. Das ist wissenschaftlich erwiesen.«

»Rauchen Sie?«

»Ja.«

»Trinken Sie regelmäßig?«

»Was heißt regelmäßig?«

»Also ja.«

»Sagen wir jein.«

»Irgendwelche Krankheiten?«

»Ich habe mir zweimal die Bänder gerissen.«

Er sah mich streng an. Genau so, wie Fanny mich immer ansieht, wenn ich sage, daß ich krank bin. Na gut, ich gebe zu, ich wäre selbst erschrocken, wenn er meine Zeugungsschwäche auf meine dicken Fußknöchel zurückgeführt hätte.

Schließlich schob er mir ein Plexigläschen hin.

»Was soll ich damit?«

»Ich brauche Ihr Sperma, damit ich es untersuchen kann.«

»Jetzt?«

Vorne an der Rezeption saß eine junge, türkische Arzthelferin. Die Vorstellung, an ihr vorbei auf die Toilette zu gehen, um dort ... Vielleicht gab es ja auch ein extra Zimmer. Aber womöglich käme, während ich mich gerade abmühte, mit gesenktem Kopf eine der Schwestern rein, um aus einem Schränkchen neue Einmalkanülen zu holen oder was anderes. Tun Sie so, als sei ich gar nicht da. Nein, das ging ja gar nicht, das war ja wie in einem Film. Der Herr Doktor wußte, was ich dachte.

»Sie können es auch mit nach Hause nehmen. Aber das Sperma darf nicht älter als eine dreiviertel Stunde sein. Schaffen Sie das?«

»Ja, klar!« rief ich schnell, »ich wohne gar nicht weit weg.«

Er beugte sich zur Gegensprechanlage. Ich sah ihn an.

»Ist noch was?«

»Was ist, wenn Sie nichts finden? Was gibt's denn dann noch für Möglichkeiten?«

»An der Universitätsklinik gibt es genetische Beratung, künstliche Befruchtung, solche Sachen. Aber ich würde mir das überlegen. Das bedeutet viel Streß. Mental, meine ich.«

Wie sollte ich denn noch gestreßter sein als ich es sowieso schon war? Was würde denn Fanny zu dem ganzen Schlamassel sagen?

»Soll ich dir helfen?«

Das sagte Fanny dazu. Wir saßen am Küchentisch und starrten auf die Dose aus Plexiglas, die zwischen uns auf dem ansonsten leeren Tisch stand. Das war komisch, denn zu jedem anderen Zeitpunkt meines Lebens hätte ich ihr Angebot, mir mal eben einen runterzuholen, angenommen. Aber hier und jetzt und heute, wo ich diesen Kloß im Hals und Pudding in den Knien hatte und keine einzige Ameise in der Hose, wollte ich das nicht. Also ging ich alleine ins Bad, und als ich wieder rauskam, stand Fanny vor mir, wie zufällig, sie sah mich an wie ein kleines Kind, das schon immer mal wissen wollte, was passiert, wenn die Erwachsenen die Tür hinter sich zuziehen.

»Und, wie war's?«

»Wie soll's schon gewesen sein?«

Ich hatte wirklich keine Zeit für Gespräche dieser Art. Ich mußte doch um halb zwölf bei meinem Arzt sein. Das war in fünfundreißig Minuten! Ich nahm die 53er und fuhr bis zum Rosenthaler Platz. Dort wollte ich die U8 bis zur Klosterstraße nehmen, denn dort hatte der Arzt seine Praxis. Aber an der U8 wurde gebaut, und sie fuhr nur alle zwanzig Minuten! Das würde niemals reichen! Also nahm ich die Beine in die Hand und rannte los. Ich sah auf die Uhr, es war schon zwanzig nach, in zehn Minuten würde das Sperma in meiner Jackentasche schlecht sein! An der Ecke Rosenthaler, Weinmeisterstraße beschloß ich, links über den Alex zu laufen. Plötzlich hörte ich, wie eine weibliche Stimme meinen Namen rief. Ich drehte mich im Laufen um. Das war nun wirklich merkwürdig, denn die weibliche Stimme gehörte Carla, meiner Exfreundin und Fannys Vorgängerin. Sie hatte mich eingeholt und fuhr nun im Schrittempo neben mir her.

»Na, wie geht's?«

»Ich hab leider überhaupt keine Zeit.«

»Wo mußt du denn hin?«

»Zur Klosterstraße.«

»Soll ich dich ein Stück mitnehmen?« fragte Carla mich, patent wie sie war.

»Das wäre toll.«

Sie hielt an, und ich stieg auf ihren Gepäckträger.

»Bis zur Klosterstraße fahr ich nicht«, erklärte sie, »aber bis zum hinteren Alex kann ich dich mitnehmen.«

Und so saß ich auf diesem Gepäckträger und hielt mich an ihren Hüften fest, in der Tasche mein schwächelndes Sperma. Ihre Jacke wurde vom Fahrtwind aufgeblasen, so daß ich nach vorne nichts sehen konnte. Ich hatte sie seit mindestens einem Jahr nicht mehr gesehen. Ich hätte sie zu eintausend anderen Gegebenheiten treffen können, aber nein, ausgerechnet an dem Tag, als ich ihre Nachfolgerin zu schwängern gedachte, mußten wir uns begegnen.

»Wie geht's Fanny?« fragte sie über die Schulter.

»Danke, gut.«

»Seid ihr noch zusammen?«

»Äh, ja.«

»Hätte ich ja nie gedacht, daß das mit euch beiden so lange hält.«

Ich wollte das Thema wechseln.

»Und du? Hast du einen Freund?«

»Bis vor zwei Wochen einen gehabt.«

»Oh, tut mir leid.«

»Kein Problem. Ich hab ihn verlassen.«

Mal wieder, dachte ich.

»Und warum?« fragte ich.

»Weil er durchdrehte und anfing, ein Kind zu wollen. Kannst du dir das vorstellen?«

So eng liegen Schicksale beisammen. Ich mußte schlukken. War das nicht Aufgabe der Frau, ein Kind zu wollen? Wäre mir, wenn es mit Carla und mir geklappt hätte, der ganze Ärger etwa erspart geblieben?

»Und ihr? Wie sieht's mit Nachwuchs aus?«

»Ach, weißt du, mal drüber reden, ja, aber sonst ... «

Gott sei Dank trat Carla ganz schön in die Pedale, so daß dieses Gespräch bald ein Ende haben würde. Andererseits bekam ich bei dem Tempo und den vielen Bordsteinen Angst um mein Sperma. Ich getraute mich nicht zu sagen, sie solle vorsichtiger fahren. An der Sparkassenfiliale stieg ich ab.

»Danke.«

»Grüß Fanny von mir. Wir können doch mal was zu dritt machen.«

»Gute Idee«, sagte ich und rannte davon, weiter in Richtung Klosterstraße, wo ich um Viertel vor zwölf ankam und mein Schälchen auf den Tresen stellte.

»Von wann ist denn das?« fragte die türkische Assistentin mit einer Stimme, als handle es sich um gammeligen Fisch.

»Eine halbe Stunde alt. Höchstens.«

Im Behandlungsraum gab der Arzt ein bißchen was davon auf ein Glasplättchen und legte es unters Mikroskop.

»Hm«, sagte er nachdenklich, »hm, hm, hm.«

Und dann noch mal: »Hm.«

Es ist keine schöne Situation, wenn man einem Mediziner gegenübersitzt, der angesichts des eigenen Innersten, das man nach außen gekehrt hat, »Hm« sagt und einen nicht wissen läßt, warum. Das sind die berühmten Sekunden, die wie Stunden vergehen.

»Was ist denn?«

»Wollen Sie mal einen Blick reinwerfen?«

Das Mikroskop war so eines, bei dem zwei Menschen gleichzeitig reingucken können. Vier Augen sehen mehr als zwei. Ich sah Tausende von kleinen Ichs, die auf dem Objektträger herumschwammen. Ich konnte nichts Negatives an meinen Kindern erkennen. Die sahen doch gut aus.

»Das sieht leider gar nicht gut aus«, sagte der Arzt.

»Wieso denn?«

»Normalerweise haben Männer Millionen von Spermien. Bei Ihnen sind es, ich schätze mal, hunderttausend.«

Wie wollte er die denn so schnell gezählt haben?

»Hunderttausend ist doch besser als nichts.«

»Die meisten davon sind von schlechter Qualität.«

Und das sagte der einfach so? Mein Sperma war von schlechter Qualität? *Ich* war von schlechter Qualität? Wie sollte ich das bloß Fanny beibringen? Ich glaubte ihm nicht.

»Sehen Sie, da bewegt sich überhaupt nichts. Da sind viele tot. Oder faul.«

»Das glaube ich nicht.«

»Normalerweise ist das ein unglaubliches Gewimmel. Sehen sie da! Ab und zu huscht einer rüber.«

Das lag bestimmt an der Hitze. Oder daran, daß das Zeug viel älter war als eine dreiviertel Stunde. Das nächste Mal würde ich mir ein Auto leihen. Oder an der Schüttelei auf Carlas Fahrrad! Vielleicht hatte sie ja intuitiv gespürt, was ich im Schilde führte, und versucht, das mit allen Mitteln zu verhindern, weil sie tief in sich drin immer noch mich und meinen Samen wollte ... na ja, das klang doch selbst mir ein bißchen sehr konspirativ. Ich sah den Arzt verzweifelt an.

»Wir können ja noch mal ein Kontrollspermiogramm machen.«

»Das heißt?«

»Vier Wochen lang gesunde Ernährung, kein Streß, wenig Beischlaf, einverstanden?«

Vier Wochen später stand ich wieder auf der Matte.

»Schon besser. Das sind sechshunderttausend. Aber die sind genauso unbeweglich. Ich kann jetzt nur noch eines machen: Ich schick sie ein. Aber wenn das Labor nichts findet, keine Infektionen oder sonst was – dann kann ich Ihnen nicht mehr helfen.«

Weitere zwei Wochen später. Ich hatte schon richtig Routine beim Füllen des Schälchens. Fanny war schon im Büro. Ich machte mir nicht mehr die Mühe, aufs Klo zu gehen. Ich tat es gleich am Küchentisch und las nebenher den Sportteil.

»Das Labor hat etwas gefunden, was der Grund für die schlechte Qualität Ihres Spermas sein könnte. Es handelt sich dabei um zwei verschiedene Arten von Bakterien, von denen zumindest die eine für das schlechte Ergebnis verantwortlich sein *könnte*. Ich verschreibe Ihnen mal ein Antibiotikum.«

»Fanny! Ich hab Bakterien! Die sind schuld daran, daß mein Sperma so schlecht ist! Ich nehm jetzt Antibiotika!«

Fanny zeigte wenig Regung.

»Zeig mal, was ist denn das für ein Zeug? Wie heißen denn die Bakterien?«

»Keine Ahnung. Bakterien eben.«

»Kannst du da nochmal anrufen? Ich hab morgen einen Termin bei meiner Frauenärztin, da kann ich dann mal nachfragen.«

»Wieso? Was hat denn die damit zu tun?«

»Es interessiert mich eben, was sie dazu meint.«

Ich war natürlich den ganzen Tag gespannt, was ihre Ärztin sagen würde.

»Na, wie war's?«

»Alles O. K.«

»Und die Bakterien?«

»Ach so«, sagte Fanny beiläufig, »sie kann sich nicht vorstellen, daß die Einfluß auf dein Sperma haben. Die hat nämlich jeder Mensch. Die eine Art hab ich auch. Du kannst aber trotzdem dein Antibiotikum nehmen. Wenn du unbedingt willst.«

Was fiel dieser Frauenärztin ein, über meinen Bakterienhaushalt besser Bescheid wissen zu wollen als ich und mein Arzt? Ich winkte ab.

Plötzlich wurde Fanny sehr ernst.

»Du, ich hab mir da sowieso was überlegt. Wie wär's, wenn wir das mit dem Kind noch mal verschieben?«

»Wie bitte?«

»Na ja, ich hab doch jetzt die Zusage für diesen neuen Job, und da sollte ich mich vielleicht erst mal bewähren anstatt sofort wieder aufzuhören, weil ich schwanger bin.«

Ich wäre ihr beinahe ins Gesicht gesprungen. Da renne ich seit Wochen von Pontius zu Pilatus, um zu Supersperma de Luxe zu kommen, und dann wischt meine Lebensgefährtin das Thema einfach so vom Tisch. Ich ließ es bleiben. Es hatte ja doch keinen Sinn.

Die Geschichte ist aber noch nicht zu Ende. Fanny wechselte in ihren neuen Job und hatte noch mehr zu tun als sonst. Der Herbst kam und die Bäume verloren ihre Blätter, und wir verhüteten wieder, wenn wir Verkehr hatten, wie man das auch nennt. Und dann, etwa zwei Monate nach dieser Aktion, hatte ich einen freien Nachmittag und ging in den S-Bahnhof Alexanderplatz, um mir beim Bahnschalter eine Bahncard zu kaufen. Und plötzlich überkam es mich. Ich stand in der Schlange, die dort immer fürchterlich lang ist, und wählte die Nummer meines Arztes. Ich bekam auch sofort einen Termin und huschte schnell rüber. Ich nahm ein Plexiglasschälchen mit auf die Toilette und übergab es nach getaner Arbeit der Türkin. Ich wollte wissen, wie es um mein Sperma stand. Ob es immer noch so supermies war oder ob es sich ein klein wenig gebessert hatte. Noch ungläubiger als ich war der Doktor selbst, als wir über dem Mikroskop hingen.

»Wir haben Sie das denn hingekriegt?«

Da wuselte und tobte es, daß es seine Bewandtnis hatte! Das waren nicht hundert oder sechshunderttausend, das waren Millionen von Spermien! So was Schönes hatte ich lange nicht gesehen.

»Keine Ahnung. Ich habe nichts getan. Die Antibiotika, die Sie mir verschrieben haben, habe ich auch nicht genommen. Ich lebe wie immer.«

»Dann gibt es nur eine Erklärung. Sie waren im Streß, und das total. Kann das sein?«

Ich überlegte. Das einzige, was mich in den letzten Wochen und Monaten gestreßt hatte, war Fanny und die Tatsache, daß sie ein Kind haben wollte. Wahnsinn! Das nenne ich gelebte Psychosomatik. Mein Sperma knickt ein, wenn es erfährt, daß es sich mit einer Eizelle vereinen soll! Fanny erzählte ich erst mal nichts. Sie sollte ruhig in dem Glauben bleiben, daß ich es nicht bringe. Aber sie hat es sowieso rausgefunden, weil ihr zufällig meine letzte Arztrechnung in die Finger fiel. Da sagte sie:

»Jetzt kannst du wenigstens wieder drüber nachdenken, mit fünfzig Vater zu werden.«

Das durfte doch nicht wahr sein. Schon wieder diese Diskussion.

»Selbst wenn es so wäre, wachsen die gebährfähigen Frauen denn an den Bäumen? Und muß man als sportlicher Mittfünfziger bloß vorbeilaufen und gegen den Stamm klopfen, und schon fallen sie mit offenen Beinen herunter?«

In meinem Freundes- und Bekanntenkreis gibt es das nicht. Was es aber gibt, sind Frauen, die irgendwann kurz vorm Schließen ihres eigenen Lokals beschließen, doch noch ein Kind zu bekommen. Mir fällt eine ein, die irgendwann auf den gar nicht so unvernünftigen Satz »wenn der richtige Mann kommt« gepfiffen hat, sich für ein paar Wochen mit mehreren Männern traf und irgendwann schwanger wurde. Ich will das jetzt so. Mehrere Männer deswegen, um die Chancen der Befruchtung zu erhöhen. Und damit sie nicht weiß, wer genau der Vater ist. Obwohl der Kleine einen so hohen Haaransatz und eine so schiefe Nase hat, daß ich mir beim besten Willen nicht vorstellen kann, man würde den Vater nicht erkennen. Der Mutter ist das egal (oder auch nicht), denn nach all den Enttäuschungen und Verletzungen, die sie mit Männern durchgemacht hat, hat sie jetzt jemanden, der ihr all das gibt, nach was sie so lange gesucht hat: bedingungslose Liebe. Ein kleiner Mann, der nicht widerspricht und für und um ihre Liebe kämpft. Der, wenn sie mal streng ist und mit ihm schimpft, alles tun würde, um sie wieder zum Lachen zu bringen. Die zwei wohnen in unserer Straße, und manchmal sehe ich sie, wie sie am Sonntag das Haus verlassen, um irgend etwas zu unternehmen. Einmal haben Fanny und ich sie im Restaurant beim Kloster Chorin getroffen. Mai war's und heiß war's und unter den Sonnenschirmen saßen die vielen Paare, die es wie uns ins Umland gezogen hatte. Unsere Nachbarin und ihr kleiner Sohn saßen sich wie alle anderen auch gegenüber, starrten auf den See und die Klosteranlage und ließen sich von der Sonne wärmen. Ich weiß nicht. Wenn ich dieses ungleiche Paar sehe, merke ich, daß ich das bürgerliche Ideal der Familie – inklusive Vater/Mann – gar nicht so schlecht finde. Wer weiß, vielleicht ist sie wirklich die Keimzelle der Gesellschaft? Aber gut, das ist die moderne Welt, alles ist möglich. Freiheit ist immer die Freiheit der Andersdenkenden, und da gehört diese Nachbarin eben auch dazu. Letztlich ist es ja auch gut so, denn die Vorstellung, von Staats wegen wäre nur eine einzige Form des Zusammenlebens, die der Kleinfamilie eben, erlaubt, ist ja schrecklich. Andererseits, vielleicht gäbe es dann auch keine alten Knacker, die die jungen Dinger schwängern, und Fanny würde nicht regelmäßig in Panik geraten. Obwohl ich sagen muß:

»Ich kenne gar keine Familie, in der der Vater alt und die Mutter blutjung ist.«

»Es gibt viel mehr, als du denkst!«

Fanny konnte sich gar nicht mehr beruhigen. Ich hasse dieses Thema.

»Eben nicht! Kennst du eine Frau in unserem Alter, die einen zwanzig Jahre älteren Mann hat? Und Kinder mit ihm?«

Fanny überlegte.

»Oksana!«

»Wer ist bitteschön Oksana?«

»Diese hübsche Dolmetscherin, die bei dem Abendessen von Barbara war. Sie hat zwei Kinder.«

»Die ist Mutter? Sieht man ihr gar nicht an.«

»Wieso nicht?«

»Die sieht noch so knackig aus.«

»Ach, und was tust du, wenn ich mal Kinder habe und nicht mehr knackig aussehe?«

Einfach nicht drauf eingehen.

»Und wie alt ist der Vater von Oksanas Kindern?«

»Über fünfzig. Ich werde niemals stillen. Das tue ich meinen Brüsten nicht an.«

Den Satz habe ich auch schon aus mehr als einem Mund gehört. Als es dann soweit war, haben dann alle gestillt. Jetzt nicht ablenken lassen.

»Und was macht Oksanas Mann beruflich?«

»Dem gehört ein Cateringunternehmen. Die beliefern den Bundespresseball und so.«

»Ist er reich?«

»Bestimmt.«

»Das ist eine wesentliche Einschränkung: Der alte Mann muß reich sein. Oder Künstler. Am besten beides. Ich bin weder das eine noch das andere. Wieso sollte sich in zwanzig Jahren eine junge, attraktive, intelligente, phantastisch gebaute Schönheit, die was Schöngeistiges studiert und eine Kanone im Bett ist, ausgerechnet für mich interessieren und mir fortan jeden Wunsch von den Augen ablesen? Ich meine, du weißt, ich bin ein Supertyp, trotz Haarausfall und Bauchansatz, aber trotzdem.«

»Vielleicht hast du bis dahin ja im Lotto gewonnen.«

»Na und? Die meisten Menschen verlieben sich nun mal in Menschen ihrer Altersgruppe. Ich hab mich ja auch für dich entschieden und nicht für deine Mutter.«

»Hast du was gegen meine Mutter?«

»Nein! Außer ... «

»Außer was?

»Daß sie zu alt ist.«

»Ich werde auch mal alt sein.«

Wie wahr. Und wenn ich hier an dieser Stelle etwas anderes sage, als ich zu Fanny sagte, liegt das daran, daß ich weiß, man kann in der Liebe ohne die Kunst der Diplomatie keine drei Tage bestehen. Ich biß ihr in die Hand.

Wie man sein Mädchen beruhigt, das gerade dabei ist, einen verrückt zu machen, Versuch 1:

»Baby de Luxe, was Besseres als du konnte mir gar nicht passieren. Dich werd ich immer lieben.«

Aber in mir drin gab es etwas, das sehr wohl daran dachte, wie es sein würde, wenn Fanny mal älter wird und vielleicht mal ist oder aussieht wie ihre Mutter. Ich getraute mich kaum, diesen Gedanken zu Ende zu denken. Aber Fanny ließ mir sowieso keine Gelegenheit dazu.

»Ich weiß nicht.«

Oh, oh. Vorsicht. Irgendwas war nicht in Ordnung mit ihr. Ich mußte schwerere Geschütze auffahren. Was konnte ich sagen?

Versuch 2:

»Ich bin hier derjenige, der froh sein muß, wenn sich so ein Rasseweib wie du nicht eines Tages von mir abwendet!«

»Ach was.«

Versuch 3:

»Wenn ich daran denke, wie dir die Männer auf der Straße hinterhersehen.«

»Quatsch nicht.«

»Und daß Frederik in dich verliebt ist, sieht jedes Kind.«

Frederik ist ihr Arbeitskollege und ein riesengroßer Idiot, der wesentlich mehr Zeit mit meiner Lebensgefährtin verbringt als ich.

»Fang nicht schon damit wieder an.«

Versuch 3 fehlgeschlagen. Immer schön die Dinge auseinanderhalten. Denn wegen diesem Frederik gab's in unserem Hause schon jede Menge Ärger. Nur so viel: Dieser Typ steckt seine Nase ein bißchen zu tief in das Dekolleté meiner Freundin. Und meine Freundin nennt das harmlose Flirterei und unterbindet es nicht.

Mir fiel nichts mehr ein. Was vielleicht daran lag, daß ich diesen blöden Frederik nicht mehr aus dem Kopf bekam. Fanny seufzte.

»Eines Tages sitz ich da mit unseren drei Kindern ... «

Fanny ist die Größte! Ein halber Satz genügt ihr, um Frederik aus meinem Hirn verschwinden zu lassen.

»Drei??«

»Na gut, zwei ... «

Wieso ritt sie in letzter Zeit ständig auf diesem Thema herum? Vielleicht war das Zellophanhüllchen auf dem Fußboden ja nur ein Trick. Eine Ablenkung, die mich auf der sicheren Seite wiegen sollte? Während sie längst Pläne über die Einrichtung des Kinderzimmers ausbrütete? Oder war das eher unwahrscheinlich? Steckt man drin? Nein. Ich sollte wirklich besser mitzählen! Aber das sage ich mir jedesmal. Kaum ist Fanny ihre Sorgen los, habe auch ich sie wieder vergessen. Bis es im nächsten Monat wieder von vorne losgeht.

Das Schweigen der Forellen

Frauen macht es nicht so viel aus, zu verlieren.
Ich verliere weder im Schach noch im Fußball gern.
Felix Magath

Es war Sonntagmittag, als ich mich zum Sport verabschiedete. Ich hatte das Haus schon verlassen, da rief Fanny vom Balkon nach mir. Ich hatte meine Sporttasche mit den Fußballschuhen zu Hause stehenlassen.

»Brauchst du die nicht?« schrie sie.

»Nein, heute gehe ich angeln.«

»Ist das ein Sport?«

»Genau das will ich herausfinden.«

Wobei ich ehrlich gesagt lieber wieder auf eine Go-Kart-Bahn gefahren wäre, wie Alfons, Jürgen und ich das vor ein paar Monaten getan hatten. Weil Jürgen bei eBay einen Billardtisch ersteigert hatte, stiegen wir morgens um fünf in einen gemieteten LKW und fuhren nach Jever, um dort das fünftausend Kilo schwere Monstrum abzuholen, das jetzt quer in seinem Schlafzimmer steht. Wir waren bei Jüterbog, wo einst Tetzels Ablaßkästchen stand und Luther zur Weißglut brachte, da entdeckte ich, der ich hinten saß und die Karte studierte, daß es in der Nähe eine Go-Kart-Bahn gibt. Nichts wie hin. Die Umgebung dieser Städte muß man sich so vorstellen: viel Wald, kilometerlange Straßen durch ebendiesen Wald, links und rechts entweder nichts oder verfallene

Wohnbaracken, in denen einst die Russen hausten, oder riesengroße, verfallene Fabriken und Lagerhallen. Immer mal wieder eine intakte Wohneinheit, vor der Kinder spielen. Die Go-Kart-Bahn befand sich am Ende der Strecke. Fünf, sechs Kilometer in den Wald hinein. Nicht ganz billig war es, zehn oder fünfzehn Euro für zehn Minuten. Wir waren die einzigen Gäste, es war kalt und schon ein bißchen dunkel. Wir zögerten.

»Was meinst du?«

»Weiß nicht.«

»Billig ist es nicht.«

»Wir wollten doch noch essen gehen.«

Aber dann sagte Alfons:

»Ach was. Wir fahren.«

Wir bekamen Helme, die wackelten, als seien sie vom Sperrmüll, und dann rauf auf die Gefährte. Sechs PS ist das billigste, das wollten wir nehmen. Aber der Junge hinterm Tresen erklärte, daß das viel zu wenig ist und wir besser zwölf nehmen sollten. Wir zögerten wieder.

»Sechs PS ist eigentlich nur für die Kinder.«

Damit hatte er uns. Go-Karts sind diese Art von Gefährt, in denen die Karriere der Schumachers einst begann und die abgehen wie Schmidts Katze. Diese Geschosse waren einfach geil! Man sitzt ja quasi auf der Straße, den röhrenden Motor hat man direkt hinterm Ohr, drückt man aufs Gas, ist man von einer Sekunde zur anderen am anderen Ende der Straße. Es ist der Wahnsinn. Am Anfang waren wir sehr verhalten, aber langsam gewöhnten wir uns an die Geschwindigkeit, und dann legten wir los und fuhren Rennen. Kurve, Schikane, Kurve, auf langer Strecke beschleunigen, abbremsen, Kurve, Gas geben. Auch wenn man sich langsam dran gewöhnt, läßt das Kribbeln nie nach. Man hat mehrere Gegner: zum einen die Männer in den anderen Maschinen. Dann die Maschine selbst, die störrisch ist und ein Eigenleben führt. So muß es mit einem Pferd sein, wenn man es zureitet. Und dann ist da als größter Gegner die Angst in einem drin. Auch sie läßt nie ganz nach, gegen sie kämpft man an, und vor jeder Kurve wird sie stärker, und in jeder Kurve hat man sie besiegt, und nach jeder Kurve merkt man, daß der Sieg nur von kurzer Dauer war. Nach der Kurve ist vor der Kurve, und weil man noch mehr Gas gibt, wird auch die Angst stärker, und dann aufs neue. Wahnsinn. Ich glaube, ich lüge nicht, wenn ich sage, daß das mit die zehn schönsten Minuten meines Lebens waren. Es wurden sogar noch mehr, denn Alfons' Kiste hatte einen Keilriemenschaden, so daß er in den Hangar geschleppt werden mußte, wo er ein Ersatzfahrzeug bekam. Das brachte alles in allem noch mal vier bis fünf wertvolle Minuten. Hinterher erzählte der Junge, daß am Wochenende vierzig oder fünfzig Leute auf der Bahn fahren. Wir waren baff, wir hatten ja schon zu dritt Probleme, die anderen im Blickfeld zu behalten.

»Wenn was los ist, macht es doch überhaupt erst richtig Spaß.«

Und an seinem Grinsen konnte man erkennen, daß er die Wahrheit, die Wahrheit und nichts als die Wahrheit sprach. Also, ich kann das nur jedermann empfehlen. Gehet und fahret Go-Karts auf einer Go-Kart-Bahn. Nehmt eure Freunde mit und dreht ein paar Runden. Laßt euch von euren Freundinnen zum Geburtstag Gutscheine für eine Go-Kart-Bahn schenken! Tut es! Genießt es! Lebt!

Aber an diesem Sonntag wollten meine Freunde lieber Fische fangen. Vier Männer sitzen also am Ufer der Spree und halten eine durchsichtige Schnur, die mit einem langem Stab verbunden ist, ins Wasser. Sie angeln. Sonst tun sie nichts. Nur warten, daß einer anbeißt. Weiter den Fluß hinunter sitzen noch ein paar andere. Insgesamt dürften es an die zwanzig bis dreißig Männer sein, die sich in der Nähe aufhalten und alle das gleiche tun. Obwohl ich ein Mann bin und alle physiognomischen und auch sonstigen Eigenschaften eines Mannes besitze, wurde ich von meinen drei Anglerkollegen behandelt wie, ja wie denn? Wie ein Kind. Eher wie eine Frau. So ist das also, dachte ich, wenn man sich nicht auskennt – oder nicht auskennen will. Man müht sich redlich, kriegt es aber nicht hin und zack – steht ein Mann da und erklärt nach kurzer Fehleranalyse, wie man es richtig macht. Nicht schlecht. Es entstand sogar eine kleine Rangelei, wer mir denn nun erklären darf, wie man die Made an den Haken hängt und wie man die Kurbel sichert und entsichert. Denn ich hatte zweimal weit ausgeholt, um den Blinker richtig schön weit ins offene Wasser zu pfeffern – aber das Mistding löste sich gar nicht. Später lernte ich, daß weniger oft mehr ist und ich die Schnur gar nicht so weit rauswerfen muß. Die wirklich dicken Fische tummeln sich nämlich oft in Ufernähe. Forellen kann man angeblich dadurch fangen, daß man sie am Bauch kitzelt. Las ich mal irgendwo. Sogar Brian, der zuhause eine Frau und gefühlte acht Kinder hat und eigentlich ständig damit beschäftigt ist, irgendwem irgend etwas zu erklären, mischte sich lauthals in meine Erziehung ein. Und da ich selbst keine Angel besitze und auf ein Leihgerät von Jürgen angewiesen war, mußte ich wohl oder übel auch zulassen, daß er die wichtigsten Handgriffe übernahm. Er erklärte mir erst gar nicht, wie man es richtig macht, sondern tat es einfach selbst. Da konnte man mal wieder sehen, daß Männer ohne Kinder und ohne Frau keinerlei didaktisches Geschick haben. Brian hätte sicher darauf geachtet, daß er mir nur die entscheidenden Tips gibt und lediglich unterstützend eingreift. So viel Hilfe wie nötig, so wenig wie möglich. Learning by doing. Wie soll denn aus dem Kerl ein richtiger Angler werden, wenn er nicht in der Lage ist, die Rute selbst zusammenzubauen? Irgendwann steckte dann endlich die Made so auf dem Haken, daß sie nicht bei der ersten Bewegung wieder abfiel, ich hatte den on/off-Schalter der Spule gefunden und mir einen guten Platz ausgesucht. Meine Schnur hatte sich nämlich, als sie ihren Weg hinaus aufs offene Wasser suchte, mit der von Alfons verheddert.

»Denk halt mal ein bißchen mit!« raunzte er.

»Von Rechts-vor-links hat keiner was gesagt.«

Vielleicht hätte ich mich doch durchsetzen und alle auf die Rennbahn lotsen sollen. Schließlich mußte ich dem Druck der Gruppe nachgeben und mich ein bißchen abseits stellen. Es war sowieso besser, dann konnte mich Jürgen nicht dauernd mit strengem Blick beobachten. Aber auch nicht zu weit weg, ich wollte doch die Gespräche und Witze der anderen mitbekommen. Ich ging davon aus, daß wir uns wie immer, wenn wir unsere Freizeit zusammen verbringen, vor allen Dingen amüsieren würden. Da hatte ich mich getäuscht. Es passierte nichts mehr. Ich meine nicht nichts, ich meine *gar* nichts. Wir standen im Abstand von ein paar Metern nebeneinander, hielten die Angel locker in einer Hand, und starrten auf den Blinker, der sich ganz langsam auf der Wasseroberfläche bewegte. Das war alles. Am Anfang linste ich immer noch zu den anderen rüber, weil ich dachte, das sei eine Art Warm-Up. Die Ouvertüre für ein außergewöhnlich orchestriertes Erlebnis. Ich war darauf eingestellt, jede Sekunde loszulegen. Aber die anderen bereiteten sich überhaupt nicht auf irgend etwas Großes vor. Das, was wir taten, war schon das Große. Komisch. Seit wir unsere Positionen eingenommen hatten, hatte keiner mehr was gesagt. Außer mir. Ich wollte wissen, wie schnell die Spree fließt und ob man bei ihr auch den Unterschied von Ebbe und Flut feststellen kann. Ich fragte, wie viele Fische wohl in ihr leben und welche Sorten. Ich wollte wissen, ob Fische nachts schlafen und wenn ja, wo sie das tun. Keine Antwort. Nur die Drohung, mich noch ein Stückchen weiter wegstellen zu müssen, wenn ich nicht sofort die Klappe hielte.

Ich gab auf. Ich zuckte mit den Schultern und sah ebenfalls nur noch auf meine Angelschnur, die ich durch Heben und Senken der Rute in Bewegung hielt. Ich setzte mich. Die Perspektive änderte sich dadurch. Das Wasser war jetzt zwar näher, aber der Überblick verlorengegangen. Ich blieb trotzdem sitzen. Ich wollte rauchen. Aber wie sollte ich mir jetzt eine Zigarette drehen? Alfons hatte Filterzigaretten bei sich, aber den wollte ich nicht stören. Also quetschte ich die Angel zwischen Oberarm und Körper und hielt sie mit dem Knie nach oben. Ich fieselte den Tabak aus meiner Tasche und drehte mir in aller Ruhe eine Zigarette. Das ging sehr gut. Als ich eine Weile so dagesessen hatte, begann ich, mich wohl zu fühlen. Manches, was von außen sehr langweilig aussieht, fühlt sich von innen ziemlich gemütlich an. Es tat gut, dazusitzen, meine Freunde um mich zu wissen und nichts weiter zu tun, als diesen griffigen Stecken in der Hand zu halten, zu schweigen und nachzudenken. Aber ich wußte immer noch nicht, ob das, was ich da tat – nämlich nichts –, überhaupt richtig war. Nicht, daß ich am Ende noch irgend etwas gut fand, was gar nicht dem Normfall entsprach. Nicht, daß meine Freunde sonst Muskelkater hatten von den vielen Fischen, die sie fangen, niederkämpfen und an Land werfen mußten. Nicht, daß die nicht freiwillig schwiegen, sondern aus Frust.

»Was fangt ihr denn sonst immer so?« fragte ich.

»Meistens nichts.«

»Ach.«

»Darum geht es doch gar nicht.«

Ich hatte also instinktiv das Richtige empfunden. Ob man Fisch mit nach Hause bringt oder nicht, ist nicht das Entscheidende. Das hätten sie mir vorher ja mal sagen können. Aber wer weiß, ob ich dann mitgekommen wäre.

Es war gemütlich und angenehm. Die Gedanken in meinem Kopf kamen und gingen. Trotzdem, irgend etwas fehlte. Aber was? Ob Fanny auch so lange so schön still dasitzen könnte wie ich? Plötzlich fiel es mir wie Schuppen von den Augen: Es war niemand da, der fragte, was ich gerade denke. Jemand wie Fanny.

»Wo sind eigentlich die Frauen?« wollte ich wissen.

»Wahrscheinlich auf dem Fußballplatz.«

Jürgen erntete Gelächter für diese Feststellung. Dann war wieder Ruhe. Dabei stimmt es. Frauen haben in den letzten Jahren tatsächlich die Fußballplätze für sich entdeckt und erobert. Daß die Sportschau von Frauen moderiert wird, ist ja hinreichend besprochen worden. Darüber kann und muß man sich nicht mehr wirklich echauffieren. Die Jüngeren unter uns wissen wahrscheinlich gar nicht mehr, was gemeint ist, wenn jemand *Schalke 05* sagt. Da einen die männlichen Alternativen auch nicht vom Hocker reißen, ist es letztlich wurscht, wer die Spiele ansagt. Es ist in der Zwischenzeit auch das Normalste der Welt, daß sich unsere Frauen viele Spiele der Welt- und Europameisterschaft anschauen und mit in die Stadien gehen. Vorausgesetzt, es handelt sich um ein sogenanntes Spitzenspiel. Drunter machen sie es nicht.

Ach, Fußball. Fußball war schon immer da. Als wir klein waren, haben die Mädchen noch mit uns gekickt. Es waren nicht viele, aber die, die dabei waren, waren meistens richtig gut. Uns war es einerlei. Wir trafen uns jeden Nachmittag und spielten stundenlang gegeneinander. Spielort war ein holpriger Bolzplatz am Dorfrand, auf dem mein Vater meine Mutter Autofahren üben ließ, als sie mit vierzig Jahren beschlossen hatte, doch noch den Führerschein zu machen. In meiner Erinnerung war der Bolzplatz mindestens dreimal so groß wie ein normaler Platz. Das gegnerische Tor schien unendlich weit weg. Die Hierarchie im Team wurde nicht durch Positionen oder durch Leistung geregelt, sondern einzig und allein über Alter und Körpergröße. Taktik gab es im Grunde genommen keine, und darin unterscheidet sich unser damaliges

Spiel nicht wesentlich von dem, was wir heutzutage zusammenkicken. Jeden Sonntagnachmittag treffe ich mich – wenn wir nicht angeln – mit ein paar Jungs in den Rehbergen, um für zwei Stunden zu spielen. Die Gruppe hat sich im Laufe der Jahre und Jahrzehnte organisch entwickelt. Von denen, die spielten, als ich vor neun Jahren einstieg, sind vielleicht noch drei, vier da. Viele verschwanden, weil sie wegzogen oder nach dem vierten Bänderriß die Stiefel endgültig an den Nagel hängten. Die meisten aber fanden eine Freundin oder bekamen Kinder oder beides. Manchmal begegne ich dem ein oder anderen beim Einkaufen, samt Anhang, und denke, wenn ich ihre immer dicker werdenden Bäuche sehe, daß sie schleunigst wieder auflaufen sollten. Es geht hier ganz schön zur Sache, ich will rennen und kämpfen und schön spielen und am Abend total platt sein und zu nichts mehr fähig als mich in die Badewanne zu legen. Es ist sogar schon vorgekommen, daß Fanny das Wasser schon eingelassen hatte, wenn ich nach Hause kam. Nicht oft – Fanny will mich wohl nicht verwöhnen –, aber schöner kann eine Woche kaum ausklingen. Ich weiß nicht, ob es einen Ort auf der Welt gibt, an dem subjektive und objektive Wahrnehmung so dermaßen auseinanderklaffen wie auf den Freizeitbolzplätzen unserer Republik. Fast jeder denkt, an ihm sei ein Profi verlorengegangen. Wenn ich daran denke, wie sich Gernot Sonntag für Sonntag seinen sinnlosen Flügelläufen hingibt! Manchmal könnte ich ihn ohrfeigen angesichts der zahllosen verschlagenen Flanken, die er uns im Lauf seiner Karriere schon zugemutet hat. Andererseits, Gernot war damals der einzige, der bei mir blieb, als ich in einem Riesenspiel mit dem rechten Fuß in ein Loch trat, umknickte und mit Bänderriß ins nahe gelegene Virchowklinikum gebracht werden mußte. Das war an einem Sonntagnachmittag Anfang Oktober, es war kalt und dunkelte schon, und eigentlich war das Spiel schon vorbei. Ein letzter Sprint nach einem Abpraller, der an die Seitenlinie geflogen war. Die Rehberge sind ein Naherholungsgebiet, dessen breite Wege mit rotweißen Pollern versperrt sind. Eine halbe Stunde lang versuchte der Krankenwagen verzweifelt, einen Zugang zur Ringerwiese zu finden, auf der ich lag. Gernot hatte mir seine Daunenjacke um die Schultern gelegt und meine Sachen gebracht. Ich selbst konnte nicht mehr laufen. Mein rechter Knöchel war knüppeldick angeschwollen. Im Virchowklinikum lag ich dann über drei Stunden auf dem Flur, weil der diensthabende Arzt zuerst die Opfer einer Massenschlägerei versorgen mußte, die auf einer kroatischen Hochzeit aneinandergeraten waren. Aber zum Glück war ja Fanny da, die von Gernot informiert worden war. Wobei ich sagen muß, daß ihre Reaktion mich schon ein bißchen enttäuschte. Ich hätte mehr Anteilnahme erwartet. Obwohl sie sich am Anfang sehr wohl noch Sorgen machte. Es gefiel mir, durch die Glasscheiben zu sehen, wie sie mit angsterfülltem Gesicht in das neonbeleuchtete Foyer stürmte und auf die nächstbeste Krankenschwester zustürzte, um Informationen über mich und meinen Zustand zu bekommen. Aber als sie endlich zu mir vorgelassen wurde und mich in meiner verdreckten Trainingshose und in Gernots Jacke da liegen sah, änderte sich ihr Gesichtsausdruck. Er wurde ein bißchen vorwurfsvoll. Daß die Bänder ab waren, wußte ich zu diesem Zeitpunkt ja noch nicht, denn der Arzt hatte mich noch nicht gesehen. Ich glaube, Fanny hielt mich für einen Simulanten. Sie hält mich nämlich immer für einen Simulanten, wenn's um Krankheiten und Verletzungen geht. Aber das bin ich nicht! Der Grund, warum Männer auf Krankheiten besonders sensibel reagieren, ist wissenschaftlich erwiesen: Der Organismus des Mannes ist biologisch anfälliger und viel gefährdeter als der der Frau. Männer erliegen schneller Erkrankungen, Männer sterben früher. Das Geheimnis ist das x-Chromosom, das bei uns nur ein-, bei Frauen aber zweimal vorkommt. Auf dem x-Chromosom liegen unfaßbar viel mehr

Informationen als auf den ganzen anderen. Wenn bei einer Frau eines der beiden x-Chromosomen erkrankt oder beschädigt wird, gleicht das zweite x-Chromosom das aus. Denn die dort befindliche Erbinformation ist die gleiche. Wenn aber das x-Chromosom des Mannes angefallen wird, ist da weit und breit nichts und niemand, der in die Bresche springen könnte. Es ist einsam wie ein Wolf, dieses männliche x-Chromosom. Und deswegen ist es mehr als sinnvoll, daß Männer auf die Signale ihres Körpers hören und sich einer eventuellen Krankheit hingeben. Und sich darum bemühen, daß jemand draußen im Leben die Funktion des fehlenden x-Chromosoms übernimmt. Die da wäre: helfen, wenn Not am Mann ist. Meistens fällt ihm da seine Lebensgefährtin ein. Liegt ja nahe. Aber welcher Mann kennt nicht die abschätzigen Blicke und Kommentare von eben dieser Lebensgefährtin, wenn es ihm schlechtgeht oder wenn er merkt, daß es ihm in allernächster Zukunft schlechtgehen wird? Er soll sich nicht so anstellen? Er soll nicht so wehleidig sein? Er soll sich zusammenreißen? Früher war das anders. Meine wirklich schönen Kindheitserinnerungen sind alle mit Krankheiten verbunden. Mumps, Masern, Windpocken. Erkältung, Fieber, Husten. Aber auch: eine Blinddarmentzündung, ein gebrochener Arm und eine Mandelentzündung. Denn an diesen paar Tagen im Jahr wurde ich ausnahmslos verwöhnt, und zwar von einer Frau. Meiner Mutter. Sie schob den Fernseher ans Bett, kaufte Comics und reichte mir Zwieback und Schokolade und heißen Orangensaft. Herrlich. Extremst repräsentative Umfragen im Freundeskreis haben ergeben, das in diesem Punkt die Kindheit jedes Mannes mehr oder weniger gleich ablief. Das steckt so in uns drin, daß jede leicht erhöhte Temperatur, jede gestauchte Hand und jede stechende Lunge uns an damals erinnert. An eine Zeit des Geborgenseins. An eine Zeit des Umsorgtseins. An eine Zeit des Friedens und des Glücks. Den Preis der Krankheit war man gern bereit zu zahlen. Doch für einen erwachsenen Mann ist es ein ungeheures Spannungsfeld, das er da aushalten muß. Noch mal so schön krank sein dürfen wie damals bleibt ein ewig unerfüllter Wunschtraum. Denn:

»Stell dich bitte nicht so an.«

»Fanny. Ich fürchte, ich bin schwer verletzt!«

»Du bist nicht verletzt. Du willst verletzt sein! Das ist ein Unterschied.«

Sie stand mit verschränkten Armen vor meiner Bahre.

»Das hat immer noch der Arzt zu entscheiden.«

»Und wann kommt der?«

»Keine Ahnung. Ich glaube, da ist was mit den Bändern.«

»Und das heißt?«

»Daß ich operiert werde und mich zu Hause aufs Sofa lege.«

»Und dann?«

»Machst du mir einen Tee und schiebst mir den Fernseher ans Bett.«

»Und unser Ausflug?«

»In dem Zustand fahr ich nirgendwohin.«

»Ach komm.«

Wir hatten nämlich geplant, übers verlängerte Wochenende zu ihrer Tante zu fahren, die in einem kleinen Hexenhaus im Harz lebt. Fanny hatte das alles organisiert. Der 3. Oktober fiel in diesem Jahr auf einen Dienstag, und wir wollten noch mal für ein paar Tage raus aus der Stadt, bevor der Winter endgültig kommen und man für ein halbes Jahr lang gar nicht mehr vor die Tür gehen würde.

»Ich hab wirklich ein paar Tage Erholung nötig.«

»Meinst du, ich nicht?«

»Kannst du dich nicht zusammenreißen?«

»Du tust ja gerade so, als wäre das Absicht gewesen.«

»Es wäre ja nicht das erste Mal.«

Sie schien doch wütender zu sein als ich dachte.

»Meinst du, ich trete bewußt in ein Erdloch, nur damit ich nicht zu deiner Tante muß?«

»Dir ist alles zuzutrauen.«

»Für wie verrückt hältst du mich eigentlich?«

»Für ziemlich verrückt.«

»Spricht man so mit einem Kranken?«

»Bin ich Krankenschwester?«

»Auf jeden Fall keine gute.«

»Du steigerst dich immer in alles so rein.«

»Tue ich nicht.«

»Und was war mit deinem *Schleudertrauma*?«

Da hatte mich auf der Schönhauser Allee ein Auto angefahren. Ich war mit dem Schrecken davongekommen, dachte ich, doch dann merkte ich, daß meine Halswirbel zu schmerzen begannen und ich den Kopf schon bald nicht mehr bewegen konnte. Das heißt, nicht mehr ohne Schmerzen. Und das ist nun mal ein Schleudertrauma. Glaub ich. Keine Ahnung, ich bin nicht zum Arzt gegangen. Und auch nicht zu Fannys Freunden in Würzburg, die wir am darauffolgenden Wochenende besuchen wollten.

»Ich hab keinen Bock auf fünf Tage Berlin«, warf sie hin.

»Ich habe es mitbekommen.«

»Ich hätte große Lust, in den nächstbesten Flieger zu steigen und für ein paar Tage in den Süden zu fliegen.«

Was sollte denn das schon wieder? Ganz im Ernst: wenn *ich* diese Worte aussprechen würde, wenn *sie* krank im Bett läge, würde sie mir wahrscheinlich die Wärmflasche an den Kopf werfen und sich wünschen, sie wäre nicht aus Weichplastik, sondern aus Metall.

»Wohin soll's denn gehen?«

»Gran Canaria.«

Na sieh mal einer an. Als es ein paar Wochen vorher an die Planung dieses Harz-Wochenendes ging, hatte ich vorgeschlagen, irgendwohin zu fliegen, wo es richtig warm ist.

Fanny hatte das abgelehnt. Zu teuer. Jetzt war es auf einmal doch möglich?

»Es gibt doch überhaupt keine Flüge mehr.«

»Frederik hat einen übrig.«

»Hä?«

»Eigentlich wollte er mit seiner Freundin fliegen.«

»Ist die auch krank, oder was?«

»Sie hat ihn verlassen. Ihm geht's ziemlich schlecht.«

Na, hast du Töne. Ich bin verletzt, und meine Freundin will mit ihrem bescheuerten Freund und Kollegen, der, seit ich ihn kenne, spitz auf sie ist, nach Gran Canaria fliegen. Der arme Kerl. Seine böse Freundin hat ihn verlassen? Ganz schlecht geht es ihm jetzt. Oh, das tut mir aber leid. Da muß er jetzt vielleicht alleine fliegen? Nein, das muß nicht sein. Wozu gibt's denn Fanny, seine gute Freundin, die immer für ihn da ist? Begleitet die ihn eben und spendet Rat und Trost. Bei einem langen Spaziergang an einem schwarzen Strand. Oder bei einem Caipirinha am Pool. Oder zwei.

»Flieg ruhig. Aber wenn du zurückkommst, bin ich weg.«

»Ich denk, du kannst nicht aufstehen?«

Sie ist nicht geflogen und ich bin geblieben. Wir verständigten uns darauf, die Reise nachzuholen und flogen ein paar Monate später, als ich wieder halbwegs laufen konnte, nach Paris, wo es ja auch sehr schön ist. Schöner als in Würzburg und im Harz zusammen. Paris wäre sogar das Paradies gewesen, wenn, ja, wenn Fanny sich die Tasche in der Rue d'Abbé Grégoire gekauft hätte.

Mit dem Eintritt in die Pubertät verschwanden die Mädchen von den Fußballplätzen, und wir waren für die nächsten fünfzehn Jahre unter uns. Als wir dann älter wurden und in die Universitätsstädte auswanderten, war es mit dem Vereinsleben meist vorbei. Und dann begannen wir, den Ball zu vermissen und organisierten uns. Wir spielten mittwochs, am

Samstag gingen wir ins Stadion. Der SC Freiburg spielte noch zweite Liga, und es war völlig klar, daß sich daran auch niemals etwas ändern würde. Es kamen immer nur wenige Gäste ins Stadion an der Dreisam, das so schöne bunte Sitze hatte. Nicht zu unrecht, muß man sagen, denn es waren wahrlich keine fußballerischen Leckerbissen, die einem da geboten wurden. Samstag für Samstag dachten wir laut darüber nach, übernächsten Samstag statt hierherzukommen lieber mit den Frauen durch den Kaiserstuhl zu wandern. Aber dann stand man doch wieder am Kassenhäuschen und holte sich sein Ticket. Könnte ja sein, daß sie heute eine ansehnliche Leistung bringen. Auf zwanzig Spiele kam ein Knaller. Der Rest war unterer Durchschnitt. So ging das Saison ein und Saison aus. Doch dann begann sich die Sache zu verändern. Schleichend. Deutschland wurde wiedervereint, und um der vielen Ostclubs Herr zu werden, kehrte man kurzzeitig zur zweigleisigen zweiten Liga zurück. Der SC spielte plötzlich schönen Fußball und schrammte knapp am Aufstieg vorbei. Na ja, dachten wir, das war einer der Ausrutscher nach oben, die jeder Club mal hat und die einen ein paar Wochen und Monate träumen lassen. Das würde sich bald wieder legen. Aber tatsächlich stiegen sie im Jahr 1993 in die erste Liga auf. Es wurde hip, samstags ins Stadion zu gehen. Erfolg hat magnetische Wirkung. Auch auf Frauen. Die beschlossen nämlich, mit ins Stadion zu kommen. Mir gefiel das. Endlich mal gemeinsam was tendenziell Ekstatisches erleben. Denn in einem vollen Stadion ist ja doch eine andere Stimmung als in einem, in dem sich die Leute in den Rängen verlieren. Und das war es ja auch, was die Frauen wollten. Die Stimmung. Nicht das Spiel. Das war ihnen im Grunde genommen egal. Aber leider geht ein Spiel neunzig Minuten. Nach zwanzig Minuten wurde den ersten langweilig. Das lag auch daran, daß wir immer schon vor dem Anpfiff eine ganze Weile im Stadion waren, ein bis zwei

Stunden in der Regel. Sonst bekam man keinen guten Platz. Das alles war kein Thema. Man las das Stadionheft, diskutierte die restlichen Partien des Tages und sah den Mannschaften beim Aufwärmen zu. Dann geschah lange Zeit nichts. Aber das war in Ordnung. So ist das eben. Und es war schon immer so gewesen. Einen alten Baum verpflanzt man nicht. Den Frauen dagegen behagte das alles nicht. Ihnen war sterbenslangweilig, und wenn das Spiel dann endlich losging, waren sie im Grunde genommen schon bedient. Das Auflaufen der Teams und die Begrüßung durch den Stadionsprecher, das Fahnenschwenken und das Singen, das in den ersten Minuten nach dem Anpfiff einsetzte, brachte sie zum Schweigen. Aber nach weiteren zwanzig Minuten, die die Mannschaften mit gegenseitigem Abtasten verbrachten, waren sie am Ende. Sie wollten ein großes Spektakel – wie im Fernsehen? – und bekamen nur ein Fußballspiel. Man konnte beobachten, wie sie anfingen, sich für Dinge außerhalb des Spielfelds zu interessieren. Die anderen Zuschauer zum Beispiel. Zuerst wurden die Männer eingehend inspiziert. Und dann die Frauen. Denn das tun alle Frauen beinahe ununterbrochen: andere Frauen mustern. Da stehen sie Männern absolut in nichts nach. Hintern, Brüste, Haare, Füße, Kleidung – alles an ihren Geschlechtsgenossinnen wird taxiert. Sie leugnen es, aber sie tun es. Meinetwegen unbewußt. Warum eigentlich? Ich sehe mir auch gern Frauen an. Ich tue es bewußt. Frauen sind schön, und ihre Hintern und Brüste und Haare und Augen sind es auch. Wenn die Frauen sich dann alle anderen Leute angesehen hatten, kehrten sie noch mal kurz zum Spiel zurück. Und dann versuchten sie, ein Gespräch anzufangen. Mitten im Spiel wollten die darüber reden, daß sie nächste Woche ihr Referat in einem Soziologie-Proseminar halten müssen und sich noch nicht endgültig über dessen Aufbau im klaren sind! Später, wenn man, aufgeheizt durch die Bedeutung des Spiels – wenn wir heute gewinnen, stehen wir bei einem Unentschieden in Dortmund auf einem UEFA-Cup-Platz – bei einer fragwürdigen Strafraumszene aufspringt, den gegnerischen Trainer, der gestenreich Elfmeter fordert, als Dreck-, und den Schiri, der dieser Forderung nachkommt, als schwarze Sau bezeichnet, drehte sich mindestens eine von ihnen um und guckte enttäuscht. Fußball und Stadionbesuche ja, aber bitte nicht zu diesen Konditionen. Ganz egal, ob die hier schon immer gegolten hatten oder nicht.

Etwa zu dieser Zeit habe ich mit dem Joggen begonnen. Das tue ich auch heute noch. Da hat man wenigstens seine Ruhe. Joggen ist die unkomplizierteste Art, den Körper mal schnell auf Hochtouren zu bringen. Beim Laufen kann ich, wie man so sagt, *abschalten*. Man muß nichts und niemanden organisieren. Man braucht nur die passenden Schuhe und eine kurze Hose. Sie ist Teil der Ausstattung, die ich zu einem Fußballturnier in Brandenburg anziehe, bei dem wir alljährlich mitspielen. Neulich sprach mich eine Nachbarin an, daß ihr achtzehnjähriger Mitbewohner sie gefragt habe, wer denn der Kerl mit der schwulen grünen Hose sei, der da immer laufen gehe. Wie bitte? Das empörte mich. Was soll an dieser Hose schwul sein? Diese Hose ist groß und bequem. Genau so, wie eine Sporthose sein muß. Sie reicht mir fast bis zum Knie. Kann sein, daß sie mir beim Laufen hochrutscht. Das sehe ich nicht. Als Brillenträger, der ohne Brille oder Linsen läuft, sehe ich sowieso so gut wie nichts beim Joggen. Entsprechend nah ran muß ich immer an die Frauen. Vielleicht hat sich nur wieder die Mode geändert, so daß man jetzt in Bermudashorts surfen und kicken und joggen geht. Oder aber unsere Jugend hat völlig den Verstand verloren und kennt sich nicht mehr aus. Ich tippe auf letzteres. Außer einem Schwarzafrikaner, der sich ab und zu auf die Bahn verirrt, hat keiner eine lange Hose an. Man weiß bei ihm nie, ob das nun seine Sport- oder seine Arbeitshose ist.

Kann ja sein, daß er Gangsta oder Rappa ist und gleich einen Einsatz oder einen Auftritt hat. Ansonsten tragen hier nur die Frauen lange Hosen. Selbst wenn es über dreißig Grad im Schatten hat. Ich vermute, sie tun das aus ästhetischen Gründen. Oder aus modischen. Entweder sie wollen was verstecken (Ästhetik) oder was hervorheben (Mode). An einem normalen Sommerabend geht es auf der Tartanbahn zu wie an einem Samstagnachmittag in der Fußgängerzone, so viele Läufer tummeln sich da. Und Läuferinnen. Ich laufe schneller als die meisten von ihnen. In meinen zehn bis zwanzig Runden komme ich also an sehr vielen verschiedenen Hosen vorbei. In denen sehr viele verschiedene Hintern stecken. Bei dem einen oder anderen denke ich manchmal, gerade den würde ich eher betonen als verstecken. Und umgekehrt.

Ich laufe lieber allein als mit Fanny. Weil sie ein anderes Tempo und weniger Runden läuft als ich. Aber da muß man auf der Hut sein. Vor zehn Jahren, als meine Bänder noch zuließen, daß ich Badminton spielte, lernte ich Veronika kennen, die ihrerseits auch gerne Badminton spielte. Wir spielten ein paarmal zusammen. Sie betrieb das Spiel aber eher als eine Art besseres Federball. Dafür hätten wir uns auch auf eine Wiese ohne Netz stellen können. Nachdem wir ein Paar geworden waren, zog ich mich sukzessive aus dem gemeinsamen Sport zurück und gab ihr auch den Grund an: »Ich will mich verausgaben, und das geht mit dir nicht.«

Sie verstand. Und fragte Ewald, ob er mit ihr spielen würde. Ewald war eine Art guter Bekannter, mit dem ich selbst oft und gerne gespielt hatte. Wir waren etwa gleichstark und hatten uns zahlreiche spannende Duelle geliefert. Ewald stand auf Frauen und hatte auch keine Hemmungen, sich an solche, die in festen Beziehungen waren, ranzumachen. Die Vorstellung, daß Veronika ihren leicht bekleideten Körper vor den Augen dieses Kerls auf und ab springen ließ, behagte mir nicht wirklich. Also stand ich in der Folgewoche gezwungenermaßen wieder mit Veronika auf dem Platz. Später habe ich herausgefunden, daß Veronika das nicht daran gehindert hatte, sich trotzdem mit Ewald zu treffen und ihren Körper ganz für ihn zu entkleiden.

Wie gesagt, ich laufe gerne schnell. Ich mag es, andere auf der Tartanbahn zu überholen. Ich denke dann oft an Jan Ullrich, als er bei der Tour 1997 tagelang als Zuarbeiter für Bjarne Ries fuhr. Es kristallisierte sich immer mehr raus, daß er besser war als sein Kapitän. Ein paar Tage versuchte man es noch, dann erhielt Jan Ullrich irgendwann das »Go« aus dem Auto Walter Godefoots. Es schien, als habe Jan sich tagelang auf diesen Augenblick vorbereitet, denn er trat unverzüglich in die Pedale. Er fuhr das Rennen seines Lebens und stand am Ende in Paris als Sieger auf dem Treppchen. Manchmal überhole ich auch den ein oder anderen Mann, der zusammen mit seiner langhosigen Freundin läuft und sich deren Laufstil angepaßt hat. Langsam und bedächtig sind sie. Ich bilde mir ein, der körperlichen Verfassung dieser Männer anzusehen, daß sie auch auf ihr »Go« warten. Wahrscheinlich müssen sie hinterher nicht mal duschen. Schwitzen habe ich von meinem Vater geerbt. Dem läuft das Wasser auch immer in Sturzbächen den Kopf hinunter. Leider werde ich auch wie er krebsrot im Gesicht. Noch Stunden nach dem Sport starren mich die Leute auf der Straße an. Fanny ist das immer ein bißchen peinlich. Fanny mag auch nicht, wenn ich meine verschwitzten Sportsachen nicht sofort wasche oder wegräume. Aber Schwitzen gehört nun mal zum Laufen dazu. Der Weg ist das Ziel. Ich kenne keine Tätigkeit, bei der der Weg so sehr das Ziel ist wie beim Laufen. Doch natürlich: beim Angeln.

Als ich Manfredo später von meinem Angelausflug mit den Jungs erzählte, wollte er auch unbedingt und sofort Fische fangen gehen. Also fuhr ich ein paar Wochen später mit ihm auf so eine Lachs- und Forellenfarm im Brandenburgischen, wo extra für die Doofen die Becken voller Fische sind. Schließlich sollte er sein Erfolgserlebnis haben. Die Wahrheit ist: Eigentlich wollten wir an die Spree, aber der Mann im Angelverleih wollte uns keine Angeln geben, weil wir ihm zu unerfahren aussahen. Er gab uns den Tip mit dieser Fischfarm:

»Ihr habt dort eine Fangquote von 95 Prozent.«

Er erklärte uns umständlich, wo diese Farm lag, und flüsterte mir dann zu:

»Ich sag dir, was ich noch für dich tun kann. Ich kann dir ein Video leihen.«

Weil er außer Angeln auch Videos vermietete.

Es hatte geregnet und es war matschig und wir gingen ans hintere, »leichte« Becken. Das waren keine richtige Becken, eher kleine Teiche. Dort präparierten wir die Angeln wie vorgegeben und warfen sie ins Wasser. Schwupp, biß nach wenigen Minuten bei mir einer an, ein richtiger Pfundskerl, und während ich mich noch auf den langen Kampf seines Ablebens vorbereitete, machte es zack und die Angelschnur war gerissen! Also wieder vor zur Rezeption, ein verdammt weiter Weg, wir waren ja am letzten Teich. Der Besitzer der Farm war gerade nicht da, nur ein Junge und ein Einheimischer, der aussah, als komme er seit siebzig Jahren jeden zweiten Tag zum Angeln hierher.

»Ich glaube, ich hatte den König der Anlage an der Angel. Ich hab alles gegeben, aber er war stärker.«

Sie guckten mich beide wortlos an, dann gab der Junge mir eine neue Angel.

Schlußendlich haben wir vier dicke Burschen rausgeholt, Manfredo und ich. Angeln macht wie gesagt schon Spaß, wenn man nichts fängt. Aber wenn man was fängt, ist es noch schöner. Wenn man da so steht und die ersten, die beißen, wieder abhauen, weil sie darauf trainiert sind, die Maiskörner vom Haken zu knabbern. Und dann, wenn man sich ein bißchen auskennt, und wirklich einer beißt, läßt man ihm kein Seil wie zuvor, sondern hält immer sanft straff, und wenn er sicher dranhängt, läßt man ihn sich schön müde zappeln, und dann holt man ihn an Land, adjutiert von Manfredo, dem es sichtlich guttat, wie ein Mann zu arbeiten und mal wieder einen Tag ohne seine Frau Mama zu verbringen. Und dann muß man ihnen mit einem der rumliegenden Knüppel eins auf den Detz geben. Den ersten drei Kerlen hatte ich eine verpaßt, die letzte Forelle hatte ich Manfredo fangen lassen, also sagte ich:

»Ich halte ihn und du haust drauf.«

Ich wollte den Fisch halten, weil ich schon ahnte, daß wir unwahrscheinlich viele Schläge brauchen würden, und weil die Dinger kurz vorm Ableben meist zu unfaßbarer Energie zurückfinden – gesagt getan. Es machte mich ein wenig nervös, daß die Kreatur in meinen Händen ihren Todeskampf erleiden sollte, aber okay, sagte ich mir, so ist das Leben und so ist das Sterben. Was ich nicht bedacht hatte, war, daß Manfredo natürlich überhaupt nicht zielen konnte, und dementsprechend erschrocken war ich, als er mir mit aller Wucht mehrmals hintereinander auf meine vom kalten Wasser eiskalten Finger drosch. Dafür hatte er alle nötige Energie zusammengehabt, schien mir, es tat höllisch weh, und der Fisch, um dessen Tod es ja eigentlich ging, war immer noch nicht im selbigen angelangt, er wand sich in meinen Händen, und zack, bekam ich den nächsten Schlag von Manfredo ab. Bei seinem Todesrausch mußte ich an den Herrn der Fliegen denken und erschrak ein bißchen. Schließlich riß ich ihm den Prügel aus der Hand und schlug zu, auf den Fisch, nicht auf Manfredo – his masters work. His masters voice mußte Manfredo sich auch anhören: Ich habe zum ersten Mal richtig fest geschimpft mit ihm, was ich nicht wollte, aber es passierte eben. Ich versuchte, es ihm hinterher zu erklären, aber das brachte auch nichts. Er war noch ganz beseelt von seinem toten Fisch und hörte gar nicht hin. Doch dann hörte ich die anderen Naturvölker-Väter mit ihren Söhnen, an jedem Teich wurde hin und wieder laut geschimpft, im Dialekt, weil da ein paar Söhne nicht so wollten wie die Väter. Von daher gehörte das alles wohl zu so einem Abenteuer dazu.

Ach ja, den Forellen mußten wir natürlich den Haken aus dem Maul reißen, und das hatten mir meine Freunde nicht beigebracht, weil wir ja nie was gefangen hatten. Das ist verdammt schwer, denn die sitzen richtig tief, und wenn man den Finger ins Maul steckt, reißt man ihn sich an den scharfen Zähnen auf. Da weiß man dann, daß die Forelle ja ein Raubfisch ist und letzten Endes nichts anderes verdient hat als den Tod, den sie selbst unters kleinere Fischvolk bringt. Aber es ging nicht, ich stocherte im Fischmaul herum, bis das Blut aus Maul und Kiemen hervorströmte. Also ging ich mit den ersten beiden Fischen zum erstbesten Einheimischen, der, ohne ein Wort zu sagen, unsere Fische nahm und mit einer Sezierschere, die er im Krankenhaus geklaut haben mußte, den Haken entfernte. Beim dritten Fisch war er schon gegangen, so daß ich zu einem Mann in Natokampfkleidung ging. Der holte aber nicht wie erwartet auch eine Schere raus, sondern pulte den Haken einfach mit seinem dicken, hornigen Finger heraus. Beim vierten versuchte ich es wieder selbst, erfolglos. Leider. Den habe ich dann dem Mann an der Rezeption gebracht, bei dem man am Ende für den gefangenen Fisch bezahlt. Das vergißt man zwischendurch ein bißchen, daß man ja zahlen muß – gewogen wird übrigens *vor* der Entgrätung. Fisch ist kein billiges Lebensmittel. Auch nicht, wenn man die Fische selbst aus dem Wasser holt. Als wir raus gingen, hielt ich Manfred an der Schulter fest.

»Kein Wort zu meinen Freunden, daß wir fürs Angeln bezahlt haben, hörst du?«

Das Tolle an Manfredo ist, daß man sich auf ihn verlassen kann. Er ist unglaublich weit für sein Alter. Erst sah er mich nur an. Dann zwinkerte er mir zweimal mit dem rechten Auge zu.

»Hab' schon verstanden.«

Ich boxte ihn kollegial in den Arm. Die kleine Hand meines kleinen Freundes boxte zurück. Ich mag ihn wirklich. Er hat auch tatsächlich geschwiegen, wie die toten Forellen, die wir in einer Plastiktüte nach Hause trugen. Hat kein Wort zu Brian, Jürgen oder Alfons verloren. Aber eine Woche später hat der kleine Dussel alles Fanny erzählt, und die hat mich ausgelacht. Vielleicht hätte ich ihr vorher nicht mit solcher Detailverliebtheit schildern sollen, wie der Wildbach aussah, aus dem ich die Fische geholt habe.

One size fits all

This is a man's world
James Brown

It is a women's world out there
Alan Alda in *What Women Want*

Fanny legt regelmäßig meine schwarzen Socken falsch zusammen. Eigentlich immer. Das macht mich wahnsinnig, und wenn es nicht zum Weinen wäre, würde ich unter Lachen zugeben, daß wir uns deswegen schon ernsthaft gestritten haben: Nimmt man einfach einen schwarzen Socken von der Leine und dann noch einen und stopft diese beiden zusammen und wirft sie in die Sockenschublade? Oder macht man sich die Mühe und sucht, wenn man eine in der Hand hält, nach der passenden zweiten? Fanny sagt: ersteres. Ich sage: letzteres. Ich hasse das Gefühl, zwei verschiedene Socken an den Füßen zu tragen. Andere Farbe, andere Form, andere Textur. Unerträglich. Noch mehr hasse ich es, morgens an den Sockenschrank zu gehen, ein Sockenknäuel herauszunehmen, damit in die Küche zu gehen, wo mein Kaffee steht, mich hinzusetzen, um die Socken anzuziehen und dann zu merken, daß der eine Größe 43, der andere aber Größe 38 ist und wie Größe 12 aussieht, weil er irgendein Damen-Sport-Stretch-was-weiß-ich-was für ein Mistsocken ist, der von der Industrie Söckchen genannt wird, weil die Frauen ja immer Angst haben, sie hätten zu große

Latschen, der mir nie und nimmer passen wird, der aber von Fanny, der ja grundsätzlich egal ist, welche Socken sie mit welchem zusammensteckt, zusammengesteckt wurde. Ich sag's wie's ist: Wenn mein Tag so anfängt, ist das nicht gut! Und auch nicht gut ist, daß ich Fanny das mindestens schon tausendmal erklärt habe! So wie ich das zuvor Helene und Veronika und Rebecca erklärt habe. Wie alle Genannten verspricht Fanny Besserung, und eine Woche später geht das Theater von vorne los. Ganz abgesehen davon, daß meine Lieblingssocken in Fannys Stiefeln verschwinden, weil sie sie anzieht. Denn ich bin bereit, viel Geld für Socken auszugeben. Fanny nicht. Sie trägt meine teuren und ich ihre billigen mit fünfzig Prozent Polyacryl.

Wenn sie überhaupt Geld dafür ausgibt. Ich habe mal belauscht, wie Fanny nicht ohne Stolz erklärte, daß sie seit Jahren keine eigenen Socken gekauft habe, sie habe immer die von ihrem Lebensgefährten genommen! Und wenn ich sage:

»He he he, stop mal, Fräulein. Dann leg wenigstens die Socken richtig zusammen!«,

dann bekomme ich zur Antwort:

»Wir können es ja, wenn du Probleme damit hast, in Zukunft so machen, daß immer du die Wäsche abhängst, dann geht nichts schief.«

Noch mehr als Wäsche aufhängen hasse ich aber Wäsche abhängen, und ich finde es mehr als gerecht, daß wir diese Scheißarbeit abwechselnd verrichten. Und über falsch gewickelte Socken will ich Fanny nicht aus ihrer Verantwortung entlassen. Aus der stiehlt sie sich sowieso nur zu gerne. Wenn sie in Arbeit *ertrinkt*, wie sie das nennt, kommt es vor, daß sie wochenlang keinen Handschlag tut. Dann läßt sie sich auch gern abends mal ein Bier oder ein Glas Wein bringen, wenn sie auf dem Sofa fläzt oder noch am Schreibtisch sitzt und ein paar Telefonate mit ihren Freundinnen oder Eltern führt. Das sind diese Klischees, die akzeptiert und ausgelebt werden:

Mann bringt Frau ein Glas Wein. Wenn ich aber auf dem Sofa liege und bierdurstig bin, dann passiert es nie, daß Fanny mir eins bringt. Darum bitten brauche ich erst gar nicht. Das sind Klischees, die rigoros abgelehnt werden.

Wenn sie Streß hat, kaufe ich ein, koche, schleppe Sprudelkästen hoch und Müll und Altpapier runter und bezahle die Rechnungen. Aufräumen tue ich dann auch. Neulich war einer der seltenen Fälle, in denen ich nach Hause kam und feststellte, daß bereits jemand aufgeräumt hatte. Na also, dachte ich, Fanny hat gemerkt, daß sie mal wieder dran war. Ich nahm die Zeitung und legte mich aufs Sofa und wollte mal sehen, was sie noch alles anzubieten hatte. Vielleicht hatte sie ja auch Kaffee gemacht oder Bier kalt gestellt. Es war die Zeit des Tages, wo es egal ist, was von beidem man trinkt. Aber nichts dergleichen. Fanny kam rein.

»Kannst du woanders lesen? In einer halben Stunde kommt Ursula vorbei.«

Deswegen also hatte sie saubergemacht. Der Besuch ihrer Freundinnen wird nur noch getoppt vom Besuch ihrer Eltern. Da wird die Bude fünf Tage lang auf den Kopf gestellt.

Ansonsten: eher selten. Manchmal beschwere ich mich.

»Ist dir aufgefallen, daß du seit drei Wochen nicht ein einziges Mal gekocht hast?«

»Zu viel Streß!«

»Ich habe auch Streß. Und trotzdem koche ich!«

»Mußt du ja nicht. Dann essen wir halt nichts.«

Das ist frech, weil Fanny tatsächlich in der Lage ist, von einer Sekunde auf die andere die Nahrungsaufnahme einzustellen oder nur einen Apfel zu essen. Ich kann das aber nicht. Spätestens um acht oder neun überfällt mich ein Bärenhunger, und ich *muß* was essen.

»Du wirst mal einen Abend ohne Essen auskommen.«

»Werd ich nicht. Will ich nicht. Kann ich nicht.«

»Ich hab keine Zeit. Ich muß noch so viel tun!«

Ja, ich weiß. Die übernächste Präsentation für einen wichtigen Kunden, an dem ihre Agentur mehrere Millionen verdienen wird oder auch nicht. Aber während ich trotzdem versuche, ein halbwegs normales Leben am Laufen zu halten, gibt sie zu Hause völlig auf. Sie tut nichts mehr, kauft nichts ein, kocht nicht, spült nicht, gar nichts. O. K., sie ist mein Baby und ich liebe sie und in einer Beziehung ist man füreinander da und hilft sich gegenseitig. Jetzt sage ich was, was Fanny nicht gerne hört und was sie, wenn sie es hören könnte, sicherlich sehr wütend machen würde. Umgekehrt würde sie mir niemals den Rücken auf diese Weise frei halten wie ich das quartalsweise für sie tue! Sie würde das als infame Lüge abtun, aber es stimmt! Als ich im Frühjahr Abgabestreß und keine Zeit für gar nichts hatte, als mir in einer Woche mein Fahrrad geklaut wurde, der SCF das Heimspiel gegen Mainz verloren und ich mich mit meiner Redakteurin gestritten hatte, als also nicht nur Fannys, sondern auch meine Hütte brannte und ich mich deswegen nicht mehr um alles kümmern konnte, dauerte es keine zwei Tage, und sie warf mir die Chose vor die Füße:

»Glaubst du, das Geschirr wäscht sich von selbst ab?«

Wenn man schlechtgelaunt ist, geht einem schon so mancher doofe Satz über die Lippen.

»Das machen wir später.«

»Das sagst du seit drei Tagen!«

Ich hatte einfach keine Lust und auch keine Kraft mehr. Ich wollte nur noch daliegen und nichts tun. Die Musik ein bißchen zu laut aufdrehen und ein Glas Bier dazu trinken. Also hatte ich mich aufs Sofa geworfen und alle viere von mir gestreckt. Fanny kam von der Toilette und ging zielstrebig in Richtung Telefon.

»Kannst du mir ein Bier bringen?« rief ich ihr hinterher.

»Wie bitte?«

»Kannst du mir ein Bier bringen, *bitte*?«

»Wenn du glaubst, daß wir hier mittelalterliche Verhältnisse einkehren lassen und du mich als deine Haussklavin halten kannst, hast du dich geschnitten, *du Pascha*!«

»Baby, ich hab diese Woche unglaublich viel zu tun.«

»Ach. Und deshalb soll ich dem Herrn das Bier bringen. Und ihm hinterherputzen.«

»Das würde ich nie von dir verlangen.«

»Und wer, denkst du, macht hier sauber?«

»Du tust ja gerade so, als habe hier eine Bombe eingeschlagen.«

»Deine Schuhe stehen überall herum und deine Jacke hängt seit drei Tagen in der Küche und auf dem Boden tummeln sich Wollmäuse. Es sieht aus wie bei Hempels unterm Sofa.«

»Dann räum halt auf, wenn's dich stört.«

»Ich bin nicht deine Mutter!«

Empörung. Ich ging ans Weinregal und holte mir einen Riesling. An diesem Tag mußte es Ehrenstetter sein. Ich hatte ihn in einem kleinen Weinladen in der Rykestraße entdeckt. Es gibt so viel gute badische Weine und so wenige davon in Berlin. Ich nahm einen großen Schluck, direkt aus der Flasche. Denn das ist das Problem! Die modernen Frauen sind mehr oder weniger durch die Bank alle extrem sensibilisiert für die Unsitten patriarchalischer Gesellschaften, wie sie sie als Kinder meist noch selbst zuhause erlebt haben. Oder, wenn nicht, von ihren Großmüttern am Lagerfeuer gehört oder in Büchern gelesen oder im Schulunterricht durchgenommen oder in der Uni drüber referiert haben. Gewalt, Unterdrückung, Rollenzuteilung, Klischierung, Schubladensteckung, Sexismus. Ungerechtigkeiten gegenüber und Ausbeutereien von Frauen riechen sie zehn Meilen gegen den Wind. Was das angeht, sind sie wie Eulen, die, selbst wenn sie schlafen, ein Auge immer auf Habachtstellung haben. Von einer Sekunde auf die andere ist dieses Auge auf und hellwach und erspäht eine Unterdrückung der Frau. Überall wittern sie die Gefahr, in die Rolle des Hausmütterchens gedrängt zu werden. Da ist die Empörung groß und da herrscht Konsens, so wie gegenüber Rassismus, Umweltverschmutzung und der Ungeheuerlicheit, daß die Industrienationen eigentlich genügend Geld hätten, um den Hunger in der Welt zu stillen. Das heißt, daß Fanny, wenn es zu einer Diskussion oder einem Streit kommt, immer dieses eine unschlagbare Argument zur Hand hat, das automatisch dazu führt, daß ich meine Angriffshaltung (die mir genauso zusteht wie ihr) aufgeben und in die Defensive gehen muß. Um zu erklären, daß ich eben kein Frauenunterdrücker bin. Da wird nicht an niedere Instinkte appelliert, da werden niedere Instinkte vorgehalten. Diesen Schwachsinn habe ich mit mindestens einer Million Frauen durchgemacht. Ein sogenanntes Totschlagargument ist das, das vom Den Haager Gerichtshof ein für alle mal verboten werden sollte. Dann kommt gleich der Vorwurf, man verlasse die guten Sitten, werde regressiv und es gehe einem eigentlich nicht um den Putzplan oder sonstwas, sondern darum, völlig überholte Gesellschaftsmodelle, in denen man selbst der Pascha ist, dem Trauben und Hausschuhe gereicht und zwischen Fußball und gebratenen Tauben schnell mal einer geblasen wird, wiederaufleben zu lassen.

Es ist absoluter Wahnsinn! Das sind dieselben Frauen, denen man die Mineralwasserkisten und beim Umzug die schweren Geräte und Möbel hochschleppt, häßliche Schränke zusammenschraubt und das Fahrrad repariert.

Das sind dieselben Frauen, die sich den Wein gläserweise ans Sofa bringen lassen.

Das sind dieselben Frauen, die sagen, es gäbe keine richtigen Männer mehr.

Das sind dieselben Frauen, die die Machos am italienischen Badestrand anhimmeln und aussehen, als wären sie bereit, alles stehen- und liegenzulassen, um ihnen für den Rest des Lebens Taschen und fünf Kinder hinterherzutragen.

Das sind die Frauen, die sehr wohl bereit sind, eine klassische Rollenverteilung anzunehmen, solange es zu ihrem Vorteil gereicht. Frauen, die sich einfach die Rosinen, die ihnen schmecken, aus dem Kuchen der Vergangenheit herauspicken und den Rest in die Mülltonne werfen. Also mehr oder weniger alle.

Wieso lasse ich mich immer wieder auf so unsinnige Diskussionen ein? Ich habe noch nie einer Frau vorgeworfen »Du willst ja nur das Matriarchat zurück!« Vielleicht sollte ich es mal tun. Was würde dann passieren? Ich vermute, Fanny würde mich auslachen. Es würde wahrscheinlich nicht mal als Vorwurf wahrgenommen werden. Denn dem Matriarchat haftet in gewissen Kreisen so was Grundgutes an, weil es in Urformen der Gesellschaft oder bei den Indianern vermutet wird. Und alles, was ganz früher mal war oder aus dem Indianischen kommt, hat aus unerfindlichen Gründen einen extrem hohen Stellenwert. Lauter altes Wissen, das alle Antworten auf die Fragen des Lebens parat hatte, das aber von der industrialisierten und männlichen Welt ausgerottet wurde. Kopernikus, Hildegard von Bingen und Meister Eckhart. Manchmal Jesus. Mir sind auf meinem Lebensweg stramme Feministinnen begegnet, in deren Büros Poster hingen, auf denen Sätze der Indianer zum besten gegeben werden. Wenn tausend letzte Dinge wie Bäume, Fische und Kinderlachen nicht mehr existierten, werde man schon merken, daß man Geld nicht essen kann. Diese Dinge. Aber auch Geronimo und Konsorten, die noch andere Weisheiten auf Lager hatten. Und von diesen Burschen, die es doch wahrscheinlich deswegen zum Häuptling gebracht hatten, weil sie sich in der wichtigsten aller Disziplinen, dem Kampf nämlich, ganz besonders gut, mutig und erfolgreich präsentiert hatten, hingen hier Fotos, die sie in sehr friedlicher Pose zeigten. Geschossen wahrscheinlich nach einem verlorenen Kampf gegen die Weißen oder in Gefangenschaft. Oder nachdem er eine seiner fünf Frauen durchgevögelt hatte. Im Gegensatz zur heutigen wird der alten Welt gestattet, daß es Mord und Totschlag und all das gab. Solange nur zwischendrin das friedvolle Matriarchat regierte.

Manchmal denke ich ernsthaft und laut darüber nach, auszuwandern. Diesem ganzen Irrsinn den Rücken zu kehren und in eine andere Welt zu entschwinden, eine voller Freiheit und ohne Sorgen. Es gibt wirklich keinen Grund, hierzubleiben. Am besten gehe ich nach Schwarzafrika. Je tiefer rein in den Kontinent, desto besser. Kein Telefon, kein Internet, keine Zeitschriften. Kein richtiges Haus, keine Matratze, kein Fernsehgerät. Das Leben ist nicht einfach, aber ehrlich und authentisch. Ich bin im reinen mit mir selbst. Der tägliche Kampf ums Überleben und mit der Natur bringt mich wieder in Kontakt zu längst verschütteten Seiten meines Seins. Ich jage den ganzen Tag Löwen und Antilopen und halte mir vier ebenso schwarze wie willige Frauen. Sie akzeptieren mich so, wie ich bin. Als Mann und Patron. In ihrer Zuneigung sind sie unverfälscht und rein. Kichernd streiten sie sich, wer mir morgens das Frühstück ans Bett bringen, schon etwas ernster, wer abends zu mir ins Schlaflager aus Ziegenfell steigen wird. Manchmal treiben sie es so weit, daß ich ein Machtwort sprechen oder meinen Stock drohend in den Raum halten muß. Benutzen würde ich ihn natürlich nie. Es ist eine Wonne, zu sehen, wie sie in den Aufgaben, die ich ihnen im Lauf des Tages gebe, aufgehen. Es spielt keine Rolle, was es ist, um das ich sie bitte. Egal, ob sie die Hütte sauberhalten oder Wasser holen oder unser Vieh hüten – alles tun sie mit der gleichen Hingabe.

Die erste meiner Frauen sehe ich zum ersten Mal an der Wasserstelle und verliebe mich sofort in sie. Sie ist so unglaublich hübsch, ich kann nicht anders. Und wie sie lächelt. Ich frage sie in der Stammessprache nach ihrem Namen. Da ich ihn mir nicht merken kann, nenne ich sie Heidi.

»Willst du mit mir leben, Heidi?«

Heidi nickt.

Frau Nummer zwei begegnet mir in der nächstgrößeren Stadt, 250 Kilometer entfernt von meinem Zeltdorf. Sie bedient in einem Straßencafé, in dem ich, nachdem ich die Antilopenfelle für gutes Geld verkauft und meine Vorräte aufgefrischt habe, auf einen Drink gehe. Sie ist rund und mollig und sieht aus wie Mama Afrika persönlich. Sie ist so schwarz, daß ich kaum das Weiße in ihren Augen sehen kann. Das kann aber auch an dem vielen Staub liegen, den mein Jeep auf der Strecke hierher in meine Augen gewirbelt hat. Auch ihren Namen verstehe ich nicht, ich nenne sie Gretchen. Gretchen ist bereit, mir in die Wüste zu folgen. Als sie Heidi erblickt, ist sie nur kurz verstört.

»Erwähnte ich nicht, daß du nicht die einzige sein wirst?«

Frauen drei und vier sind die achtzehnjährigen Töchter meines Nachbarn. Zwillinge. Bildhübsch sind sie, und wenn sie nicht hier, sondern in Europa lebten, würden sie sicher Karriere als Fotomodels machen. Eines Tages kommt ihr Vater an mein Zelt und bietet sie mir an. Mein guter Ruf als Versorger hat sich rumgesprochen. Bei mir gibt es immer Fleisch, Feuer und Wasser. Nachdem ich mir schriftlich geben lasse, daß die beiden Prinzessinnen nach europäischem Recht wirklich volljährig sind, gebe ich ihm fünfzehn Hühner und eine zweijährige Ziege und nehme seine Töchter bei mir auf. Sie heißen Britta und Inga, nach Astrid Lindgren. So werde ich leben, mit meinen Frauen und den vielen Kindern, die sie mir schenken würden. Ich weiß, daß die Anzahl der Kinder über den Rang in der Gruppe bestimmt, also lege ich mich ins Zeug. Abends sitze ich mit den anderen Männern des Stammes beim Lagerfeuer und schleife

Speerspitzen. Und wenn mich einer von ihnen fragt, warum ich das alles tue, erkläre ich ihm in gebrochenem Suaheli:

»Zuletzt lief es beziehungsmäßig in Deutschland ziemlich Scheiße. Verstehst du das, mein *Bruder*?«

»Was sind denn das für überkommende Macho-Phantasien?«

Das würde natürlich nicht mein schwarzer Freund antworten. Sondern Barbara. Fannys beste Freundin.

»Noch ein Wort, und ich schmeiß dich raus.«

Ich bin nämlich mit Fanny bei Barbara zu Besuch. Wir haben uns ihre Dias aus der Toskana angesehen, wo sie im Frühjahr einen Malkurs besucht hat. Sie war mit Abstand die jüngste Teilnehmerin, erzählte sie. Außerdem seien die wenigen Männer allesamt Luschen gewesen. Sie überlegt sich trotzdem, ob sie das mit der Malerei nicht intensivieren sollte. Sie hat gemerkt, daß die Farben ihr eine Ausdrucksmöglichkeit gegeben haben, die sie sich so gar nicht hätte vorstellen können.

Fanny ist ebenfalls empört.

»Was ist denn in dich gefahren?«

Barbara wird sogar hysterisch.

»Noch ein Wort, und ich zeig dich an.«

Als ich vorhin vom Klo zurückkam, habe ich absichtlich ein bißchen getrödelt, weil mir die Dias schon über waren. Manfred schläft leider bei einem Freund, sonst könnte ich ihn zu einer Runde mit dem Tipp-Kick-Spiel herausfordern, das ich ihm zum Geburtstag geschenkt habe. In einer fremden Wohnung ist der beste Ort zum Zeitschinden ein gut gefülltes Buchregal. Barbara hat so eins. Ich legte den Kopf schräg und ließ meine Augen über die alphabetisch geordneten Titel gleiten. Unter H stutzte ich. Was haben wir denn da? Corinna Hofmann, *Die weiße Massai*. Dieselbe Barbara, die mir, wenn ich in wenigen Minuten meine Black-Mamba-Phantasien vom Stapel lasse, die Fremdenpolizei auf den

Hals hetzen will, liest dieses Buch? Frau aus Europa reist als Urlauberin nach Afrika, verliebt sich im wilden Norden Kenias in einen schönen Krieger der Samburu und heiratet ihn. Vier von sechs Lesern fanden diese Rezension hilfreich. Durchschnittliche Kunden-Bewertung viereinhalb Sternchen. Leser, die sich dieses Buch kauften, kauften auch *Mit der Liebe einer Löwin* von Christina Hachfeld-Tapukai. In Barbaras Bücherschrank steht also *Die weiße Massai*. Eines von drei Millionen verkauften Exemplaren. Drei Millionen Leserinnen können sich nicht irren. Drei Millionen Leserinnen geben sich der Phantasie hin, Frau – und damit Hausfrau, wie man nachlesen kann – eines afrikanischen Stammeskriegers zu sein. Drei Millionen Leserinnen gefallen sich in der Vorstellung, ein Leben als Afrikanerin zu leben. Und wenn ich mir dasselbe wünsche – als Afrikaner zu leben –, nehmen mich zwei von drei Millionen ins Kreuzfeuer. Sie heißen Fanny und Barbara. Aber ich werde mich verteidigen. So leicht kriegt ihr mich nicht. Ich kämpfe bis zur letzten Speerspitze.

»Was für andere recht ist, kann für mich doch nur billig sein!«

»Ich höre immer *andere*?«

»Zum Beispiel für dich, Barbara!«

Barbara dreht sich empört zu Fanny.

»Ich hab gleich gesagt, er soll lieber zu Hause bleiben.«

Fanny sieht mich an mit einem Blick, der wohl sagen soll, wir beide sprechen uns noch.

»Du bist doch hier diejenige, die Afrika-Mambata-Bücher liest.«

»Afrika-was-für-Bücher?«

Fanny weiß immer noch nicht, wovon ich spreche. Barbara schon. Das kann ich an ihrem Gesicht sehen, das rot wird. Weniger der Scham als des Zorns wegen.

»In Barbaras Regal steht *Die weiße Massai*«, erkläre ich Fanny.

Barbara zischt mich an: »Na und? Welche Bücher bei dir rumstehen, will ich lieber gar nicht wissen.«

»Keine, in denen weiße Frauen nach Afrika gehen, um einem Buschmann den Abwasch zu machen.«

»Du hast ja eine Vollklatsche.«

Irgendwie mag ich Barbara. Ihre Direktheit würde mir fehlen, wenn ich sie nicht mehr sehen dürfte.

»Wieso soll dein Bedürfnis nach Archaik gut sein, meins aber schlecht?« frage ich.

»Weil das zwei grundverschiedene Dinge sind.«

»Wieso denn? Es handelt sich um ein und dieselbe Lebensform mit ein und derselben Rollenverteilung.«

»Du hast ja keine Ahnung, wovon du redest.«

»Und ob ich das habe. Wenn der schwarze Mann zu seiner weißen Frau sagt, die Hütte gehört mal wieder gefegt, ist das in Ordnung. Wenn ich es meiner schwarzen Frau sagen will, ist das ein Grund zum Ausflippen.«

»Du bist so voller Komplexe, das ist nicht zu fassen.«

Fanny ist ganz verwirrt.

»Wer will hier nach Afrika?«

»Sie«, sage ich.

»Er«, sagt Barbara.

»Sie will dem Buschmann die Hütte saubermachen.«

»Er will sich ein Harem halten.«

»Ich weiß gar nicht, ob es ein ganzer Harem sein muß. Nachher kommen die Damen noch auf die Schnapsidee, eine Frauenbeauftragte zu wählen.«

Auf dem Heimweg wurde Fanny plötzlich sehr nachdenklich.

»Willst du wirklich weggehen?«

»Was meinst du?«

»Du kaufst doch immerzu Reiseführer und Landkarten und so.«

»Wo soll ich schon hin wollen?«

»Nach Afrika?«

Da konnte ich sie beruhigen.

»Warum denn, Baby de Luxe? Ich lebe doch mit der besten weißen Massai der Welt zusammen.«

Und außerdem: was interessiert mich ein Land, in dem es so heiß ist, daß man das ganze Jahr keine Socken tragen muß? Worüber soll ich mich denn dann zu Hause aufregen? Ich bleibe hier. Bei Fanny, meiner schönen Protestantin von der Nordseeküste mit den kleinen Füßen. Und diese meine kleine heile Welt lass' ich mir auch nicht von irgendwelchen Frauenbeauftragtinnen vermiesen.

Respect the cock!

Ich habe beschlossen, den Spieß umzudrehen. Es ist an der Zeit, daß sich in meinem Leben etwas ganz grundsätzlich ändert. Neulich nacht – Fanny lag schon im Bett und schlief – lief der *Marathon Mann* mit Dustin Hoffman und Laurence Olivier im Spätprogramm. Als Hoffman in der Schlußszene in dem Wasserspeicher im Central Park Olivier mit vorgehaltener Pistole zwingt, seine Diamanten aufzuessen, tut dieser das. Doch dann wird es ihm irgendwann zu viel, und er sagt laut und entschlossen *nein*. Und dann noch mal *nein*. Hoffman weiß nicht, was er tun soll, er merkt, daß eine Waffe als Druckmittel manchmal nicht ausreicht. Olivier ist sichtlich entschlossen, bei seinem *Nein* zu bleiben. So kommt es zum finalen Kampf, bei dem Olivier den kürzeren zieht und stirbt. Der Mann hat recht, dachte ich auf dem Sofa, auf dem ich schon so viele kluge Gedanken hatte, auch wenn er das Schwein dieses Films ist, irgendwann ist Schluß, man muß auch mal *nein* sagen. Ab sofort werde ich derjenige sein, der dem anderen sagt, was er zu tun und zu lassen und wie er gefälligst zu sein hat. Beziehungsweise sie. Denn der andere, das ist Fanny. Auch ich werde *nein* sagen, dachte ich weiter, auch auf die Gefahr hin, daß Fanny mir eine kleine Browning vor die Nase hält. Selbst auf die Gefahr hin, daß sie mich zur Strecke bringt, mit tatkräftiger Unterstützung von Barbara und ihren Freundinnen. *Nein*. Ich werde mir das nicht mehr bieten lassen und einen Rollentausch vornehmen. Nun überlegte ich schon seit ein paar Tagen, wo ich ansetzen könnte:

Ich könnte Männerzeitschriften kaufen, zuhause herumliegen lassen und unser Leben nach den Tips und Tricks, die dort angeboten werden, ausrichten. Könnte bei jeder Auseinandersetzung nachschlagen, was denn die Journaille dazu sagt. Aber habe ich wirklich Lust, mich danach zu richten, was irgendwelche fremden Menschen mir vorschlagen? Da käme ich ja vom Regen in die Traufe. Erst war es Fanny, die mir sagt, was ich tun und lassen soll, dann ein Magazin. Niemals.

Ich könnte Fanny, wenn sie nächste Woche von ihrer Geschäftsreise nach Hause kommt, damit überraschen, daß ich ein paar neue Möbel angeschafft und schon voll in das Ensemble der bestehenden integriert habe. Das ist nicht billig. Ich könnte wenigstens die vorhandenen im großen Stil umstellen. Aber eigentlich finde ich nicht, daß wir neue Möbel brauchen, eher im Gegenteil, es täte unserer Wohnung gut, ein paar von den alten loszuwerden. Aber welche? Ich öffnete alle Schränke, Kommoden und Regale und merkte, daß wir auf kein einziges Möbel verzichten können, denn was sollten wir dann mit den Sachen tun, die dort eingelagert sind? Mein Wein, Fannys Schuhe, meine mühsam auf Floh- und Trödelmärkten zusammengesammelten Nippesfiguren?

Ich hab's! Ich könnte Fanny in Wein- und Schallplattenläden schleppen, so wie sie mich regelmäßig in Möbelhäuser schleppt, und ihr CDs und Weinflaschen hinhalten, und sie müßte sagen, welche ihr am besten gefallen: »Den Rioja aus Spanien oder den Lemberger aus Ungarn? Die neue Kings of Leon oder zwei preisreduzierte Gomez-Alben?« Nein, das geht nicht. Die Zeit im Plattenladen ist mir heilig, wieso sollte ich sie mir durch Fannys Entscheidungsschwäche kaputtmachen lassen?

Ich könnte dafür sorgen, daß unser Fernsehgerät nur noch die Sendungen empfängt, die mir gefallen, mit Hilfe eines dieser Sicherheitsprogramme, mit denen man verhindert, daß Kinder Sendungen sehen, die ungeeignet für sie sind. So was kann man sicher auch so programmieren, daß Fanny keine Sendungen mehr sehen kann, die ungeeignet für sie sind. Ein ganz schöner Aufwand, denke ich, und ich sehe mich schon ausflippen, wenn ich am frühen Samstagabend die Sportschau nicht reinkriege.

Ich könnte damit anfangen, Fanny, wenn ich nachts nach Hause komme und sie schon im Bett liegt und schläft, zu bespringen. Eine schöne Vorstellung, ehrlich gesagt. Allerdings: Fanny würde vielleicht gar nicht merken, daß ich da gerade was Neues ausprobiere. Das tue ich ja sowieso jedesmal, wenn ich von einer Tour mit Freunden zurückkehre. So oder so läßt sie mich nicht ran.

Ich könnte mich in Zukunft in ihre Garderobe einmischen.

»Wie war dein Tag?« würde ich freundlich fragen, wenn sie nach Hause kommt.

»Geht so. Und deiner?«

»Sehr gut.«

Sie würde zum Bad gehen und mein Blick würde ihr folgen. Wahrscheinlich könnte sie spüren, daß ich lächle. Vielleicht wüßte sie, daß ich gleich was sagen würde.

»Also, entweder dein französischer Rock ist eingegangen oder dein Hintern ist runder geworden.«

Sie bliebe stehen, den Türgriff zum Bad in der Hand. Sie würde sich umdrehen.

»Wenn ich nur wüßte, was du mir sagen willst!?«

»Genau das, was ich gesagt habe.«

»Daß mein Rock eingegangen ist? Oder daß ich am Hintern zugenommen habe?«

»Was ist denn mit dir los«, würde ich fragen, »hast du wieder einen schlechten Tag gehabt?«

»Ja, ich hatte einen schlechten Tag.«

»Ich meine ja nur, daß das, was du deinen Busineß-Look nennst (und trotzdem in der Kneipe trägst), vielleicht mal wieder erneuert gehört – das gilt auch für diesen Rock.«

Ein paar Tage später würde ich ihr was zum Anziehen kaufen. Ich liebe Fanny und ich mag, was sie trägt. Aber manchmal würde es ihr guttun, wenn ich ihr geschmacklich ein wenig unter die Arme greifen würde. Ich würde ihr ein T-Shirt aussuchen. Ein ganz normales. Das würde ihr gut stehen. Sie könnte es in die Arbeit und zum Sport anziehen, in die Kneipe und ins Kino, beim Kochen und beim Putzen. Sehr praktisch. Und sehr schön. Einfarbig. Blau. Manchmal wäre mir mein T-Shirt-Stapel zu unübersichtlich, und da griffe ich mir einfach eines von ihren. Ist doch schön, wenn man alles teilen kann, auch die T-Shirts.

Nein. Das war es alles noch nicht. Aber ein paar Tage später bot sich mir eine richtige Gelegenheit, meinen Plan, den Spieß umzudrehen und über Fanny zu verfügen, in die Tat umzusetzen. Ich stand in dem kleinen Copyshop in der Schönhauser und kopierte ein paar CD-Hüllen, als zufällig Alfons reinkam. Er hatte mich durch die Scheibe gesehen.

»Ich war gerade bei Jürgen. Wir haben beschlossen, an Weihnachten ein Essen bei ihm zu machen. Habt ihr nicht auch Lust, Fanny und du?«

Ein Essen an Weihnachten? In Berlin bleiben, nichts tun, niemanden besuchen, Ruhe haben? Ausgezeichnete Idee! Ich konnte mich erinnern, daß Fanny vor ein paar Wochen schon mal erwähnt hatte, über die Feiertage ihre Eltern besuchen zu wollen. Egal. Sie würde sich fügen müssen. Schließlich nahm sie umgekehrt auch regelmäßig Einladungen für uns an und machte Treffen aus und verabredete uns und meldete uns irgendwo an, ohne mich zu fragen. Jetzt war ich an der Reihe.

»Wunderbare Idee. Wir sind dabei!«

Zuhause unterbreitete ich Fanny die gute Nachricht.

»Heiligabend werden wir übrigens bei Jürgen sein«, sagte ich bestimmt.

»Wer sagt das?« fragte sie nicht ganz so bestimmt zurück.

»Ich sage das.«

»Ach. Und wann hast du das beschlossen?«

»Heute mittag. Du brauchst dir keine Mühe geben, ich habe fest zugesagt.«

Fanny sah mich lange an. Dann mußte sie schlucken.

»Na gut, wenn du meinst.«

Na also, geht doch.

Aber ehrlich gesagt fühlte ich mich gar nicht so wohl damit, wie ich dachte. Nicht wegen des Weihnachtsessens, darauf freute ich mich sehr. Sondern weil es so eine einsame Entscheidung war und ich eigentlich das Bedürfnis nach einer gemeinsamen hatte. Gemeinsam mit Fanny.

»Willst du mir irgend etwas sagen?«

Ich stand auf dem Balkon und rauchte eine Zigarette, als Fanny zu mir nach draußen kam. Wir haben kein Rauchverbot in der Wohnung, so weit kommt's noch, ich hatte einfach Lust auf die klare und kalte Luft, die draußen herrschte. Manchmal tut es gut, nur so auf dem Balkon zu stehen und in die Dunkelheit zu starren. Es war Anfang Oktober und entschieden zu kalt für die Jahreszeit. Vor zwei Tagen hatte ich den ersten Fahrradfahrer mit Handschuhen gesehen. Ich atmete den Rauch aus und sah zu Fanny, die halb in der Tür stand. Sie sah gut aus mit ihren hochgesteckten Haaren und der tief ausgeschnittenen Bluse. Sie sah aber auch ein wenig müde aus.

»Wieso?«

»Weil ich diesen Schwachsinn auf dem Computer gelesen habe.«

Sie war ein bißchen außer sich. Ich auch, denn:

»Was hast du an meinem Computer zu suchen?«

»Es ist unser Computer.«

»Das gibt dir nicht das Recht, in meinem Dateien zu stöbern.«

»Wenn du deine Dokumente nicht sicherst und schließt, bleibt mir gar nichts anderes übrig, als sie zu lesen.«

Es war der Samstag nach dem Mittwochabend, an dem wegen meiner polnischen Hose ein Teller an die Wand geflogen war. Eigentlich wollte ich nur schnell im Internet nachsehen, ob man nach Warschau besser den Zug nimmt oder den Flieger. Ich hatte mal wieder ein bißchen Fernweh. Warschau ist die Hauptstadt Polens. Die Reaktionen derjenigen, die schon da waren, sind eher gemischt. Ich wollte mir endlich selbst ein Bild machen. Einfach losfahren und mich bei irgendeiner dieser Familien einmieten, die ihre Haushaltskasse damit aufbessern, ihre Kinderzimmer Touristen zur Verfügung zu stellen. Wie kalt es heute abend wohl in Warschau war? Aber wie ich so dasaß und surfte, stieß ich auch auf Krakau, die Stadt, in der ich mir einst mein liebstes Beinkleid gekauft hatte, meine polnische Hose, die ich seit vier Tagen nicht mehr ausgezogen hatte. Ein bißchen auch aus Trotz. Obwohl ich wußte, daß Trotz ein schlechter Lebensberater ist. Der Streit, merkte ich, steckte mir doch mehr in den Knochen, als ich dachte. Ich hatte seit diesem Mittwoch kaum gesprochen. Irgendwie war das alles ein bißchen viel gewesen in letzter Zeit. In den letzten Monaten und Jahren, den letzten Jahrzehnten. All diese Frauen, die mir im Lauf meines Lebens begegnet und die, ausgestattet mit einem virtuellen Werkzeugkoffer, jederzeit bereit waren und sind, reparierend und korrigierend in mein Leben einzugreifen. Seit ich denken kann, muß ich mich ohne Unterlaß verändern und verbessern. Dabei soll ich nicht so werden wie die Frauen – ich soll so sein, wie die Frauen mich gerne hätten. Erst wenn der letzte Mann gerodet und der letzte Knabe umgemodelt ist, werdet ihr sehen, daß euch das auch nicht glücklich macht. Seit drei Jahren war ich jetzt mit Fanny zusammen. Wenn ich nicht enden wollte wie Tom Cruise in *Magnolia*, der in schwarzer Lederweste auf einer Bühne auf und ab geht und gegen Geld bemitleidenswerte Geschlechtsgenossen aufmuntert – *Respect the cock!* –, dann mußte was geschehen. Wenn ich nicht am Vatertag saufenderweise um die Häuser ziehen und keine Cowboystiefel und Lederjacken anziehen wollte, dann mußte was geschehen. Wenn ich keiner Männer-, Selbsthilfe- oder sonstigen Redegruppe beitreten wollte, dann mußte was geschehen. Wenn ich mich nicht wie mein Cousin Peter in die freie Wildbahn flüchten möchte, dann mußte etwas geschehen. Peter hat zu Hause die Art von Frau, die man früher einen Drachen nannte. Und weil sie ihm die Hölle ein bißchen zu oft heiß gemacht hat, hat er irgendwann beschlossen, sich von ihr zu entfernen. Scheidung kam nicht in Frage – Kinder, Haus, Auto, Lebensversicherung –, also blieb nur die Natur. Es vergeht kein Abend und kein Wochenende, an dem er nicht irgendeinen Marathon läuft, an einem Ironman teilnimmt oder auf einen Achttausender steigt. Durchtrainiert sieht er aus, der Peter, und sogar ausgeglichen. Aber er redet jetzt noch weniger, als das früher schon der Fall war. Ich hatte auch nicht im geringsten Lust darauf, eines Morgens aufzuwachen und festzustellen, daß ich so sehr in der Feminisierungsfalle steckte, daß mir bloß noch die Möglichkeit der Flucht bliebe. Daß ich mir wie ein Waldtier die eigene Pfote abbeißen würde, die in einer Eisenfalle hängt, um verschwinden zu können.

Im Mai fliege ich mit Alfons, Jürgen und Brian nach Rom. Ich freue mich schon jetzt, das wird mein Leben bereichern, aber die Lösung für meine Probleme ist das auch nicht. Ich kann ja nicht ständig irgendwohin fliegen. Deshalb stand ich in dieser Nacht auf unserem Balkon. Ich sah zum Himmel und wunderte mich, daß ich, seit ich denken kann, nur den

Großen Wagen kenne und nichts anderes. Es gibt da oben doch noch so viele andere Sternbilder. Ich kenne sie nur nicht.

Fanny, die nach drinnen verschwunden war, kam mit einer Jacke wieder raus. Sie setzte sich auf die leere Bierkiste, die seit Monaten hier rumstand. Ich schaffte es einfach nicht, sie wegzubringen. Sie steckte sich eine Zigarette an.

Schweigend saßen wir da und inhalierten den Rauch.

»Bin ich wirklich immer so?« fragte Fanny plötzlich.

»So wie im Computer?«

»Ja.«

»Willst du die Wahrheit hören?«

»Ja.«

»Nein.«

»Was, nein.«

»Du bist nicht immer so.«

»Sondern?«

»Du bist manchmal so. Du bist mein Baby de Luxe und als solches unschlagbar, ehrlich. Du bist die Schönste und die Allerbeste, und das mit Abstand!«

»Und was ist mit meinem Hintern?«

Ihr Blick wurde sorgenvoll.

»Der hat sich in den Jahren, die ich dich kenne, nur ein ganz klein wenig verändert. Und ist immer noch der sexiest Hintern alive. Aber weißt du was? Selbst wenn er das nicht mehr wäre, wäre mir das egal. Weil ich dich liebe und an der Seite deines Hinterns alt zu werden gedenke.«

»Wie alt?«

»In meiner Familie sind immer alle sehr alt geworden.«

Fanny sah mich stumm an, als erwarte sie noch was. Ich gab es ihr.

»Aber ... «, fuhr ich fort.

Zu ihrer Stummheit kam jetzt Skepsis dazu.

»Aber was ... ?«

»Daran sind ein paar Bedingungen geknüpft.«

»Wenn die mit dem zu tun haben, was du da im Computer geschrieben hast, kannst du es vergessen.«

»Das fändest du also schlimm? Wenn ich ständig an dir herumkritteln und herumdoktern und herumverändern würde?«

»Natürlich.«

»Da siehst du's.«

»Was sehe ich?«

»Wie es mir manchmal geht.«

Ich war mit meiner Zigarette zu Ende und drückte sie in eins der Blumenbeete. Fannys schöne Augen folgten meinen Fingern.

»Übertreib mal nicht.«

»Es stimmt. Die hier zum Beispiel ... «

Ich nahm ihre Hand und legte sie auf meine polnische Hose.

»Was hat denn die Hose damit zu tun?«

»... ich liebe sie. Verstehst du?«

»Ehrlich gesagt, nein.«

Ich sah sie streng an.

»Das heißt«, fuhr sie schnell fort, »ich verstehe, daß man ein Kleidungsstück lieben kann. Ich weiß nur nicht, wieso es gerade *diese* Hose sein muß.«

»Doch. Genau die muß es sein.«

»Und was soll ich jetzt tun?«

»Laß sie mich einfach tragen.«

»Diese Hose ist das Problem? Wenn's weiter nichts ist.«

»Fanny, diese Hose ist nicht nur eine Hose. Sie ist auch eine Metapher.«

»Wofür?«

»Für mehr oder weniger alles.«

Sie wiegte anerkennend ihren Kopf.

»Nicht schlecht. Und das heißt?«

»Laß mich einfach ein bißchen mehr sein und ein bißchen weniger müssen.«

»Einverstanden.«

Ich war überrascht. Reden bringt ja doch manchmal was. Und wenn ich sie schon mal zu fassen bekam, setzte ich noch eins drauf.

»Und ich will nach Polen fahren.«

»Wohin denn da?«

»Warschau.«

»Wann?«

»So bald wie möglich.«

»Kann ich mit?«

»Willst du?«

»Ja.«

»O. K. Dann gehen wir jetzt rein und buchen zwei Flüge im Internet.«

»Und dann?«

»Gehen wir ins Schlafzimmer und sehen uns gemeinsam an, wie meine polnische Hose ausgezogen aussieht.«

»Unter einer Bedingung.«

»Und die wäre?«

»Wenn wir einen Flug buchen, buchen wir gleich ein Hotel mit.«

»Fanny.«

»Was denn?«

»Du fängst schon wieder an.«

»Tue ich gar nicht.«

»Tust du doch.«

»Tue ich nicht.«

»Doch.«

»Nein.«

»Doch.«

Das konnte doch nicht wahr sein! Mein Blick wanderte zum Himmel. Ich sah diesen Großen Wagen, der schon immer da war. So wie Fanny und ich schon immer da waren. Nur, daß er noch immer da sein würde, wenn es uns längst nicht mehr gibt. Es gibt nichts in diesem Universum, was ihn verändern könnte. Er ist eine Art Naturgesetz. Aber Fanny und ich, wir sind kein Naturgesetz. Wir können uns doch ändern. Fanny kann sich ändern.

»Ich will in kein Hotel. Ich will nicht schon vorher wissen, was mich erwartet. Ich will mich bei irgendeiner Familie einmieten, deren Sohn uns am Flughafen anspricht. Ich will in ihrer Küche sitzen und frühstücken, während der Vater fernsieht. Verstehst du?«

»Wenn es dich glücklich macht: einverstanden.«

Und plötzlich sah ich, daß es am Himmel tatsächlich nicht nur den Großen Wagen, sondern noch viele andere Sternbilder gab. Ich kannte ihre Namen nicht, aber ich konnte sie sehen, klar und deutlich. Das war doch ein Anfang. Von weit her höre ich wieder Fanny:

»Sag mal, deine Hose.«

»Was ist damit?«

»Die ziehst du aber nicht an, wenn wir nach Polen fahren, oder?«

Meine Liebe und meinen Dank an Lutz und Volkmar.